디지털 뉴트렌드
메타버스
NFT 활용서

새로운 디지털 생태계의 탄생
퀀텀점프 부의 기회를 잡아라

디지털 뉴트렌드

메타버스 NFT

활용서

황영오 · 배운철 · 김형호 · 김종환 · 임정모 · 이효진 지음

메타북스

추천사

디지털 뉴트렌드 메타버스·NFT 활용서

　메타버스라는 새로운 시장이 열리고 있다. 더불어 NFT시장도 새롭게 등장하고 있다. 메타버스 시장은 2030년까지 연평균 43.3% 성장을 하여 약 1조 5,000억 달러 이상의 시장을 형성할 것으로 예상되고 있다. 실리콘밸리의 혁신창업도 메타버스 플랫폼을 이용한 비즈니스 모델이 많이 창출되고 있다. 이러한 시기에 시의적절한 책이 출판되었다. 본 책은 메타버스와 NFT를 초보도 쉽게 학습하고 비즈니스 모델로 구현할 수 있도록 구성되었다. 메타버스와 NFT 비즈니스 모델을 사업화하고자 하는 독자들의 일고를 권한다.

- 김경환 교수 (성균관대학교 글로벌창업대학원장,
現 한국형 실험실창업혁신단 협의회장 現 한국경영교육학회 차기회장)

　NFT 교육 경험을 바탕으로 이 책을 써서 초보자라도 NFT에 대해 쉽게 이해할 수 있기에 NFT에 대한 알찬 안내서로 추천합니다.

- 김형중 (한국핀테크학회 회장, 고려대학교 정보보호대학원 특임교수)

디지털 자산에 대한 관심이 높아지고 있다. 디지털 자산의 활용을 주도할 NFT에 대한 정확한 이해와 전망에 대한 혜안이 필요한 때이다. 메타버스와 NFT의 관계를 잘 설명해주면서 그간의 메타버스와 NFT에 대한 정보들을 망라하고 실질적인 활용까지 제시한 이 책이 디지털 자산에 관심 있는 분들에게 큰 도움이 될 것을 기대한다.

김영민 (토러스투자자문 대표)

NFT 시장이 최근 예술품, 게임분야를 중심으로 급격히 성장하고 있는데, 특히 한정판 디지털 상품을 만들고 싶은 화가, 음악가, 영화 제작자 등 크리에이터들에게 열렬한 관심을 받고 있다.

이 책은 NFT의 이론과 실전을 쉽고 구체적으로 배울 수 있도록 구성되어 있다. 크리에이터와 컬렉터, 투자자, 공공기관 실무자, 개발자 등이 반드시 알아야 하는 메타마스크 지갑 만들기, NFT 작품 민팅과 작품 판매, 그리고 NFT를 구매하는 방법까지 상세히 설명하고 있기에 NFT 관련 사업을 시작하고자 하는 사람들의 다양한 니즈를 충족시켜줄 필독서가 될 것으로 기대한다.

- 김영진 (한국NFT콘텐츠협회 회장, 전 한국문화예술산업총연합회 회장)

Web 3.0 시대의 도래에 따라 흐름을 따라 잡고 새로운 기회를 잡으려면 반드시 읽어야할 좋은 책이다. 냉장고가 도입 되던 시기 얼음 공급 비즈니스가 한순간에 사라졌듯이 새로운 기술과 시장의 흐름에 순응하고 최소한 따라가지 못하면 개인이든 국가든 언제 망하는

지도 모르고 망하게 된다. 기술과 시장의 변화를 모르고 열심히만 해서는 도태하는 냉혹한 현실이다. COVID-19 이후 과거로의 단순 회귀는 불가능할 것이고 메타버스와 NFT는 거스를 수 없는 대세가 될 것이다. 이 책은 메타버스, NFT의 개념부터 발전과정과 실제 사례가 잘 설명되어 있고 NFT 시장에 참여하는 방법까지 정말 세밀하게 소개한 수준 높은 활용서이다. 어렵지 않게 잘 구성되어 있으므로 기업의 실무자와 미래를 준비하는 학생이라면 필히 일독을 권한다.

- 정진동 (킹고스프링 엑셀러레이터 대표, (전)삼성전자 전무)

NFT는 메타버스라는 거대한 개념 하에 디지털자산 (탈중앙화, 블록체인, 암호화폐, 코인과 토큰, 거래소 포함)과 저작권법을 포함한 기존 산업을 모두 이해해야 접근할 수 있는 어쩌면 너무나도 어려운 개념입니다. 하지만, 많은 분들의 이론과 실례가 쌓여 이제는 모든 산업에 실제적으로 적용되고 있어 더 이상 접근이 어렵다고 멀리서 보고만 있는 산업이 될 수 없습니다. 본 저서의 저자들은 NFT라는 거대한 태풍의 한가운데 서서 수많은 고민과 논쟁과 실증을 거쳐 그 결과를 이렇게 정리하였습니다.

뉴스와 광고와 게임에서까지 등장하는 NFT를 이해하고 활용하는 현대인으로서 꼭 참고해야 하는 필독서라 생각하고 추천합니다.

- 서동욱 ((주)핀업파트너스 대표)

메타버스와 NFT는 최근의 큰 화두이다. 미래에 대한 장밋빛 전망과 위험성이 함께 존재하고 있다. 대중들도 많은 관심이 있지만 정확한 정보를 알고 있는 사람들은 많지 않다. 이 책은 메타버스와 NFT에 대한 지식을 함께 연결하면서 상세히 알려주고 있다. 이론으로만 그치는 것이 아니라 생활에서의 실질적인 활용을 할 수 있게 상세한 안내를 해주고 있다. 이 책이 메타버스와 NFT에 대한 많은 의문을 해소시켜 주리라 생각된다.

- 허인구 (G1 강원민방 대표)

프롤로그

메타버스·NFT 세계에 오신 것을 환영합니다

머리말

코인텔레그래프 보도와 컨설팅 기업 VMR의 최근 시장 보고서에 의하면 게임, 음악, 영화, 예술, 스포츠를 포함한 다양한 산업에 걸친 NFT의 채택 확산을 통해 2030년 NFT 시장 규모가 2,300억 달러를 넘어설 것이라고 전망하며, 2021년 NFT 시장의 규모를 113억 달러로 평가하고 이 부문이 향후 8년간 연평균 33.7%의 성장률을 보일 것으로 예상했다.

컨설팅기업 PwC는 메타버스의 시장규모가 2021년 957억 달러에서 2030년 1조5429억 달러로 크게 성장할 것으로 예측했다.

이처럼 NFT와 메타버스는 거대한 시장규모와 높은 시장성장률이 뒷받침되면서 글로벌 빅테크 기업인 '마마(MAMAA: Meta, Apple, MS, Amazon, Alphabet)'를 중심으로 서로 시장을 주도하기 위한 대혈투가 연일 뉴스로 경쟁적으로 발표되고 있다.

메타버스와 NFT의 미래

메타(옛 페이스북)의 CEO인 마크 저크버그는 CNBC와의 인터뷰를 통해 "2020년대 후반이 되면 10억 명 가량이 메타버스에서 상거래를 하면서 수백 달러씩 쓰게 될 것이다. 메타버스에서의 경험은 페이스북이나 인스타그램의 텍스트, 사진이나 동영상보다 더 몰입감이 크기 때문에 향후 10년간 메타의 큰 주제가 될 것"이라고 설명하면서 메타버스가 향후 10년간 메타의 중요한 테마가 될 것이라고 강조하며 사용자들이 디지털 상품, 디지털 콘텐츠, 자신을 표현하기 위한 아이템을 구매하는 세상을 꿈꿨다.

메타버스의 가상환경이 실제 현실보다 더욱 유익하고 재미있게 구축되면 수십억 명의 사용자들이 서로 의사소통 할 수 있는 아바타를 만들고, 아바타를 위해 디지털 상품을 사고팔면서 흥미를 갖고 본격적으로 메타버스 플랫폼을 활용하게 될 것이다. 이때 디지털 자산의 소유권이 중요해지게 되는데 NFT가 중요한 역할을 하게 되는 것이다.

무궁무진한 서비스와 결합될 수 있는 무한한 가능성을 지닌 도구, NFT

브라질 축구 스타 네이마르는 2022년 1월 'BAYC(Bored Ape Yacht Club)'란 이름의 NFT 컬렉션 중 하나인 원숭이 그림 NFT를 본인의 트위터 프로필로 설정했다.

메타는 최근 NFT 창작자, 수집가와 함께 인스타그램과 페이스북에 'NFT 전시 기능'을 지원할 예정이라고 밝혔는데, 창작자들은 새로운 기술로 수익을 창출할 수 있고, 팬들은 NFT를 구매해 좋아하는 창작자를 지원할 수 있게 되는 것이다.

카카오도 올해 하반기 카카오톡 프로필 개편방안 중 하나로 'NFT 전시 기능'을 고려 중인 것으로 전해지는데, 이를 통해 대화라는 목적 없이도 친구 프로필을 방문해 상호작용이 가능하게 된다.

그라운드X는 NFT 판매를 NFT 마켓에서만 아니라 중고거래 플랫폼에서 가지고 있는 NFT 판매글을 올리고 밑단에 그라운드X의 블록체인 기술을 접목하는 방식으로 중고거래 플랫폼과의 협업을 통한 NFT 거래가 가능하다고 말하며, 라이브커머스 업체와의 협업을 통해 NFT가 특정 브랜드의 방송에 입장하는 'VIP카드'나 '초대장' 역할을 하게 하는 방법도 가능하다고 말했다.

앞으로 무엇을 준비해야 하는가?

메타버스가 물리적 실재인 현실세계와 가상의 공간이 실감기술을 통해 결합되어진 융합 세계(플랫폼)라면 NFT는 메타버스에서 디지털 자산을 안전하게 관리하기 위해 자신의 소유권을 증명하는 수단이 됨과 동시에, 나만의 프로필로 홍보하고 과시하며 새로운 방식으로 다른 세상과의 소통을 가능하게 하고, 메타버스 플랫폼에 참여한 모든 경제 주체에게 탈중앙화 된 디지털 자산 거래를 가능하게 해주는 훌륭한 도구가 된다.

COVID-19가 우리 인간에게 큰 고통을 주었지만 원격 회의, 원격 교육, 온라인 입학식 등의 비대면 문화가 일상화되면서 가상세계에서의 디지털 경제가 가속화되어 크게 발전하는 계기로 작용했다는 사실은 부인할 수 없다. 오히려 이 시기에 메타버스 산업과 그에 따른 NFT 시장이 비약적으로 성장할 수 있는 동력이 된 것이다.

이로 인해 이미 창작자와 콜렉터, 개인과 기업 등이 메타버스 플랫폼 속에서 상호 작용하며 게임과 미디어·엔터테인먼트, 모빌리티, 제조업, ICT 등 산업별 자체적인 메타버스와 NFT 생태계가 만들어지고 있음을 주목하고 개인과 기업 모두 이 부분에 대해 준비할 필요가 있다.

이 책은 메타버스와 NFT에 대한 정보들을 쉽게 소개하고 NFT의 이론과 실습을 구체적으로 배워서 실전에 바로 사용할 수 있도록 구성되어 있다. 메타버스와 NFT의 개념에서부터 실제 NFT 시장에 참여하는 방법을 구체적으로 소개하였다.

아무쪼록 이 책이 기업에서의 메타버스 산업융합·사업기획이 필요한 실무책임자 및 미래 디지털경제 먹거리를 미리 준비하는 개인 및 학생들에게 작은 디딤돌이 되었으면 한다.

황 영 오 드림

차례

추천사   5
프롤로그   9

PART 1   메타버스 제대로 알기

1절 메타버스 개념   23
  1. 메타버스 시대 배경과 관심도   23
  2. 메타버스의 개념과 특징   36

2절 주요 메타버스 플랫폼과 활용   48
  1. 회의 및 소셜형 플랫폼   49
  2. 게임 및 자유활동형 플랫폼   54
  3. 경제활동 관점에서의 메타버스 플랫폼   64

PART 2   메타버스 생태계의 완성, NFT

1절 메타버스와 NFT 시대의 출현   81
  1. 융합서비스로 발전하는 메타버스   81
  2. NFT, 새로운 세계가 열린다   83

2절 뗄 수 없는 관계, 메타버스와 NFT   85
  1. 메타버스와 NFT의 관계   85
  2. NFT의 개념과 현황   89

3절 메타버스, NFT 및 블록체인   95
  1. 메타버스, NFT 및 블록체인의 관계   95
  2. 블록체인과 메타버스, NFT 융합의 미래   96

PART 3   NFT와 디지털 자산의 관계

1절 디지털 자산이란 무엇인가?   103
    1. 디지털 자산의 정의   103
    2. 용어의 혼용   104
    3. 디지털 자산의 유형   105
    4. 금융시장과 디지털 자산   106
    5. 디지털 자산과 투자   109

2절 NFT와 디지털 자산   111
    1. NFT와 디지털 자산   111
    2. 이더리움 기반 NFT 시장의 한계   114
    3. 대표적인 NFT 거래   116
    4. 다양한 NFT 사업모델   117

3절 NFT와 탈중앙화 플랫폼   119
    1. NFT와 탈중앙화   119
    2. NFT와 탈중앙화 플랫폼   124
    3. NFT와 이더리움   134
    4. 탈중앙화 플랫폼의 가치 전망   161

4절 NFT와 게임 플랫폼   164
    1. 블록체인 게임과 NFT의 만남   164
    2. NFT와 각종 플랫폼간의 상관관계   168

5절 NFT 취약점 및 미래전망   186
    1. NFT 취약점 및 리스크   186
    2. NFT 미래전망   193

PART 4　　　　　　　　NFT 비즈니스의 이해

1절 NFT 기술의 이해　　　　　　　　　　　　199
　　1. NFT 기술 표준　　　　　　　　　　　　200
　　2. 오픈씨OpenSea에서 발행되는 NFT 구조　　203

2절 NFT 분산저장 기술　　　　　　　　　　　205
　　1. NFT 분산저장 기술　　　　　　　　　　205
　　2. 파일코인Filecoin 스토리지 활용하기　　　209

3절 NFT에 가치를 부여하는 4가지 특성　　　212
　　1. 희소성　　　　　　　　　　　　　　　213
　　2. 상징성　　　　　　　　　　　　　　　215
　　3. 소유욕망　　　　　　　　　　　　　　216
　　4. 불변성　　　　　　　　　　　　　　　218

4절 NFT 핫이슈　　　　　　　　　　　　　　220
　　1. 게임을 하며 돈을 버는 P2E 시장　　　　221
　　2. 최근 폭발적인 관심을 받는 PFP　　　　227

PART 5　　　　　　　　NFT 직접 만들고 민팅하기

1절 민팅Minting과 리스팅Listing이란?　　　　243

2절 NFT 구성요소 만들기　　　　　　　　　244
　　1. NFT 거래 절차　　　　　　　　　　　　244
　　2. 암호화폐 거래소　　　　　　　　　　　246
　　3. 암호화폐 지갑　　　　　　　　　　　　246

3절 암호화폐 메타마스크 지갑 만들기　　　　　　　　248

4절 NFT 민팅하기　　　　　　　　　　　　　　　　268
　　　1. KrafterSpace 민팅하기　　　　　　　　　　268
　　　2. 오픈씨OpenSea 민팅하기　　　　　　　　　 272
　　　3. 라리블Rarible 민팅하기　　　　　　　　　　284

PART 6　　　　　　　　　　　NFT 판매 방법

1절 주요 NFT 거래 마켓플레이스　　　　　　　　　301
　　　1. 창작자형 NFT 마켓플레이스　　　　　　　　303
　　　2. 공급자형 NFT 마켓플레이스　　　　　　　　308
　　　3. VR형 NFT 마켓플레이스　　　　　　　　　　310

2절 암호화폐 거래소 빗썸Bithumb 계정 만들기　　　312

3절 암호화폐 거래소 업비트UPbit 계정 만들기　　　 324

4절 업비트에서 암호화폐 구매하기　　　　　　　　336

5절 업비트에서 메타마스크 지갑에 입금하기　　　　339

6절 NFT 판매하기　　　　　　　　　　　　　　　　345

7절 NFT 마케팅 성공 사례　　　　　　　　　　　　 348

8절 수집가 커뮤니티 구축하기　　　　　　　　　　 362

9절 NFT 마케팅을 진행하는 이유　　　　　　　　　367

10절 NFT 작품을 직접 NFT시장에 홍보하는 방법　　371

PART 7   NFT 구매 방법

1절 NFT 트렌드가 중요하다.   381

2절 NFT 산업 생태계 및 산업 전망   385

3절 NFT와 수익 창출   389
    1. 새로운 수익 시장의 등장   392
    2. 왜 NFT를 사는가, NFT 기회 요소   392

4절 NFT 구매하기   395

5절 NFT 컬렉션 만들기   402
    1. 오픈씨OpenSea에서 collection 만들기   402
    2. NFT 수집을 시작해보자   413

6절 NFT 투자 사례   415
    1. 오픈씨, 3억 달러 투자 유치   416
    2. 솔라나 매직에덴 투자 유치   416
    3. 소레어 투자 유치   417
    4. 레어서클즈 투자 유치   418
    5. 혼 벤처스 투자 유치   419
    6. SK스퀘어와 코빗   420
    7. 빗썸, 자회사 빗썸메타 전략적 투자유치   421
    8. 하이프솔트 투자 유치   421

참고문헌   423

PART 1

메타버스 제대로알기

1절

메타버스 개념

1 | 메타버스 시대 배경과 관심도

메타버스metaverse라는 말이 대유행하고 있다. 개인, 모임, 기업, 기관, 국가를 넘어서 사용된다. 언론과 방송, 소셜미디어SNS social network service에도 연일 메타버스에 대한 소식과 얘기로 가득 차 있다. 하루가 멀다 하고 그 개념과 다양한 서비스와 플랫폼에 대한 내용들이 넘쳐난다. 메타버스를 모르거나 사용하지 않으면 세상에 한참 뒤처진 느낌을 지울 수가 없다.

4차 산업혁명이 언급되어 그 개념과 내용을 이제 막 이해할 수 있게 되었고, 빅데이터BigData와 인공지능AI, artificial intelligence을 아직 제대로 이해하거나 활용하기에도 버거운데, 디지털 전환digital transformation, 블록체인BlockChain이라는 신조어가 또 등장했다. 디지털 전환에 대해 이해하려고 열심히 언론과 방송, 소셜미디어를 찾아 헤매고 있었는데, 이제 메타버스, Web 3.0, NFT Non Fungible Token라는 개념까지 이해해야 한다. 많은 사람들이 겪고 있는 급속하게 변화하고 있는 디지털 응용 세상 따라잡기의 한 면을 보여주고 있다.

그러면 메타버스라는 것은 과연 무엇일까? 최근 많은 관련 서적에서, 그리고 언론과 방송, 소셜미디어에서 많이 언급되어져 왔기에 자료를 찾기에는 어렵지 않다. 가상세계, 제2의 인생, 일부 M세대(1980년 이후부터 1990년대 중반까지 태어난 세대)와 대부분의 Z세대(1990년 후반부터 2000년대에 태어난 세대), 그리고 그 이후의 세대를 포함하는 디지털 네이티브 digital native라고 일컬을 수 있는 청소년층이 즐겨 찾고 몰두 하는 것, 어떻게 보면 온라인 가상게임의 확장인 것 같기고 하고, 다른 면에서는 온라인 회의시스템의 확장인 것 같기도 하다. 기존에 언급되었던 메타버스의 개념을 살펴보고 진일보한 의미와 개념을 생각해 보자.

이미 잘 알려진 대로 메타버스는 '메타'meta와 '유니버스'universe를 합성한 영어다. 여기서 메타는 가상 또는 초월을 의미하고, 유니버스는 우주를 의미한다. 단편적으로 우주를 초월한다는 내용이다. 그러나 디지털기반 확장에 기반을 두고 있다. 그러다 보니 디지털이 만들어내는 가상세계virtual world를 의미한다고 볼 수 있다. 그러면 가상세계라는 표현만으로 메타버스를 간단히 설명할 수 있을까?

(1) 기술의 발전

메타버스를 좀 더 잘 설명하기 위하여 디지털 기술의 발전을 확인해 보자. 우리는 디지털에 기반을 둔 많은 서비스를 이용해 오고 있다. 초기에는 모뎀을 이용한 컴퓨터 통신부터 시작해서 초고속 인터넷을 거쳐 지금은 5세대 이동통신5G까지 그 통신 속도에 있어서는 기하급수적인 발전을 해 왔다. 지금은 통신 속도의 면에서는 많은 사람들이 크게 부족함을 느끼지 않으리라 생각한다. 이와 더불어 컴퓨터와 통신기기의 연산처리속도도 광폭으로 향상되어 컴퓨터, 스마트폰 등 웬만한 디지털기기도 처리속도의 면에서는 크게 불편함을 느끼지 못한다. 여기에 아울러 그래픽카드, 디스플레이, 카메라, 각종 센서와 3차원3D 장비들도 성능이 향상되어 고화질 및 3D 모션 기반 가상세계를 즐길 수 있게 되었다. 이 기술들을 기반으로 인터넷이라는 일종의 온라인 놀이와 업무공간으로 볼 수 있는 거대한 온라인 커뮤니티community를 형성하게 되었다. 이러한 통신, 연산, 장비, 인터넷 등의 고효율화로 온라인 세상에 더 많은 시간을 할애하고 있다. 기술의 발전이 온라인 가상세계로 우리를 푹 빠져들게 하고 있는 것이다. 기술적으로 우리는 온라인 가상세계를 큰 불편함이 없이 이용할 수 있게 된 것이고, 메타버스의 개념을 이해하는데 중요한 요소 중의 하나임에는 틀림 없다.

(2) 온라인 업무 및 생활문화

이러한 기술적인 발전들은 우리의 생활 양태를 점진적으로 바꾸어 왔다. 라디오, TV 등 단방향으로 정보와 소식을 전달받던 체계에서 컴퓨터와 인터넷의 발전으로 양방향 소통을 할 수 있게 되었다. 또한 거의 모든 사무직 업무는 컴퓨터와 인터넷을 이용하여 이루어져 왔다. 국내외의 많은 소통 수단도 이메일 및 다양한 종류의 메신저 역할을 하는 도구tool를 사용하여 손쉽게 이루어진다. 수많은 자료 검색과 문서 작성 등을 컴퓨터와 온라인으로 처리한다. 이제는 취미 생활과 놀이문화도 온라인과 모바일 기기에서 이루어지는 경우가 대부분을 차지하고 있을 정도이다. 나의 생활상을 사진으로 찍어서 소셜미디어에 공유하면서 소통을 하는 것은 이제 우리의 일상이다. 기기에 탑재되었던 수많은 스탠드얼론stand alone 게임들도 온라인과 모바일 기기로 즐긴다. 매장을 직접 방문하지 않고 인터넷 쇼핑몰에서 쇼핑도 즐기고 있다. 이동통신의 발전으로 이제는 인터넷과 관련된 거의 모든 것을 스마트폰에서 활용한다. 소셜미디어도, 인터넷 쇼핑도, TV 시청도 그리고 온라인 게임도 많은 부분 스마트폰에서 하고 있는 것이다. 특히나 우리의 생활상을 소셜미디어 커뮤니티에 올리는 것은 너무도 자연스러운 우리의 일상이다. 가격과 성능의 차이는 있지만 어렵지 않게 구할 수 있는 간단한 장비만 있어도 2차원2D에서 3D도 즐길 수 있다. 우리는 이제 모든 것이 온라인과 모바일에서 이루어지는 사회가 된 것이다. 우리의 생활이 디지털 전환화digital transformized되었다고 볼 수 있다.

   디지털 기술 발전과 생활 양태의 변화가 이제 디지털에 기반을 둔 또 다른 지구인의 삶이 가능하게 준비가 된 것이다. 온라인에서 진행되는 업무와 생활이 확장되어 일종의 가상지구사회와 지구인을 만들어 내고 있는 것이다.

(3) 코로나 팬데믹으로 비대면(un-tact) 생활경제 가속화

김난도 서울대 소비자학과 교수는 매년 트렌드코리아를 발간한다. 코로나 팬데믹pandemic 시대에 주요한 트렌드를 강조하면서 "코로나19 사태가 바꾼 건 트렌드의 방향이 아니라 속도다"라고 강조한다. 정보통신기술의 발전과 전반적인 사회변화 트렌드에 맞추어 우리는 온라인 및 가상세계 생활경제로 가고 있었는데 코로나19 사태가 그 속도를 가속화했다는 의미로 풀이된다. 2020년부터 갑자기 학교의 거의 대부분이 온라인 수업으로 대체되었다. 이로 인하여 영상회의시스템인 줌Zoom, 웹엑스Webex 등의 사용이 폭증했고 우리도 이제 많이 친숙해져 있다. 회사와 기관의 공식회의도 많은 부분 영상회의로 진행되어 왔다. 일부 기업에서는 재택으로 근무하며 업무를 진행하기도 한다. 또한 학교의 입학식, 졸업식이나 기업 및 기관의 신입사원 행사, 대외 행사 등 당연히 오프라인에서 성대하게 진행되던 행사들이 온라인으로 축소 및 변경되어 진행되고 있다. 각종 전시회 및 컨퍼런스 등도 온라인으로 진행되고 있고 이제 거의 당연히 그렇게 되어야 한다고 느낄 정도이다.

우리의 일상생활도 비대면을 가속화 하고 있다. 대면으로 진행되는 취미생활, 친목모임, 여행 등도 어쩔 수 없이 축소되거나 비대면으로 하고 있다. 여행의 경우는 '랜선여행'이라는 신조어를 만들어내며 온라인 비대면으로 그 허전함을 채우고 있다. 게임과 소셜미디어 등도 그 사용빈도와 정도에서 코로나 시대 이전보다 급격하게 증가하고 있다. 초등학생 친구들이 줌Zoom으로 모임을 갖는 것이 더 이상 특이해

보이지 않는다. 온라인 쇼핑도 코로나 시대에 급속하게 늘어났다. 쿠팡 등 몇몇 온라인 쇼핑몰 기업들은 그 성장세가 두드러질 정도로 우리의 일상 생활이 비대면화 한 것이다. 이러한 코로나 상항의 여파로 우리의 생활경제는 몇 년 전 예측한 것보다 훨씬 급속도로 비대면화 되었고, 이러한 현상이 메타버스 유행을 앞당겼다.

(4) 부캐와 페르소나(persona)

최근 부캐와 페르소나라는 말이 자주 들린다. 부캐는 주 캐릭터와 상반되는 개념으로 부 캐릭터의 줄임 말이다. 온라인 게임에서 나온 개념이지만 현실의 삶과 직업 세계에서 우리는 다른 삶 또는 다른 캐릭터를 표출하거나 그 캐릭터에 의한 삶을 영위하고 싶어한다. 경제적인 측면에서 2~3개의 직업을 가질 수 있다. 주 직업과 부 직업으로 볼 수도 있다. 경제적인 도움을 위한 것이긴 하지만 어쨋든 다양한 직업을 경험하고 있는 것이다. 이제는 완전한 사회적 현상이 되었고 부캐가 없다면 보통사람이 아닌듯한 인상을 받을 정도가 되었다.

부캐의 개념을 조금 더 확장하면 멀티 페르소나multi-persona 시대라고 볼 수 있다. 페르소나는 그리스 시대 가면극에서 배우들이 사용했던 가면에서 유래했다고 한다. 심리학에서는 타인에게 파악되는 자신이나 자아가 사회적 지위나 가치관에 의해 타인에게 비쳐지는 성격이나 정체성을 의미한다고 한다. 현실에 있는 실제와 나(정체성, 이미지 등)와는 또 다른 내가 되고 싶은 정체성이나 인물이라고 할 수 있다. 즉 멀티 페르소나는 내가 되고 싶은 또는 가지고 싶은 이상형이나 현실적인 또 다른 인물이 되는 것이다. 멀티 페르소나 또한 장안의 화제처럼 이제는 거의 일상적인 용어가 되었고, 많은 사람들이 멀티 페르소나를 가지고 있거나 되려고 한다. 현실의 세계에서 부캐 또는 중장기적인 변신 등을 멀티 페르소나로 볼 수 있다.

영화배우나 TV 드라마배우, 연극배우는 자신의 실제 삶보다 다양한 드라마, 영화, 연극 속에 자신과는 또 다른 인물로 태어난다. 본인이 좋아하는 캐릭터는 아닐지라도 어떻든 일종의 다양한 페르소나를 경험하고 있는 것이다. 드라마, 영화, 연극은 다양한 형태의 멀티 페르소나 월드 즉 일종의 메타버스 플랫폼이라고 볼 수 있다. 많은 작품에 출연할수록 더 많은 페르소나를 경험하는 것이다. 다양한 페르소나를 경험한다는 면에서는 많은 사람들의 부러움을 살 수 있는 직업이다. 더불어 유튜브에 자신 또는 자신이 알고 있는 내용을 공유하기 위해 참여하는 것도 물리세계에서의 본인의 직업과 다른 하고 싶은 내용을 제작하고 공유한다면 이 또한 또 다른 페르소나에 범주라고 볼 수도 있지 않을까?

(5) 메타버스 속의 멀티 페르소나

각종 소셜미디어에 아이디ID, identification는 문자로 되어 있는 경우가 많다. 그리고 우리가 사용하는 플랫폼마다 비슷하거나 다른 아이디를 사용한다. 어찌보면 이 아이디ID도 멀티 페르소나의 시작이라고 볼 수 있다. 여기에 더하여 닉네임nick name, 사진 등을 추가하여 나 자신을 나타내려고 한다. 일종의 프로필인 것이다. 시간이 지나거나 특별한 이벤트가 생기는 경우 우리는 이 사진 등을 다른 것으로 교체하곤 한다. 나의 삶의 한 단면을 소셜미디어에 알리는 것이다. 카카오톡의 경우 프로필로 나 자신을 표현하고, 필요시 그 프로필을 변경하는 것이다.

그러나 현실의 세계에서는 자유자재로 나의 멀티 페르소나를 구축하기가 쉽지 않다. 그래서 우리는 단순히 소셜미디어 또는 메타버스 세상에서 멀티 페르소나를 구축하려고 한다. 소셜미디어에서는 우리의 일상 생활에 대한 사진, 동영상, 그리고 짤막한 글 등을 공유한다. 개방형 형태의 소셜미디어 플랫폼인 페이스북Facebook에 올려서 세상 모든 사람들에게 공유하기도 하고, 폐쇄형 플랫폼(초대된 사람들만 참여하는)인 밴드나 카카오톡 등 우리가 참여하고 있는 커뮤니티에 공유한다. 동호회 차원일 수도 있고, 아주 친한 친구 그룹이나 직장 또는 학교 등의 동기나 동료들에게 공유하는 것이다. 완전한 멀티 페르소나 형태는 아니지만 그래도 프로필은 우리가 하고 싶은대로 꾸미고 설정할 수 있다.

좀 더 메타버스에 다가가 보면 우리는 아바타Avata를 설정하고 커뮤니티에 나를 나타내고 참여한다. 그리고 또 다른 가상세계 또는 현실기반 디지털 세계에서 마음껏 우리의 페르소나를 구축하고 만끽한다. 연령과 용도에 따라 요즘 한창 유행하고 있는 소통형 플랫폼에 참여하기도 하고 게임형 플랫폼에 참여한다. 재미를 만끽하고 간혹 시간을 때우기도 하지만 이제는 물리적 세상에서 살고 있지만 가상의 세상을 만들고 그 곳에서 취미와 놀이, 더 나아가 일과 경제활동까지 가능할 수 있게 된 것이다.

(6) 오래 전 시작된 메타버스 플랫폼과 서비스

약 2년 전부터 메타버스의 용어와 개념이 유행하고 있다. 그러나 이미 오래전 메타버스의 개념은 시작되었고 존재하고 있었다. 우리가 잘 알고 있는 싸이월드도 일종의 메타버스 플랫폼이라고 볼 수 있다. 1999년 출시된 싸이월드는 소셜 네트워크 기반으로 2000년대 중후반에 서비스가 활성화되어 있었다. 지금의 팔로우-팔로워follow-follower 개념과 비슷한 성격의 일촌 관계를 통해 자신의 게시물 공유 및 업데이트 등을 좀 더 친밀하게 할 수 있는 개념이다. 여기에 미니홈피라는 서비스로 프로필, 사진첩, 게시판 다이어리 등 디지털 세계에서의 소셜 기반 페르소나를 구축한 것이다. 또한 그 당시 사이버 머니라는 개념의 도토리는 구매가 가능했고, 이벤트 참여 등으로 도토리를 무료로 구할 수가 있었다. 이러한 도토리를 사용하여 미니홈피 등에 음악, 배경 등을 치장할 수 있었다. 그러나 안타깝게도 전 세계적으로 확대되지 못하고 서비스가 중단되었으나 2022년 4월 재출시를 통해 앱마켓(구글 플레이스토어, 앱스토어, 원스토어) 전체 소셜미디어 앱 중 신규 설치 건 수 287만 건으로 1위를 차지하였다.

또한 세컨드라이프SecondLife는 전형적인 메타버스 플랫폼의 성격을 띠고 있다. 세컨드라이프는 미국의 린든 리서치Linden Research 회사에서 2000년대 초에 상용화한 서비스이다. 자신의 또 다른 페르소나를 대표할 수 있는 아바타가 사용되었다. 가상현실 기반으로 구현되어 있는 플랫폼 속에서 소통, 게임, 커뮤니티 활동, 여행 등 제한적이긴 하지만 서비스명 그대로 제2의 인생을 영위할 수 있다. 또한 세컨드라이프에서는 일종의 다양한 파트타임잡part-time job을 통하여 세컨드라이프에서 사용되는 사이버 통화인 린든 달러를 벌 수 있다. 또한 실제 돈으로 환전을 통하여 린든 달러를 구매할 수도 있다. 이러한 린든 달러는 개인 아바타의 치장이나 린든 섬을 구매하는 데도 사용되었다. 현재 회자되고 있는 메타버스의 개념을 거의 구현한 플랫폼으로 지금은 그 서비스의 명목만 유지할 정도이지만 초기 메타버스 서비스의 기원이라고 볼 수도 있다.

| 그림 1-1 | 세컨드라이프의 한 장면

출처 : 세컨드라이프 www.secondlife.com

(7) 메타버스 관심도와 미래

먼저 한국콘텐츠진흥원에서 발간된 코카포거스 133호_빅데이터로 살펴본 메타버스 세계에서 메타버스에 대한 사회적 관심도와 그 세부 토픽topic을 살펴보자. 전반적으로 메타버스 관련 뉴스 기사량은 2020년대로 접어들면서 지수적으로 증가하고 있다. 세상의 중심이 메타버스로 옮겨 가는 듯한 느낌이 들기에 충분해 보인다.

| 그림 1-2 | 월별 메타버스 관련 기사량

출처 : 코카포거스 133호_빅데이터로 살펴본 메타버스 세계

또한 동 자료에서 언급된 2020년대 메타버스 관련 키워드-행위자 연결망을 살펴보면 아바타가 압도적으로 조명 받고 있다. 메타버스와 아바타는 떼려야 뗄 수 없는 핵심 연결고리이고 아바타를 제외하고 메타버스를 논의하기는 어려운 것이다. 또한 메타버스 서비스 관

련 플랫폼이나 하드웨어 기술 및 서비스와 밀접한 관련이 있는 글로벌 대기업(구글, 애플, 네이버, 마이크로소프트, 엔비디아, 삼성전자 등)과 정부 및 방송통신 기업(정보통신산업진흥원, 한국전자통신연구원, 방송사, 통신기업 등)이 자리를 차지하고 있다. 향후 메타버스의 서비스가 지속적으로 확장될 가능성이 높다고 평가할 수 있는 부분이다. 여기에 이미 서비스 중인 메타버스나 그 개념(제페토, 로블록스, 싸이월드, 샌드박스 등) 등도 언급되고 있다.

| 그림 1-3 | **2020년대 메타버스 연결망**

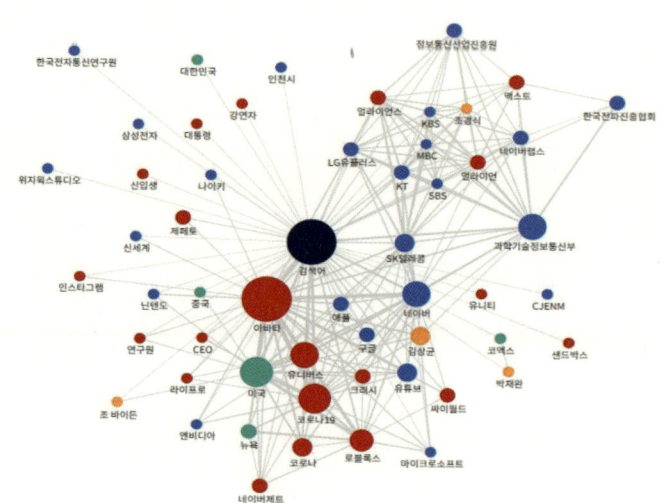

출처 : 코카포거스 133호_빅데이터로 살펴본 메타버스 세계

2020년대 메타버스 주요 토픽을 살펴보면 문화유산디지털, 아이돌 아바타 가상공연, 메타버스 채용 입학, 메타버스 관련 주식 등 그 서비스와 생활·산업분야에서 경제적으로 광범위한 관심과 활용이 예

상되는 것을 알 수 있다. 실제로 최근 1~2년 동안 많은 메타버스 플랫폼에서 서비스되고 있다.

| 그림 1-4 | 2020년대 메타버스 주요 토픽

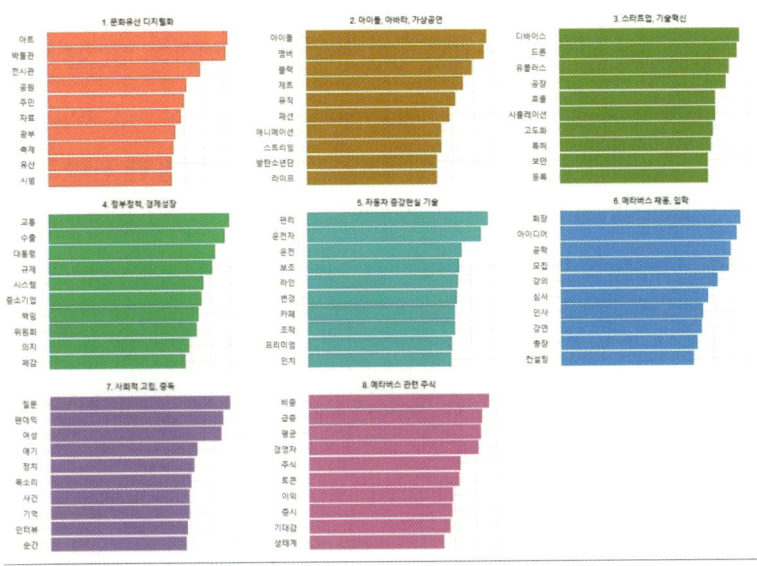

출처 : 코카포거스 133호_빅데이터로 살펴본 메타버스 세계

    TheMilky에서 발간한 CES2022 리포트에서 소개한 2022년 12대 산업 토네이도는 웹3.0과 메타버스, 암호화폐, AI, 푸드테크, 일의 미래, 모빌리티, ESG, 엔터테크, 헬스케어, 규제, 사이버보안, 스페이스테크 등이다. 그 중 3개는 웹3.0과 메타버스, 빅데이터에 이은 크립토crypto 시대, 크리에이터 NFT 경제학으로 메타버스와 NFT가 2022년에도 크게 주목받고 성장할 것으로 예측된다.

2 | 메타버스의 개념과 특징

(1) 메타버스의 의미

안타깝게도 메타버스에 대한 학술적인 정의나 명확한 정의를 찾아보기는 쉽지 않다. 왜냐하면 정의를 내리고 그 서비스와 구현이 구체적으로 되었다기보다는 모호한 개념이 먼저 있고 다양한 관련 분야의 서비스가 등장하고 있기 때문이다. 즉 우리 자신들의 위치에 따라 그 정의가 다르게 되기 때문이다. 관심사, 이해관계, 산업 분야, 기술 분야, 응용 분야, 서비스 분야 등에 따라 다른 각도에서 보기 때문이다. 사용되는 기술의 관점, 콘텐츠와 서비스의 관점에서도 다양한 정의가 있기 때문이다. 우리는 이러한 다양한 내용을 살펴보고 현재 또는 가까운 미래에 적용 가능한 범위에서 개념과 의미를 정의해 보자.

먼저 한국과학기술정보연구원 ScienceOn scienceon.kisti.re.kr에 있는 설명을 인용하고 살펴보자. "메타버스라는 개념은 '아바타 Avatar'라는 용어를 처음 사용한 미국의 SF 소설가인 '닐 스티븐슨 Neal Stephenson'이 지난 1992년에 발표한 소설인 '스노우크래쉬 Snow Crash'에서 처음 등장했으며 아바타로 변신한 사람들은 다른 아바타들과 사회적 관계를 맺으며 생활했고, 때로는 경제적인 활동까지 수행하며 돈도 벌었다. 특히 물리적 한계가 없는 가상의 공간이어서 사람들은 가고 싶은 곳이라면 어디든지 순간적으로 이동하며 자유를 만끽하기도 했다. 그야말로 세컨드라이프라는 서비스의 명칭처럼 사람들은 가상의 공간에서 제2의 인생을 살며, 메타버스라는 공간이 얼마나 매력적인지를 직접 체험하는 기회를 누렸다." 즉 아바타 개념, 아바타들의 사회적 관계, 경제적인 활동, 물리적 한계가 없는 가상 공간, 세컨드라이프 등으로 핵심을 정리할 수 있다.

좀 더 구체적인 정의와 의미를 포함한 특징을 살펴보자. 집단지성의 총화라고 할 수 있는 위키백과에는 다음과 같이 정의되어 있는데 그 일부를 인용해보자. "메타버스metaverse 또는 확장 가상세계는 '가상 우주'라고 번역하기도 했다. 이는 3차원에서 실제 생활과 법적으로 인정되는 활동인 직업, 금융, 학습 등이 연결된 가상세계를 뜻한다. 가상현실, 증강현실의 상위 개념으로서, 현실을 디지털 기반의 가상세계로 확장시켜 가상의 공간에서 모든 활동을 할 수 있게 만드는 시스템이다. 구체적으로 정치와 경제, 사회, 문화의 전반적 측면에서 현실과 비현실이 공존하는 생활형, 게임형 가상세계라는 의미로 폭넓게 사용한다." 확장 가상세계, 3차원에서 실제 생활과 법적으로 인정되는 활동, 가상현실과 증강현실의 상위 개념 등으로 정리할 수 있다.

좀 더 현실적이고 축약된 정의를 살펴보자. 메타버스의 개념과 발전 방향(정보처리학회지 제 28권 제 1호(2021. 3), 고선영 외)에서는 "메타버스란 '현실의 나를 대리하는 아바타를 통해 일상 활동과 경제생활을 영위하는 3D 기반의 가상세계'이다. 여기서의 일상 활동과 경제생활은 현실과 분리된 것이 아닌, 현실의 연장선 상에서 일어나는 행위가 포함된다. 현실 세계가 가상공간과 결합하여 마치 현실이 가상공간으로 확장된 것을 의미한다"라고 정의한다. 아바타, 일상활동과 경제생활, 3D 기반의 가상세계가 그 정의의 핵심을 이루고 있다. 메타버스의 시대 배경 설명과 위에서 언급된 몇 가지 설명을 참고하여 그 개념을 정리해 보자. 메타버스는 "현실의 나와 연결된 아바타가 멀티 페르소나 삶을 영위할 수 있는 또 다른 가상 지구의 디지털 경제사회 문화 세계 및 그 플랫폼"으로 설명할 수 있다. 가상세계라는 말은 자칫 우리의 실생활과 전혀 관계가 없는 것으로 생각될 수 있어 그 범위가 넓고 실생활과 관련이 없다는 것을 배제하기 위하여 디지털 세계라는 표현을 사용한다. 그러면 우리는 구체적으로 메타버스의 구성요소와 시대적 특징은 무엇인지 그리고 그 메타버스 속에서 어떤 활동을 영위할 수 있을지 메타버스의 특징을 살펴보자.

(2) ASF의 메타버스 구분과 그 특징

이번에는 메타버스의 특징을 알아보기 위하여 미국의 가속화연구재단ASF:Acceleration Studies Foundation에서 체계적으로 정리한 내용을 살펴보자. 가속화재단에서는 기술 및 서비스 내용까지 참고하여 라이프로깅Lifelogging, 거울세계Mirror Worlds, 증강현실Augmented Reality, 가상세계Virtual worlds 의 4가지로 분류하고 특징지웠다.

① 라이프로깅

라이프로깅은 우리가 흔히 사용하고 있는 소셜미디어 서비스가 대표적이라고 할 수 있다. 다양한 소셜미디어 플랫폼 세계에서 보여주고 싶은 나의 삶의 변화를 기록하고 타인에게 공유하는 활동이다. 현실의 삶을 반영하긴 하지만 내가 원하는 페르소나에 맞게 디자인 및 변경을 하는 것으로 페이스북, 인스타그램, 카카오톡, 유튜브, 틱톡 등의 플랫폼을 많이 사용한다. 여기에서 프로필을 바꾸거나 최근 생활상 사진이나 동영상을 올리는 것, 사회적으로 또는 개인적으로 이슈가 되는 공유하고 싶은 기사나 내용들을 공유하는 것 등이다. 또한 센서가 부착된 옷이나 운동화 등을 착용하고 활동한 내용을 기록하고 공유하는 것도 라이프로깅의 한 유형이라고 볼 수 있다. 타인이 공유한 내용을 감상하거나 타인들과 함께하는 것도 넓은 범위의 라이프로깅의 활용으로 볼 수 있다.

| 그림 1-5 | 메타버스를 활용한 운동 플랫폼 '로라 라이프(rora Life)'

출처 : 매일경제 www.mk.co.kr/news/business/view/2021/10/1002228/

② 거울세계

거울세계는 현실기반 정보확장 공간으로 볼 수 있다. 일종의 디지털트윈digital twin이다. 우리가 자동차 운전시 사용하는 내비게이션, 구글 어스Google Earth 어플리케이션들도 일종의 거울세계이다. 현실의 공간을 제한적이긴 하지만 2차원 또는 3차원 그대로 옮겨 놓은 것이기 때문이다. 또한 대규모 공장이나 산업시설에서 사전 시뮬레이션 및 가상 운영 등을 통한 업무 효율화도 디지털트윈의 개념으로 거울세계에 해당한다. 오래전 나사NASA는 우주정거장의 디지털 버전을 지상에서 구현 및 시뮬레이션하여 사전에 실제 우주정거장 제작에 도움을 받은 것으로 알려져 있다.

구글 어스는 "세계에서 가장 정교한 지구본"을 표방하고 정밀한 사진과 입체적 3D 형태 지구본 서비스를 한다. 우리나라에서는 스마트폰 앱의 서비스는 가능하지 않고 웹 기반 서비스만 가능하다. 많은 도시들의 건물 사진, 스트리트 뷰가 들어가 있다.

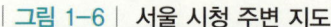

| 그림 1-6 | 서울 시청 주변 지도

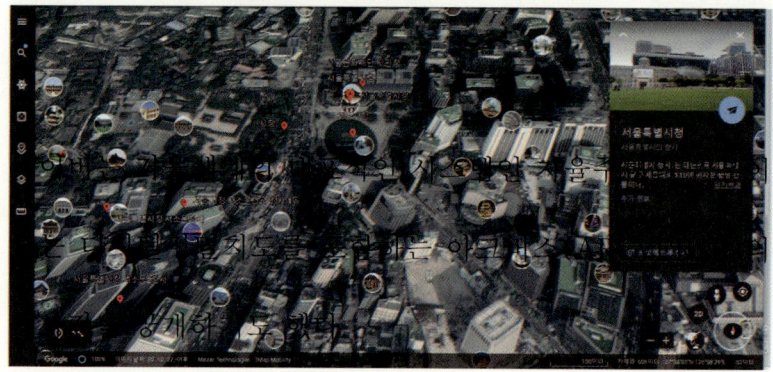

출처 : 구글어스 (https://www.google.co.kr/intl/ko/earth/)

| 그림 1-7 | 네이버의 아크버스 계획

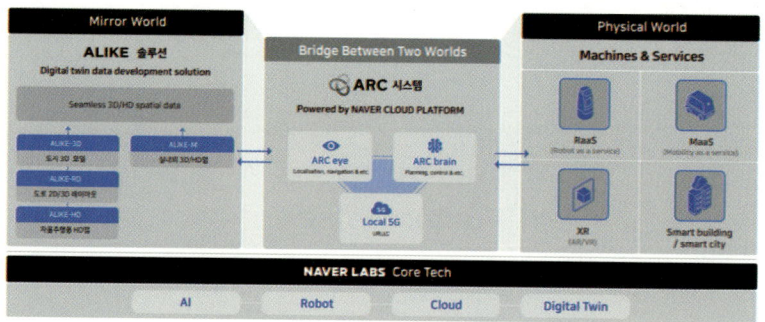

출처 : 네이버랩스(www.naverlabs.com)

네이버는 거울세계의 대표적인 시스템인 자율주행의 기본이 되는 디지털 정밀지도를 포함하는 아크버스ARCVERSE의 청사진을 공개하기도 했다.

③ 증강현실

증강현실은 현실 공간에 2차원 또는 3차원의 가상의 물체를 적용하는 방식이다. 대표적인 활용사례가 포켓몬고 게임이다. 가상과 현실의 융합의 관점에서 보면 포켓몬고는 아래의 사진에서 알 수 있듯이 현실의 공간(현실의 사진)에 다양한 가상적 캐릭터들이 함께 등장하는 게임이다. 현실의 공간인 특정 지역(유명 공원, 해변 지역, 산 지역) 등지를 돌아다니며 몬스터 사냥으로 수집하는 등 다소 게임적 요소가 강한 서비스다. 우리나라에서는 인기가 많이 시들해졌지만 아직 미주와 유럽에서는 높은 인기를 지속하는 것으로 알려지고 있다.

| 그림 1-8 | 증강현실 포켓몬고

출처 : 포켓몬고(pokemongolive.com/ko/)

④ 가상세계

　가상세계는 4가지의 분류 중 가장 가상적 세상과 관련이 높다. 굳이 현실에 기반을 둔 라이프로깅, 가상과 실제가 혼합된 증강현실, 실세상을 최대한 디지털 세계에 거의 똑 같은 상태로 모방하는 것과 비교하면 그 내용이 소설적 형태를 띤다고 볼 수 있다. 즉 완전히 새로 구축된 가상월드에 들어가서 생활 플레이를 한다는 관점에서 새로운 세상이라고 볼 수 있다. 체감과 몰입의 관점에서 보면 시각 및 운동 감각 등 우리의 다양한 감각을 아바타에 결합시켜 입체적인 체험과 몰입을 증가시킨다. 한 예로 스티븐 스필버그 감독의 영화 레디 플레이어 원Ready Player One에서 등장하는 오아시스OASIS 월드가 대표적이다. 오아시스는 2047년을 무대로 하고 있으며 대부분의 사람들이 오아시스라는 가상세계에 참여하여 대부분의 일상을 보낸다. 체험과 몰입에 중요한 헤드마운트head mount를 착용하고, 모션을 결합시키기 위하여 몸에 각종 센서가 있는 장비를 착용하거나 개인 플랫폼을 사용한다.

| 그림 1-9 | 영화 레디플레이어 원에서 사람들이 가상세계에 접속하기 위한 개인 플랫폼

출처 : 영화 레디플레이어 원

여기서 참고로 다양한 디지털 기기들이 지원하는 현재의 주요 메타버스 플랫폼을 알아보자. 많은 메타버스 플랫폼들은 기기의 성능과 종류에 따라 지원하는 범위와 정도가 다른 것이 현실이다. 어떤 플랫폼은 컴퓨터에서만 지원하고 어떤 것은 스마트폰에서만 지원하기도 한다. 또한 몰입감과 체감도를 높이기 위하여 특정 장비나 부가 기기를 필요로 한다. 흔히 소통형 플랫폼으로 알려진 2차원의 소셜미디어 플랫폼들은 컴퓨터와 스마트폰 모두를 지원한다. 전형적인 카카오톡, 페이스북, 인스타그램, 유튜브, 틱톡, 게더타운gather town 등이다. 다만 게더타운은 스마트폰에서 제한적 사용이 가능하다. 게임형 플랫폼인 로블록스, 마인크래프트도 컴퓨터와 스마트폰 모두를 지원하지만 로

블록스의 경우 그 기능이 제한적이다. 그리고 이프랜드ifland는 현재 스마트폰에서만 사용이 가능하여 아쉬움이 남는다. 영화에서 나오는 헤드마운트 유형의 오큘러스 시리즈 등을 사용하면 몰입감을 높일 수도 있다. 또한 모션 센서 장비를 장착하고 이용한다면 훨씬 몰입감과 체감도를 높일 수 있겠지만 아직 그 서비스와 콘텐츠는 많지 않으며 대부분의 메타버스 플랫폼도 완전히 구현되어 있지 않은 상태이다.

한 단계 발전한 형태로는 매트릭스가 있다. 매트릭스의 배경은 2199년 인공지능이 인간을 숙주 삼아 지배하는 세상이다. 기기를 착용하기보다는 인간의 뇌에 '매트릭스'라는 프로그램을 이용해 가상세계가 구현되어 있기 때문에 거의 완벽하게 강화된 메타버스라고 볼 수 있다. 현실과 가상세계를 거의 구분하기 힘들 정도의 세상이 그 배경인 것이다.

현재 우리가 사용 중인 메타버스 플랫폼인 로블록스, 마인크래프트, 제페토 등은 이 가상세계의 플랫폼으로 볼 수 있으며, 레디플레이어원이나 매트릭스 등의 가상세계 영화에 비추어 보면 아주 초기 단계에 해당한다.

(3) 다양한 메타버스의 특징

가장 큰 게임형 메타버스의 특징은 프로슈머(prosumer, 사용자 겸 크리에이터)의 자유로운 창작, 게임 및 탐험, 경제활동이다. 본격적인 메타버스 플랫폼이 유행하기 전 많은 온라인 게임들의 경제 생태계는 게임 제작사에서 제공하는 게임 아이템이나 아바타 패션 아이템을 소비자들이 구매하는 단방향 구조를 가지고 있다. 그러나 요즘 유행하는 메타버스 플랫폼 게임의 경우는 이용자가 프로슈머(여기서는 creator)가 되어 이용자가 직접 개발한 게임, 맵Map, 월드, 아이템을 플랫폼 안에서 제공 및 운영하고 그 대가로 이용자들에게 게임이나 아이템을 판매하는 형식으로 경제활동을 할 수 있는 양방향 구조가 큰 차이점으로 볼 수 있다. 이러한 프로슈머(크리에이터)의 경제활동이 보장되기에 더 많은 이용자와 개발자 즉 프로슈머가 메타버스 플랫폼을 이용하는 것이다. 로블록스의 경우에는 로블록스 스튜디오를 사용하여 게임을 개발할 수 있도록 도구상자를 제공한다. 또한 제페토의 경우 아바타 아이템은 제페토 스튜디오로 제작하고, 맵Map은 제페토 빌드잇Build it을 사용하여 제작한다.

아이덴티티와 부캐를 대변할 수 있는 아바타Avata, 프로슈머와 사용자의 의도에 따른 서비스를 지칭하는 자유도Build, 공간제공과 역할수행을 위한 배경이 되는 세계관Space, 경험과 경제활동Activity으로 그 요소적 특징을 설명한다.

'메타버스의 새로운 기회(저자 김상균 신병호)'에서는 메타서비스의 5가지 속성을 연속성Seamlessness, 실재감Presence, 상호운영성Interoperability, 동시성Concurrence, 경제 흐름Economy Flow로 설명한다. 실재감은 VR과 AR 기기를 통해 높일 수 있고, 동시성은 여러 명의 사용자가 하나의 메타버스 세계에서 활동하는 것이며, 현실과 비슷한 경제 흐름을 강조한다.

'메타버스의 개념과 발전 방향(정보처리학회지 제 28권 제 1호(2021. 3), 고선영 외)'에서는 Canon(세계관), Creator(창작자), Currency(디지털통화), Continuity(일상의 연장), Connectivity(연결)를 5가지 고유 특성으로 제시한다.

  메타버스 생태계, 메타버스 플랫폼은 물리세계와 연결은 되어 있지만 완전히 또 다른 제2의 디지털세계를 의미한다고 볼 수 있다. 메타버스의 주요한 특징 중의 하나는 자유도Build이다. 즉 샌드박스형 플랫폼이라는 것이다. 여기서 샌드박스란 아이들이 안전하게 모래 놀이를 할 수 있도록 사각형 또는 원형으로 모래만을 넣어 둔 공간을 의미한다. 다만 이 용어가 메타버스 등의 분야에서 사용되면 모래 놀이는 특정한 모양이나 형태가 없이 자유롭게 자기가 만들고 싶은 형태로 만들고 논다는 것을 의미한다. 본격적인 메타버스 게임들이 등장하기 전의 대부분의 오프라인 또는 온라인 게임들은 샌드박스형이 아니고 게임을 설계한 제작자가 짜놓은 틀에 따라 퀘스트Quest를 진행하는 형태였다. 이것은 다양하게 월드에서 자기 세상을 구축하고 생활한다는 멀티 페르소나의 개념과도 상통하는 메타버스의 주요한 특징이다.

| 그림 1-10 | 샌드박스

출처 : 나무위키

최근 메타버스의 특징적인 현상은 경제활동이 중요하게 부각되고 있다는 것이다. 자발적으로 대가성 없이 오락성 게임이나 소셜 관계를 위해 많은 시간을 할애하고 있는데 여기에 경제적으로 보상이 주어진다면 메타버스는 더욱 활성화 되는 것은 자명하다. 이러한 추세에 발맞추어 P2E(play to earn)가 점점 강조되고 최근 트렌드가 되고 있다. 플랫폼 기업은 재미와 품질 좋은 플랫폼 출시로 투자와 수익을 이끌어내고, 프로슈머들은 열심히 디지털세계에서 게임하고 노력한 댓가로 수익을 이끌어 낸다.

| 그림 1-11 | 메타버스의 주요한 특징

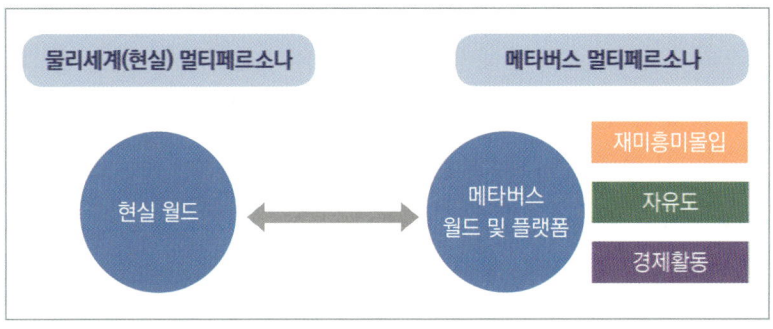

| 그림 1-12 | 메타버스 플랫폼의 발전 방향

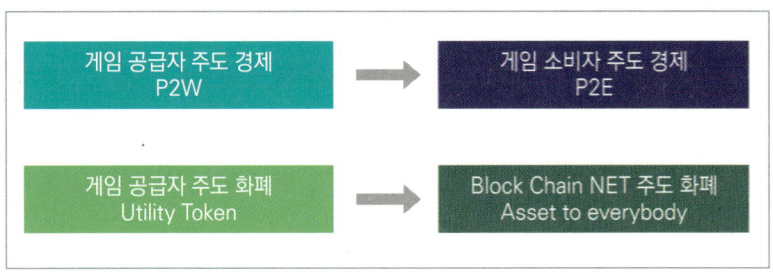

2절

주요 메타버스 플랫폼과 활용

　우리가 메타버스를 통해 할 수 있는 것은 주로 무엇이 있고, 멀티페르소나 삶을 영위하는데 구체적으로 어떻게 활용할 수 있는지 알아보자. 먼저 메타버스 플랫폼에서의 활동을 비경제적인 관점과 경제적인 관점에서 살펴보자.
　비경제적인 관점은 업무 활용, 생활문화 활용 등으로 볼 수 있다. 업무적으로는 비대면 회의, 비대면 행사 등이 있을 수 있고, 생활문화적으로는 재미를 위한 게임과 지인들과의 디지털 소셜 활동 및 그 복합적인 형태가 있다.
　경제적인 관점은 메타버스를 활용하여 경제 활동을 하는 것으로 플랫폼 내에서의 노력을 통한 경제적 성취(일종의 P2E), 플랫폼 구축 관련 일을 통한 수입 활동, 그리고 관련 산업에 투자를 통한 활동 등이 있다.
　먼저 업무·생활·문화 관점에서 주요 메타버스 플랫폼을 살펴보자.

1 | 회의 및 소셜형 플랫폼

  최근 업무 및 회의 활동 차원에서 많이 사용 되고 있는 소셜형 회의용 플랫폼은 이프랜드, 게더타운 등이 있다. 기관 및 기업용으로는 호라이즌워크룸(메타), 스타라인(구글) 등이 상용화를 준비 중이거나 사용되고 있다. 이외에도 다양한 형태의 소셜형 회의용 플랫폼이 존재한다. 여기서는 줌이나 웹엑스 등 메타버스와는 조금 더 거리가 먼 기존 회의 플랫폼은 제외하고 자주 사용되거나 대표적인 이프랜드, 게더타운의 특징과 활용 사례를 소개한다.

(1) 이프랜드(ifland)

  이프랜드는 SK텔레콤에서 제공하는 회의 및 소통형 메타버스 플랫폼으로 고화질의 랜드와 아바타를 제공한다. 무료 소셜 플랫폼이며 사용 목적과 주제에 따라 젊은 연령층이 다수이긴 하지만 다양한 연령층으로 사용 연령대가 늘어나는 것으로 알려져 있다.
  주로 이용하는 형태는 업무회의나 모임, 취미 동호회나 지인 간의 소셜 네트워크, 특정 주제에 대한 강의나 교육, 각종 행사, 그리고 이벤트 등이다. 줌 등 영상회의에 지치고 자신의 실제 얼굴을 보이는 것이 부담스러운 경우, 그리고 다양한 소소한 재미를 원하는 이용자들에게는 효율적인 플랫폼이다.
  이미 많은 대학에서 입학식 및 취업 설명회, 강의나 행사 등을 진행하고 있으며 특정 주제로 자유롭게 참가하여 정보를 얻거나 동호회 차원의 모임도 많이 개설 및 운영되고 있다. 예로 노래자랑, 퀴즈 참여 등도 개설하거나 참여하면 한층 더 재미를 느낄 수 있다. 작년에는 SK텔레콤에서 국민의 관심사였던 나로호 발사 생중계를 하기도 했다.

이프랜드에는 메타버스의 대표적 특징 요소 중 하나인 아바타가 존재하고 얼굴, 의상, 악세서리 등을 부가하여 나만의 스타일을 구축할 수 있다. 내가 원하는 멀티 페르소나에 맞는 형태로 자유롭게 꾸미는게 가능하고 언제든지 바꿀 수 있다. 아바타 설정이 완료되면 다양한 모임방을 개설하거나 개설된 모임에 참여할 수 있다. 모임방은 친목이나 주제별로 개설되는 경우가 대부분이다. 이프랜드에서 모임방은 랜드라고 부른다.

| 그림 1-13 | 나로호 발사 생중계 장면

출처 : SK텔레콤(https://news.sktelecom.com/170571)

모임방은 공개와 비공개 2가지로 개설이 가능하다. 공개로 개설된 모임방에는 특별한 제약 없이 참가할 수 있다. 비공개로 개설된 모임방은 비밀번호를 알아야 입장이 가능하다. 모임방의 개설은 제공된 랜드 포맷 중에서 선택이 가능하다. 아트갤러리, K-Pop 하우스, 도서관, 컨퍼런스 홀, 우주관, 별빛 캠핑장, 센터럴파크, 볕좋은 카페, 아이리쉬펍, 모여라교실, 넓은 운동장, 초집중 영화관, 스포츠 라운지, 카트라이더룸, LOL룸, T-Factory 등 20종 이상이 제공되고 있다. 제공된 포맷 중에서 친목도모, 행사, 강의 등 분위기에 맞는 것을 선택하고 참여자들과 함께 다양한 활동을 진행할 수 있다.

| 그림 1-14 | 센트럴파크 랜드를 선택해 모임방 개설 후 입장 한 장면

출처 : 이프랜드

모임방 참여한 사람들은 채팅이나 음성 참여가 모두 가능하며 PDF 파일과 영상자료를 실시간 공유할 수 있다. 그리고 개설자 및 참여자들 간에 팔로우-팔로워 관계를 설정할 수도 있다.

또한 부가적으로 100여 개의 감정 표현 모션리스트도 제공되어 춤을 춘다거나 박수를 치거나 하는 등 인터랙션Interaction을 줄 수 있다. 참여한 모임방에서 자유롭게 사진을 찍는 기능도 제공이 되어 행사나 모임의 기록을 남길 수 있다. 특히 동시에 접속 가능한 라이브영상 중계에는 최대 131명이 참여할 수 있고, 다만 아바타가 보이는 이프미 참여 인원은 31명이며 나머지는 음성으로만 참가할 수 있다.

(2) 게더타운(gather.town)

게더타운은 가상 사무공간과 화상회의를 주로 지원하는 플랫폼이다. 주로 사용하는 곳은 모임 진행, 강의, 오프라인 행사 대체(수료식 등), 이벤트(오락성을 겸비한 퀴즈 게임 등), 영상이나 사진 등을 전시하는 전시회 등이다. 사용하는 기기는 주로 컴퓨터에서 사용하며 스마트폰에서는 제한적으로 사용할 수 있다. 이프랜드와 비교한다면 2차원 또는 2.5차원의 심플한 아바타와 공간을 제공한다. 주로 2차원 공간의 심플한 사무실이 연상된다. 사용 인원에 따라 유료와 무료로 구분한다. 기본적인 서비스와 인원 25명까지 사용하면 무료이고 화이트보드 사용 등의 기능과 25인을 초과하는 경우에는 유료로 사용 가능하다. 무료의 경우는 주로 개인적인 측면에서 사용하고 유료의 경우는 기업과 단체 등에서 사용하게 된다. 가상 사무실 용도로 사용하는 경우가 많으므로 연령대도 업무를 주로 하는 층이 많은 것으로 알려져 있다.

온라인 재택 근무를 적극적으로 지원하는 기업이나 기관, 단체, 학교 등에서 사용한다. 대학들의 취업박람회, 기업들의 채용박람회 등이 작년에 진행된 사례들이다.

다른 메타버스 플랫폼처럼 아바타를 사용하지만 화려하지도 고화질도 아닌 아주 단순하고 작은 아바타를 사용한다.

| 그림 1-15 | 게더타운 회의 및 행사 공간

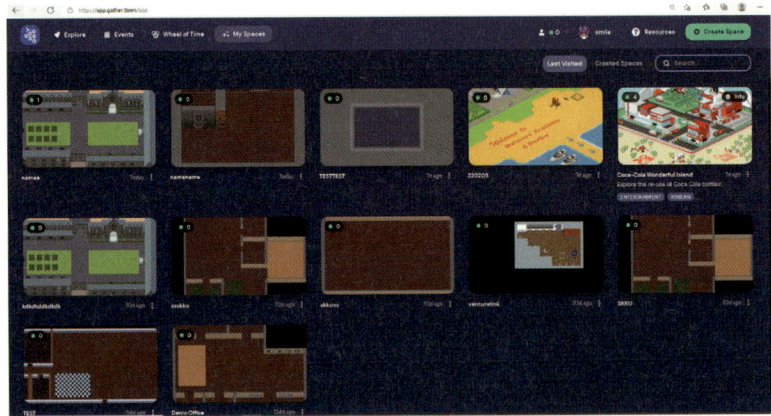

출처 : 게더타운

2 | 게임 및 자유활동형 플랫폼

(1) 로블록스(Roblox)

　로블록스는 로블록스 코퍼레이션Roblox Corporation에서 개발 유통한 게임형태의 메타버스 플랫폼이다. 사용하는 주요 연령층은 주로 10대 미만이거나 10대로 알려져 있으며 주로 병정형태의 아바타를 통하여 게임을 진행하고 탐험한다. 그리고 로블록스는 사용자에게 친구설정, 채팅 등의 다양한 기능을 지원하기 때문에 플랫폼에 접속한 수 많은 타 사용자와의 상호 작용이 가능하다.

　5천만 개 이상의 게임 월드가 존재하고, 이 다양한 게임 월드는 주로 10대의 프로슈머들(여기서는 크리에이터)이 제작한 것으로 알려져 있다. 이 게임월드도 타 플랫폼에 비하면 투박하게 제작되어 있고 세련된 편은 아니다. 로블록스 플랫폼을 통해 다양한 형태의 게임을 즐기고 필요한 경우 자신의 게임 월드를 제작하여 다른 사람들에게 서비스를 제공하는 자유도가 높은 게임 플랫폼이다.

| 표 1-1 | 로블록스에서 제공하는 메타버스 게임의 유형

분류 이름	설명
롤플레잉	플레이어가 역할을 가지고 진행하는 게임이다. 사실상 대부분의 게임의 기초가 된다고 볼 수 있다.
일상 롤플레잉	일상적인 배경을 주제로 한 역할놀이 게임이다.
RPG	적과 싸워서 캐릭터/장비/능력 등을 성장시키는것이 목적인 게임이다.
경쟁	다른 플레이어·팀과의 경쟁으로부터 이기는 것이 주가 되는 게임이다.
범죄 및 탈옥	교도소가 배경이거나 범죄가 주요 콘텐츠인 게임이다.
생존 및 탈출	마지막까지 살아남거나 시설에서 탈출하는것이 목표인 게임이다.
FPS	1인칭 총싸움 게임이다.
타이쿤	경영 게임으로, 돈을 벌어 자신의 것을 업그레이드하거나 더 좋은 것을 구하는 것이 목표인 게임이다.
시뮬레이션	직업 등을 체험해보는 게임이다.
스토리	다른 등장인물과의 상호작용(대사)이 주가 되어 이야기를 풀어나가는 게임이다.
프리 플레이	정해진 규칙 없이 플레이어들끼리 자유롭게 즐기는 게임이다.
성장 및 노가다	재화 및 경험치를 주워서 캐릭터를 무한정 강화시키거나 버튼을 밟아서 건물을 짓는 유사 타이쿤/시뮬레이션류 게임을 말한다.

출처 : 나무위키(2022)

    컴퓨터를 통해서 이제 아바타 설정부터 살펴보자. 로블록스의 프로필과 아바타는 프로필 설정과 아바타 편집기를 사용하여 신체 형태를 포함하여 자유롭게 변경할 수 있다. 머리, 몸통, 팔, 다리 등과

표정 등 기본적으로 제공하는 아이템을 사용하며 무료이다. 다만 좀 더 세련되고 세부적인 튜닝을 하려면 아바타 상점을 방문하여 무료 또는 유료의 아이템을 구매하여 설정 할 수 있다

| 그림 1-16 | 로블록스 아바타 편집기

출처 : 로블록스(www.roblox.com)

아바타 설정이 완료되면 자신의 취향에 맞는 다양한 월드를 방문해 보자. 반스Vans 월드를 방문해서 서비스와 내용을 확인해 보자. 반스 월드는 스케이트보드를 사용하여 즐기는 게임이다. 입장에 앞서 반스월드에 대한 소개와 상점, 서버 관련 내용을 확인 할 수 있다. 8,000만명 이상이 방문했고, 2021년에 개발된 게임이며 장르는 전

체를 아우르는 것으로 설명이 되어 있다. 채팅창에서는 친구를 추가할 수도 있도 채팅을 나눌 수도 있다. 현실에서는 시간과 공간의 제약을 받지만, 여기서는 원하는 만큼 스케이트 보드를 탈 수 있다. 재미와 개인적 성취도 측면에서 좋은 게임으로 보인다.

| 그림 1-17 | 반스 월드

출처 : 로블록스(www.roblox.com)

| 그림 1-18 | 반스 월드

출처 : 로블록스(www.roblox.com)

(2) 마인크래프트(MineCraft)

　마인크래프트는 모장 스튜디오Mojang Studio에서 2011년 정식 발매한 샌드박스 형식의 게임으로 채굴을 의미하는 마인Mine과 제작을 의미하는 크래프트Craft의 합성어이다. '나만의 세상을 탐험하고, 어두운 밤에 무사히 살아남고, 상상할 수 있는 모든 것을 만들어 보세요'라고 소개된 대로 자유도 높은 샌드박스형 게임이다. 그리고 교육용 에디션Education Edition은 100여 개 국가에서 수천 명의 교육자가 사용하는 게임기반 학습 플랫폼으로도 활용된다.
　메타버스와 비슷하게 사용하는 주요 연령층은 주로 10대로 알려져 있지만 특정 분야의 전문가들도 많은 관심을 가지고 있으며, 주로 병정형태의 아바타를 통하여 게임을 진행하고 탐험한다. 사각형으로 만들어진 디지털 가상세계에서 블록과 도구 등을 이용하는 그래픽적으로는 단순한 형태의 게임이다. 자유도가 높기 때문에 건축, 사냥, 농사, 채집 등 다양한 활동을 하고 밤에는 각종 몬스터 들과 마주칠 수 있는 흥미와 약간의 공포도 가미되어 있다.

로블록스와는 비슷한 개념의 게임이지만 플레이기기는 컴퓨터, 모바일, 콘솔 등에서 모두 사용할 수 있는 마인크래프트가 더 많이 지원한다. 또한 로블록스는 기본적으로 무료로 게임을 즐길 수 있지만 마인크래프트는 일정 사용료를 지불해야 입장과 게임을 즐기는 것이 가능하다. 마인크래프트는 교육용 버전을 따로 제공하는 것도 차이점이라 볼 수 있다.

| 그림 1-19 | **마인크래프트 메타버스 게임**

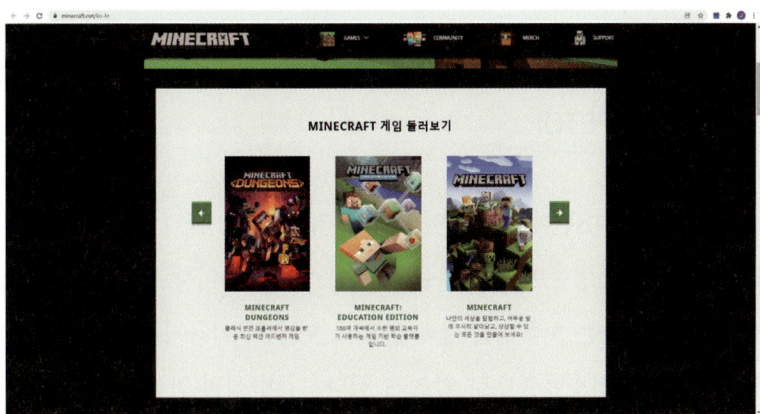

출처 : 마인크래프트(https://www.minecraft.net/ko-kr)

교육용 에디션은 2016년 정식 버전이 출시되었다. 10대들의 교육을 위해 별도로 제작된 것으로 주로 교육을 위한 기능만 포함되어 그 기능이 제한적으로 사용되며 교육기관을 통해서 사용할 수 있다.

| 그림 1-20 | 마인크래프트 교육용 버전

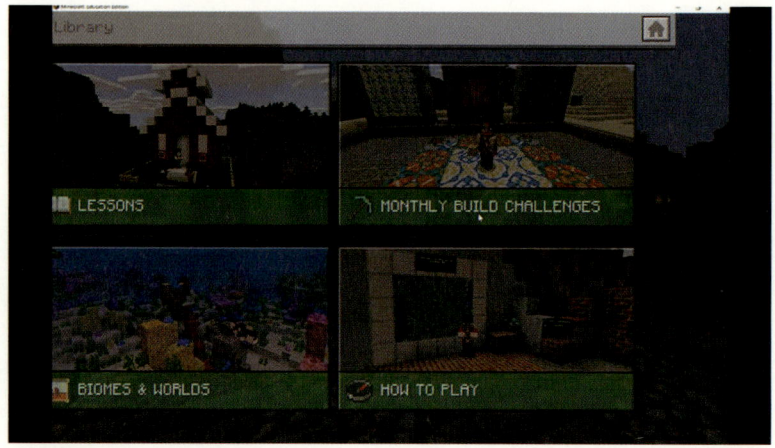

출처 : Microsoft Ireland 동영상

(3) 제페토(ZEPETO)

　제페토는 2018년에 출시되어 네이버 제트가 운영하는 자유도 높은 10대 전후의 연령층이 사용하는 샌드박스형 게임이다. 2022년 전 세계의 가입자 수는 3억 명을 돌파했으며, 다수의 이용자는 중국, 미국, 일본 등 외국 청소년층으로 알려져 있다. 나이·성별·인종·지역을 넘어서는 친구도 사귈 수 있고, 시간과 공간을 초월하는 다양한 월드들을 방문하고 필요시 프로슈머가 되어 크리에이터 활동도 할 수 있는 멀티 페르소나를 경험하는데 적합한 플랫폼 중의 하나이다. 사용자들은 자신의 아바타를 꾸미고, 다양한 월드를 탐험하고 즐길 수 있다. 모임 진행, 강의, 오프라인 행사 대체, 이벤트, 영상이나 사진 등을 전시하는 전시회 등의 단체나 공식적인 행사에도 적합하다.

다양한 종류의 아바타를 꾸미기 위한 의상 및 악세서리 등이 제공되기 때문에 아바타를 꾸미는 재미가 있다.

| 그림 1-21 | 제페토 아바타 꾸미기

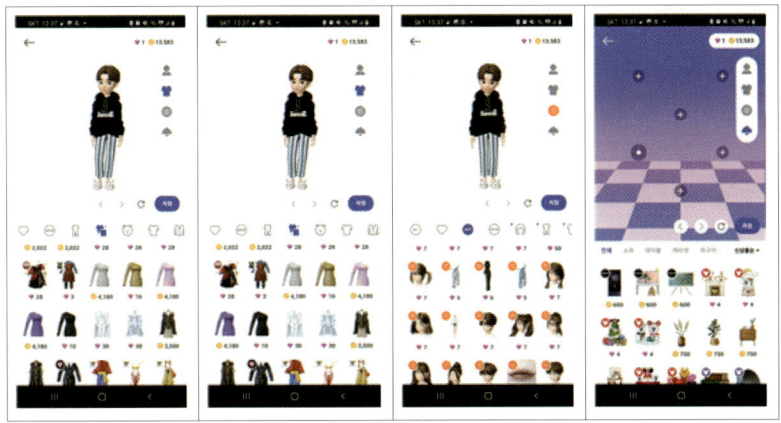

출처 : 제페토

여기에 더하여 다양한 동영상 포즈를 제공하고 있는데 아바타를 사용하여 다양한 릴스Reels 형태의 짤막한 동영상을 제작할 수 있고, 함께 공유할 수 있다. 릴스나 틱톡에서의 짤막한 동영상은 실물 배경이지만 제페토에서는 아바타가 대신하여 그 재미를 더한다.

제페토에는 수많은 다양한 월드가 펼쳐져 있다. 월드를 탐험하고, 입장한 참여자들과 문자로 대화가 가능하다. 팔로잉과 팔로워를 통하여 친구도 사귈 수 있다. 배경음악과 마이크를 켜 놓으면 생동감 있게 월드를 탐험하고 음성으로 소통할 수 있다. 각종 탈 것, 아이템, 놀이 등을 선택하거나 구매하여 더욱 다채로운 참여를 할 수 있다. 참여한 월드 내에서 다른 참여자와 촬영도 할 수 있다. 다양한 제스처로 춤도 출 수 있고 나의 기분을 나타낼 수도 있다.

월드마다 방문 횟수가 보이는데 인기 있는 월드는 매일 수십만 명이 다녀가기도 한다. 점프마스터(jump master, 누적방문수 1.6억회 이상), 교실, 동물탐험대Animal Adventure, 한강공원 등이 있다. 이외에도 수백만에서 수십만 명이 방문한 월드가 다수 있다. 점프마스터는 일종의 게임으로 장애물을 피해 누가 먼저 타워에서 탈출하는지 겨루는 놀이이고, 교실은 학교 교실을 꾸며 놓고 다양한 활동을 하는 월드이다. 캠핑월드는 자연속에 캠핑장을 구축해 놓았는데 자유롭게 방문하여 모닥불도 감상하고 휴식형 모임방의 성격을 띠고 있다.

| 그림 1-22 | **점프마스터 및 캠핑 월드**

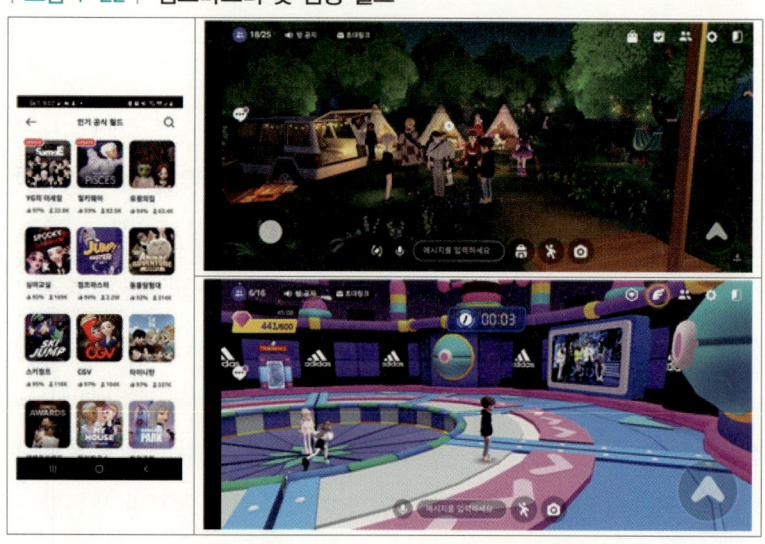

출처 : 제페토

학교라는 키워드로 검색한 월드는 초등, 중고교, 대학교 등 400여 개, 영어로 school을 검색하면 200여 개 월드가 방문을 기다리고 있다. 입학설명회, 입학식, 수업, 전시회 등 다양한 교육 관련 활동에 제페토의 월드를 활용하고 있다. 지하철과 한강공원의 C&U부터 구찌, 현대자동차, 삼성전자, 롯데월드 등 국내외 많은 기업들이 홍보를 위하여 월드를 개설하고 있다. 이처럼 게임형부터 행사 모임, 홍보형 등 다양하게 활용되고 있다.

(4) 포트나이트(Fortnite)

포트나이트는 에픽게임즈에서 2017년부터 제공하는 전형적인 배틀로얄 슈팅 게임이다. 미국에서는 대부분의 10대들이 매주 접속해 사용하는 게임이다. 2020년 트래비스 스콧Travis Scott이 출연하는 포트나이트Fortnite 콘서트로 한층 더 유명세를 탄 플랫폼이다. 트래비스 스콧의 3D 아바타가 등장했고, 수천만 명의 사용자가 콘서트에 참가했다.

방탄소년단도 신곡을 메인 스테이지에서 공개하기도 했다. 게임내에서 아바타를 이용하여 공연을 진행하는 등 게임의 메타버스화에 성공적인 사례이다. 특히 파티로얄은 배틀로얄에 대비되는 개념으로 게임 사용자들이 함께 문화콘텐츠를 즐기며 어울리는 일종의 소셜 공간으로서의 의미를 갖는다.

| 그림 1-23 | 트래비스 스캇 공연

출처 : 유튜브 트래비스 스캇 홍보 동영상

3 | 경제활동 관점에서의 메타버스 플랫폼

경제활동 관점에서는 생태계를 살펴봄으로서 어떻게 경제활동이 가능한지 알 수 있다. 유튜브의 경우는 개인이 업로드Upload한 동영상의 조회 수에 따라서 일정 부분 구글에서 광고 수입의 일부를 제공하며 조회 수가 많을수록 수입이 늘어나는 구조이다. 많은 유튜버Youtuber들이 소비자들이 많이 시청할 수 있도록 트렌드와 수요에 맞는 다양한 분야의 내용면에서 고품질의 영상을 지속적으로 올리는 데에는 이런 이유가 있다.

메타버스 플랫폼의 경제관점에서의 생태계는 플랫폼 제공자, 플랫폼에서 제공하는 일종의 제작 스튜디오나 도구Tool을 사용하여 플랫폼의 전문적인 월드 및 악세서리 제작자 및 기업, 플랫폼과 도구를 사용하는 개인 프로슈머 관점에서의 월드 및 악세서리 제작자, 그리고 창의적인 월드나 악세서리 및 디지털 작품을 NFT Non-Fungible Token 화하여 경매 및 판매를 통한 수입을 추구하는 NFT 크리에이터 creator로 구분 할 수 있다. 여기에 발 빠르게 진출하고 있는 유수의 글로벌 대기업의 디지털 상품 판매자와 아직 본격적으로 시작되지는 않았지만 각 플랫폼의 월드에 상주하는 인력으로서 직업을 가지는 방법도 가능할 수 있다. 그리고 플랫폼 외적이긴 하지만 플랫폼들의 사용법이나 월드와 악세서리 제작 관련 방법을 교육하는 직업을 가지는 경우도 있다. 물론 헤드마운트, 구글글라스, 홀로그램 등의 기술적인 상품도 확장된 범주에서는 메타버스 플랫폼의 경제 생태계에 포함할 수 있다. 투자의 관점에서 본다면 경쟁력 있는 기업에 투자하여 투자수익을 올리는 것도 광의의 메타버스 경제 생태계에 참여하는 것이다.

각각의 메타버스 플랫폼에서는 싸이월드의 도토리와 비슷한 형태의 사이버 화폐를 사용한다. 현금화 할 수 있는 것도 있고, 플랫폼 내에서만 통용되는 현금화가 되지 않는 사이버 화폐도 있다. NFT를 적용하여 플랫폼 내 또는 플랫폼을 벗어나 NFT 경매 및 거래 플랫폼을 통화여 수입을 얻는 경우 등 다양하게 존재한다. 여기서는 플랫폼에서 사용되는 유틸리티 사이버 화폐 기반 경제활동이 가능한 플랫폼들을 살펴보기로 한다.

(1) 유틸리티 화폐 관련 플랫폼

① 로블록스

로블록스에서는 로벅스Robux라는 일종의 플랫폼 가상 화폐Game Token가 사용된다. 이 게임 토큰은 로블록스 내에서만 사용되며 게임 사용자는 실제 돈을 지불하고 로벅스를 구매한다. 이 로벅스로 아바타를 세련되게 장식하기 위해 아바타 상점에서 멋진 아이템을 구매하기도 하고 각종 월드에서 스페셜 파워를 갖추기 위한 아이템을 획득하는데 사용한다. 대부분의 로블록스 월드는 스페셜 파워를 갖추기 위하여 다양한 아이템이나 능력을 구매할 수 있도록 설계된 것이 대부분이다.

| 그림 1-24 | 로벅스

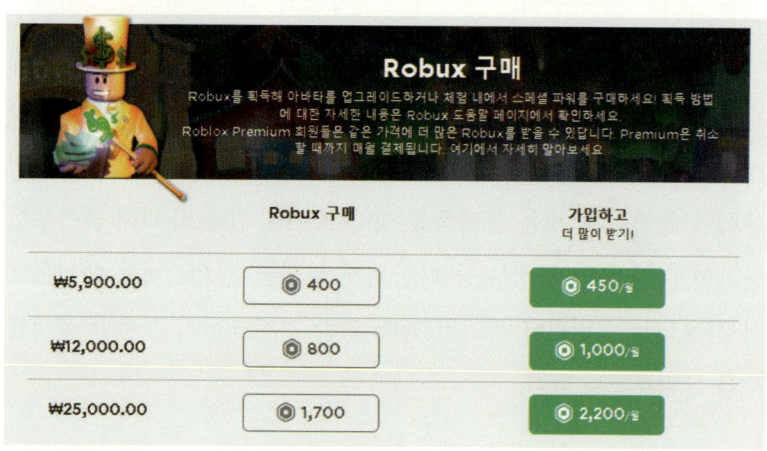

출처 : 로블록스 (www.roblox.com/upgrades)

이렇게 지불된 로벅스는 로블록스 월드를 제작한 프로슈머에게도 그 수입이 돌아간다. 게임 개발자 및 콘텐츠 크리에이터가 게임에서 획득한 로벅스를 실제 화폐로 교환할 수 있는 개발자 환전 프로그램 DevEx, Developer Exchange을 통해 프로슈머들의 경제활동이 보장되어 있는 플랫폼이기 때문이다. 로블록스에 매출액 기준 사용되는 분배와 사용처에서 살펴보면 개발자에게는 총 27.4%가 배분된다. DevEx를 통해 24.5%가 배분되고 EBP를 통해 평균적으로 2.9%가 할당된다. 경쟁력 있는 게임을 제작하고 많은 사용자가 로벅스를 지불하게 되면 개발자에게도 상당한 경제적 이득이 보장되는 시스템이다. 2021년 6월 기준으로 130만 명의 제작자와 개발자가 로벅스를 얻고 있으며 2021년에는 5억 달러로 추산된다고 로블록스는 소개하고 있다.

| 그림 1-25 | 개발자 분배 구조

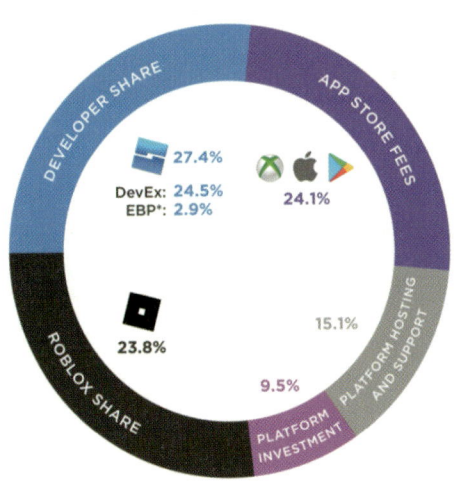

출처 : developer.roblox.com(developer.roblox.com)

그러면 어떻게 게임 제작에 참여할 수 있을까? 로블록스 게임을 제작하기 위해서는 로블록스 스튜디오를 사용하게 된다. 로블록스 스튜디오에는 대표적인 템플릿이 제공되고 그 플랫폼을 기반으로 도구 상자와 기본 아이템 등으로 나만의 로블록스 게임 세계를 구현할 수 있다. 구현된 게임 세계는 단순히 방문을 위한 것일 수도 있고, 나름대로 서비스를 제공하고 사용자들에게서 로벅스를 받을 수도 있게 설계가 가능하다. 이러한 게임 세계를 운영하여 일정 금액 이상 로벅스를 모으면 DevEx 프로그램을 통하여 실제 돈으로 교환한다. 매일경제 보도(2021. 11. 15)에 의하면 미래에셋증권과 삼정KPMG 보고서에서 2020년 한해 로블록스 내외부 개발자 수익이 2억5천만 달러에 달하며, 미국 CNBC에 의하면 2020년 1,200명의 개발자가 로블록스 게임으로 벌어들인 수입은 평균 1만 달러에 달한다고 기사화했다. 경제 에코시스템이 활발하게 동작하고 있는 메타버스 플랫폼이라는 것을 증명하고 있는 것이다.

| 그림 1-26 | 로블록스 스튜디오에서 제공되는 기본 맵 유형

출처 : 로블록스 스튜디오

| 그림 1-27 | 로블록스 스튜디오에서 맵 설계를 위한 도구

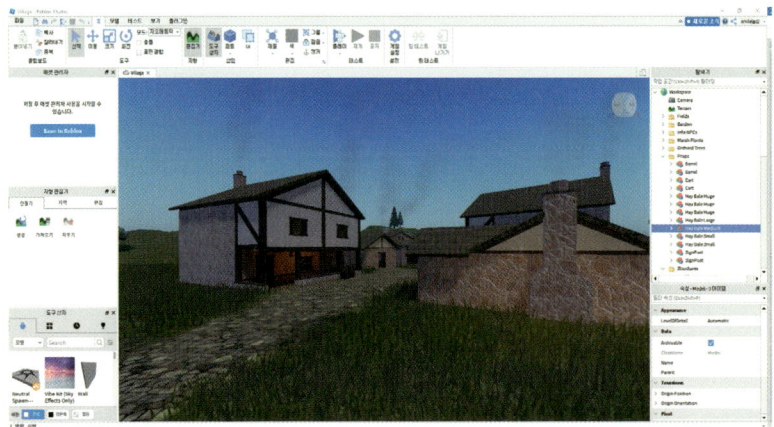

출처 : 로블록스 스튜디오

로블록스는 아마존amazon과 연계하여 굿즈(캐릭터 상품)를 판매하고 있다.

| 그림 1-28 | 로블록스 굿즈의 아마존 판매

출처 : amazon

Part 1. 메타버스 제대로알기

로블록스는 NFT 기반 서비스에 대한 계획에 대하여 아직은 적극적이지는 않은 것으로 보인다. 다만 블록체인 서비스 플랫폼인 플레이댑이 '플레이댑 랜드'를 로블록스에 출시하고 상용화한다고 2021년 연말에 밝힌 것처럼 당분간은 일부 서비스를 접목하는 수준에서 진행할 것으로 예상된다.

② 제페토

제페토에서는 사용자들이 아바타의 악세서리를 구매하여 다양한 형태로 각자의 페르소나에 맞는 모습을 꾸밀 수 있다. 제페토에는 코인Coin과 젬Zem이라는 플랫폼 내 가상화폐가 존재하는데 제페토 서비스 내 아이템을 구매하기 위한 재화이며 크레딧이라고 통칭한다. 서비스 내 아이템은 아바타 꾸미기 및 각종 월드 내에서의 특별한 역량을 갖추기 위한 아이템으로 구성된다.

3,900코인과 14젬은 각각 약 1달러 정도에 해당하며 크레딧 샵에서 구매할 수 있다. 또한 다양한 이벤트(데일리 퀘스트, 럭키 스핀, 스크래치 등)를 통해서도 구할 수 있다.

| 그림 1-29 | 코인과 젬의 구매 가격

COIN

코인 수량	가격 (KRW)	가격 (USD)
3,900	₩ 1,200	$ 0.99
10,200	₩ 2,500	$ 1.99
21,000	₩ 4,900	$ 3.99
38,900	₩ 8,900	$ 6.99
62,800	₩ 14,000	$ 10.99
234,000	₩ 50,000	$ 40.99

ZEM

젬 수량	가격 (KRW)	가격 (USD)
14 ZEM	₩ 1,200	$ 0.99
29 ZEM	₩ 2,500	$ 1.99
60 ZEM	₩ 4,900	$ 3.99
125 ZEM	₩ 9,900	$ 7.99
196 ZEM	₩ 15,000	$ 11.99
400 ZEM	₩ 30,000	$ 23.99
770 ZEM	₩ 55,000	$ 44.99

출처 : 네이버제트

제페토를 이용하는 프로슈머(이용자 크리에이터)는 여러 가지 방법으로 경제활동이 가능하고 현금화 할 수 있다. 첫 번째는 아바타들을 꾸미기 위한 옷, 신발, 헤어스타일, 그리고 소파, 테이블, 피규어 아이템 등을 제작하여 상점에서 판매하면 일정 수익을 얻을 수 있다. 두 번째로는 제페토 스튜디오를 통해 월드 및 관련 상품을 제작하고 월드에서 이용자가 구매하면 또한 일정 수익을 얻을 수 있다. 그리고 마지막으로 본인이 꾸민 제페토 캐릭터로 실시간 방송을 진행하면서 채팅으로 소통하고 시청이용자가 젬 이펙트 아이템을 선물하면 수익을 얻을 수 있다. 아이템 판매, 월드 상품 판매, 그리고 아바타 라이브 방송 후원을 통하여 젬으로 받게 되는데 5,000젬 이상이 되면 심사를 거쳐 현금으로 받을 수 있다.

제페토는 이미 스튜디오 아이템 판매량은 5,000만 개와 스튜디오 크리에이터 수는 150만 명이 넘는 급속히 성장하는 크리에이터 생태계가 구축되어 있다. 패션 및 뷰티 아이템 판매를 통해 월수입 1,500만원에 달하는 제페토 크리에이터 렌지의 성공사례는 언론에 자주 보도된다. 수십만 명의 팔로워가 있고 메타버스 크리에이터 전문기업을 설립하고 수십 명의 직원을 가진 회사로 거듭났다. 일종의 취미를 직업화했고 이제는 전문기업을 통해 산업화한 메타버스 신경제 에코시스템의 한 전형으로 볼 수 있다.

| 그림 1-30 | 제페토 스튜디오와 함께 창작하는 아이템, 월드, 라이브

출처 : 제페토 스튜디오

제페토 스튜디오를 사용하여 아이템과 월드를 제작할 수 있다. 아이템은 아바타가 사용할 다양한 스타일의 의상과 악세서리 등을 제작할 수 있다.

| 그림 1-31 | 아이템 제작 안내

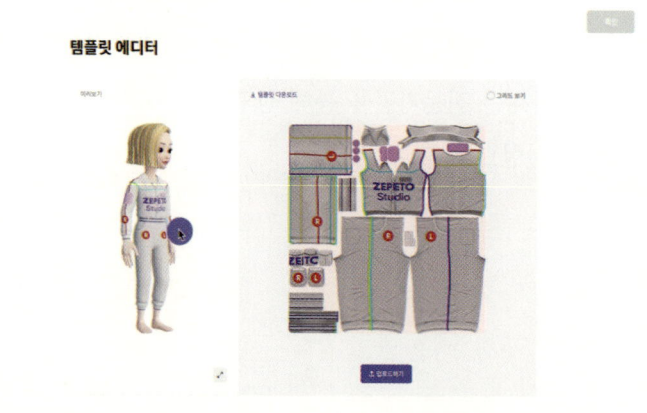

출처 : 체페토 스튜디오

제페토에는 탐험, 소통, 놀이 등 다양한 주제의 월드가 서비스되고 있다.

| 그림 1-32 | 월드 상품 창작 안내 예시

출처 : 제페토 스튜디오

코인과 젬이라는 제페토 플랫폼 내에서만 통용되는 일종의 플랫폼 화폐만으로 운영하고 있지만 현금화 할 수 있는 시스템이 구축되어 있어 프로슈머(크리에이터)의 경제활동이 가능하다. 다만 작년에 일본에서 라인을 통해 일부 NFT 서비스가 이루어졌다는 보도가 있었고, 국민일보 최근 기사에는 "'배틀그라운드'로 유명한 게임사 크래프톤이 '제페토' 개발사인 네이버제트와 손잡고 대체불가토큰NFT 메타버스 플랫폼 프로젝트를 추진한다."로 보도되어 머지않아 제페토의 NFT 적용 여부는 구체화될 것으로 보인다.

(2) 부동산·예술·스포츠 NFT 플랫폼

수십 년 전에는 기념우표 및 주화를 수집하는 것이 유행이던 때가 있었다. 각종 기념행사 및 기념일을 기리기 위한 우표가 발행되면 수집 목적으로 구매하여 보관했다. 올림픽, 월드컵, 아시안 게임 기념주화, 광복절 기념우표 등이 해당된다. 많지 않은 수량이 발행되어 발행 당시 희소성이 높거나 일정 기간 가지고 있으면 희소성이 높아진다는 기대감에 일종의 취미활동으로 우표 및 주화를 수집하는 목적이 가장 컸다. 그리고 수십 년이 흘러 그 가치가 상당히 높아질 것이라는 기대감까지 포함하고 있었디. 지금 수십 년 전의 기념주화와 기념우표는 상당한 가격으로 거래가 되곤 한다. 2002년 발행된 월드컵 기념주화는 발행 당시 130만원이던 것이 몇 년 전에는 400~600만원에 거래가 된 경우도 있다고 한다. 1988년 올림픽 당시 발행된 금화는 액면가 2만 5천원짜리가 30만원을 호가 한다고 한다. 이렇게 희소성과 과거 기념일이 포함된 소장품의 가치가 높게 평가 받고 있는 것이다. 그러나 대체적으로 점점 그 가치가 떨어지고 있는 것으로 보이고 경제성장률을 감안하면 희소성에 따른 실제적 가치상승이 있는지는 의문이기도 하다.

서구에서는 스포츠 스타의 인기가 대단하다. 스포츠 스타들의 사진 등이 포함된 카드들의 가격이 저렴한 편은 아니지만 수집과 구매가 아주 활발한 이유는 좋아하는 스포츠 스타를 간직하기 위함이다. 이러한 카드나 기념품도 거래가 가능하다.

유명한 예술 작품, 특히 그림의 경우는 그 작가의 유명도와 작품의 품질에 따라 수백억원에 경매되는 것이 미술계의 일상이었다. 누구의 작품이 얼마에 낙찰되었는지 일일이 설명하지 않아도 우리는 잘 알고 있다. 진품과 위작 등에 대한 많은 논란이 있는 경우도 있다. 물리적인 세계에서의 아날로그적인 작품이기 때문에 구분하는 것이 쉽지는 않아 첨단 과학기술을 동원하고 전문가들의 정밀한 심사 평가까지 진행된다.

이제는 완전 디지털 시대다. 디지털 세상의 창작물이나 기념물이 예전의 기념우표와 주화, 그리고 미술작품과 유사한 방식으로 가치가 평가되는 시대이다. 미술작품의 경우는 디지털 사진으로 만들어서 그 사진에 대한 가치평가가 이루어진다. 더욱이 디지털 세상의 확장으로 이제는 디지털 창작물이 넘쳐나고 있다. 디지털의 특성은 무한 복제와 원본과 진본의 구분이 없다는 것이다. 그러나 디지털 창작물의 가치평가도 중요하다. 이제 그 원본에 대한 가치 평가를 하는 시대가 되었고, 블록체인과 NFT라는 기술 덕분에 이를 증명하기 위하여 NFT가 도입되고 있다. 이론적으로 무한 수의 카피가 있지만 그 원본의 가치를 평가하기 위한 시도이다.

메타버스 플랫폼 속에서 수많은 디지털 창작물이 만들어지고 있다. 디지털 세계라도 창작물이니 그 가치를 평가받는 것은 당연한 일이다. 그러한 관점에서는 고무적인 일이다. 이 NFT에 근거하여 디지털 세계의 경제활동이 한층 앞당겨지고 있다. NFT 관련 메타버스 플랫폼은 신규로 만들어지는 것을 포함하여 수를 헤아리기 어려울 정도로 많이 있다. 주로 P2E Play to Earn 형태의 게임형 플랫폼이 주류를 이루고 있다. 여기에 더하여 예술 작품, 희소성을 띤 각종 기념물 관련 NFT도 증가세에 있다. P2E 게임형의 경우는 일종의 게임을 하면서 NFT화 하는 것이다. 이러한 NFT 기반의 게임들이 구축한 것은 토큰형 경제 시스템인데 게임 속 캐릭터나 창조물을 성장시키거나 게임 관련 토큰(일종의 플랫폼 내 암호화폐)을 모아, 필요시 게임 밖에서 현금화하는 경제구조로 수익을 낼 수 있다.

또한 P2E 게임 내에서 랜드 등을 NFT화 한 후 구매하여 가치 상승을 기대하는 경우도 있다. 디지털 부동산 및 그 디지털 부동산에 물리세계에서 하는 Project Finance처럼 건물을 짓고 인프라를 구축하고 판매하여 부가가치를 올리고 있다.

그러나 NFT화하고 거래를 하려면 일단 블록체인, 이더리움 등 암호화폐에 대한 지식과 사용방법에 익숙해야만 한다. NFT의 주류를 이루는 암호화폐 지원 플랫폼은 이더리움이다. 이 이더리움이 있어야 구매 및 판매가 가능하다. 이더리움을 갖기 위해서는 암호화폐 지갑을 만들어야 한다. 지갑을 만든 후에는 이 지갑에 이더리움을 어느 정도 채워야 한다. NFT화Minting하기 위해서는 수수료가 필요하고 NFT 거래 플랫폼에 등록을 하려 해도 이더리움이 필요하다. 그리고 거래가 성사되면 또한 이더리움을 지불한다. NFT 관련 P2E, 생태계, 플랫폼은 이어지는 장에서 상세하게 설명한다.

PART 2

메타버스 생태계의 완성, NFT

1절

메타버스와
NFT 시대의 출현

1 | 융합서비스로 발전하는 메타버스

　메타버스는 트위터, 페이스북, 인스타그램 등 소셜네트워크서비스 SNS를 통해 일상생활에서 누군가의 반응을 갈망하는 태초의 인간의 욕구에 다가가는 첨단 확장판이다. 메타버스의 목표는 중재자, 관계, 친밀감 등 가상 환경에서 새로운 상호작용을 만드는 것이다.
　많은 사람들은 메타버스가 제대로 실현되려면 10년 이상이 걸릴 것이라고 여기지만, 이는 훨씬 더 빨리 일어날 수 있다. 게임과 소셜미디어를 통해 메타버스를 경험하는 데 익숙한 Z세대를 중심으로 이미 '메타버스 붐'이 진행 중이다.
　최근 메타버스는 한 종류에만 국한되지 않고 장벽을 허물어 융합서비스로 발전하고 있다. 로블록스, 제페토의 가상세계와 마찬가지로 수많은 기술이 결합되어 가상 장소에서 게임, 일상 기록, 상업 거래 등의 활동을 가능하게 하고 있다. 이는 5G 모바일 접속으로 콘텐츠 전송 속도와 보급이 빠르게 증가하고 있으며, AR(증강현실)과 VR(가상현실) 기술이 성장하면서 XR(확장현실), MR(혼합현실) 영역으로 확산되고 있다는 진단이다.

| 그림 2-1 | 가상 세계 속 공간과 시간의 자유 메타버스

출처 : 조선일보

2 | NFT, 새로운 세계가 열린다

게임만을 위한 가상환경에서 아바타를 통해 수많은 일상 업무를 수행할 수 있는 세계로 생태계가 진화하면서 NFT에 대한 관심이 점점 높아지고 있다. NFT가 대체 투자 수단으로 각광 받으면서 관련 산업을 혁신할 수 있음을 보여줬다.

NFT는 온라인 등기소 역할을 하는 블록체인에 디지털 파일의 원본 증명서를 등록하는 것이라고 생각하면 된다. 소유권을 기록하면 원본의 확인과 투명한 거래를 가능하게 한다. 내 비트코인은 다른 사람의 비트코인과 동일한 가치를 가지며 교환이 가능하지만 NFT는 같은 가상 자산이라도 등가로 교환할 수 없기 때문에 가격이 다를 수 있다. 여기서 고유성과 희소성이 창출되고 안전하고 활발한 생산과 거래가 이루어질 수 있게 된다.

나중에 NFT의 가격이 오르면 이익을 보고 재판매하고 싶은 마음에 NFT를 구입하고 좋아하는 아티스트나 작가의 팬이 되고 있다. 또한 부나 경제력을 과시함으로써 자신의 정체성을 드러내는데 사용된다. 누구나 NFT를 생산할 수 있지만, 모든 사람이 NFT로부터 이익을 얻을 수 있는 것은 아니다. 이는 거래 플랫폼, 제품의 가치, 커뮤니티 참여 등의 요소가 어우러져 효과가 나타나야 하기 때문이다.

혁신적인 기술이 집약된 메타버스의 시장은 앞으로 크게 성장할 것으로 예상된다. 메타버스와 NFT가 실물경제의 상업적 가치에 얼마나 가까운 규모로 발전할 것인가의 문제는 사용자 기반의 편리성, 실생활에서의 구현성 수준, 그리고 플랫폼 아키텍처 기술 및 다양한 콘텐츠 보호 정책 등에 따라 결정될 것이다.

| 그림 2-2 | 메타버스 그리고 NFT, 새로운 세계가 열린다

NFT 시장의 생태계 구성

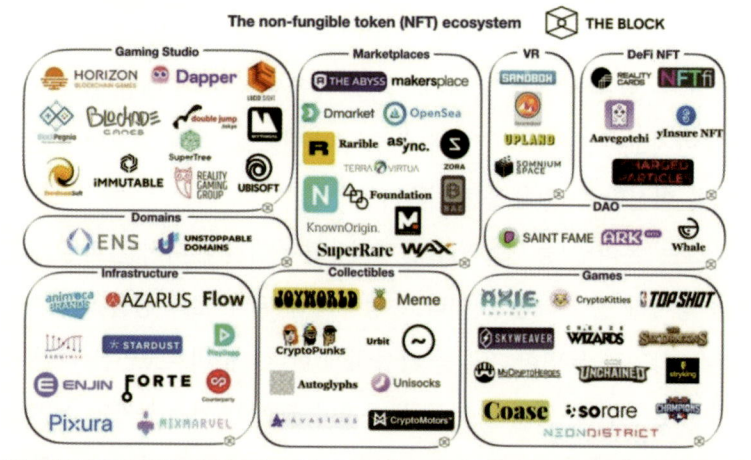

출처 : The Block, Sk증권

2절

뗄 수 없는 관계, 메타버스와 NFT

1 | 메타버스와 NFT의 관계

(1) 메타버스 내 자산의 소유권 인증

사용자들은 채팅, 게임물 구매, 거래 등을 위해 현재의 메타버스에 자신만의 아바타를 구성할 수 있다. NFT 기술을 사용하면 보다 투명한 거래가 가능하게 된다. 간단히 설명하면, NFT는 소유권을 확인할 수 있는 블록체인 기반 기술이다. 디지털 아트 뿐만 아니라 게임에도 사용할 수 있다. 하나의 토큰을 다른 토큰으로 대체할 수 없다는 특성이 있다. 토큰마다 같은 값을 가진 Bitcoin처럼 대체 가능한 토큰인 FT(Fungable Token)와는 다르다. 이것에 의해서 메타버스 내의 물건에 NFT 기술을 이용했을 때에 디지털 파일의 소유권을 검증할 수 있어 거래 내역을 검증할 수 있다. 앞으로 디지털 파일에 대한 범죄나 분쟁이 발생한 경우 이를 해결하는 것이 더 간단해질 것이다. 단, NFT는 플랫폼 운영자가 항목을 기업 자산이 아닌 사용자 자산으로 식별하는 경우에만 구현할 수 있다. NFT 기술도 중요하지만 정책적인 결단이 중요한 이유이다.

COVID-19에 의해서 빨라지는 디지털 경제 및 비대면 사회의 발전을 위해서는 메타버스와 NFT의 시너지 효과에 주목하는 것이 중요하다. 특히 NFT는 디지털 상품에 대한 사용자의 소유를 충분히 확립할 수 있기 때문에 잠재적인 미래 성장 분야로 인식되고 있다.

(2) 메타버스 내의 투명거래 경제활동 가능

메타버스와 NFT를 결합하면 가상세계의 투명한 경제활동이 가능해진다. NFT가 메타버스 사용자의 콘텐츠에 고유성과 소유권을 부여할 수 있기 때문이다. 이로 인해 NFT의 확산이 가상세계의 모든 경제현상을 통합한 가상경제의 새로운 발전 동력을 제공할 수 있게 된다. 메타버스 게임에서 쇼핑하는 동안 구찌 가방을 구입했다고 가정할때 메타버스에서도 짝퉁 명품 논란은 피할 수 없다. 실제 세계에서는 지속적인 단속과 가죽이나 무늬 등을 통해 짝퉁 제품의 차이를 인식하고 식별할 수 있으나 메타버스 세계에서는 매우 어려워진다. 또한 메타버스 플랫폼을 통해 구입한 구찌 핸드백은 디지털 영역에 떠도는 의미 없는 디지털 번호로 변질될 수도 있다. 이런 문제를 해결하기 위해서 블록체인 기술에 기반한 인증 방식인 NFT가 나타난 것이다.

| 그림 2-3 | 메타버스·NFT 결합 "가장 완벽한 조합"

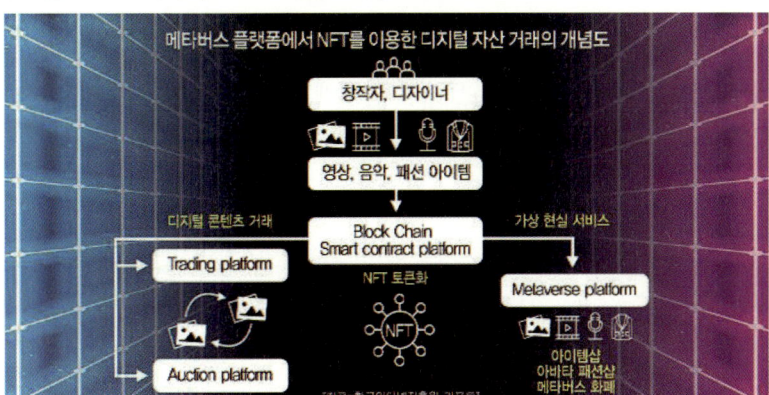

출처 : 아주경제

(3) 메타버스 내 새로운 산업과 직종의 탄생

메타버스 가상세계에서 입학식과 졸업식이 가능해졌다. 이 뿐 아니라 가상 화폐 기술의 등장으로 부동산, 미술, 게임 아이템을 사고파는 것도 가능해졌다. 예를 들어 메타버스 게임 '디센트럴랜드'에서 플레이어가 가상 부동산을 구입하고 거래할 수 있다. 현실세계처럼 도심에서는 부동산이 비싸지만 교외에서는 저렴하다. 1평방 킬로미터에 달하는 가상 부동산을 한국 돈으로 약 6천5백만원에 거래가 되기도 한다. 기존에는 인터넷 거래가 메시징을 통한 현금 이체로 제한돼 사기, 해킹 등 보안 문제로 거래가 어려웠지만 암호화폐 및 NFT의 등장으로 안전하고 투명한 거래가 가능하게 되었다.

NFT 붐의 결과로 새로운 직업들이 창출되고 있다. 디지털 아티스트의 작품 활동이 그 예이다. 그들은 작품을 NFT로 팔고 있다. 디지털 아티스트 마이크 빙켈만의 'EVERYDAYS': THE FIRST 5000DAYS는 NFT에서 6,934만 달러에 팔렸다.

　NFT 시장이 확대됨에 따라 디지털 아티스트의 숫자도 급격하게 증가하고 있다. NFT에 대한 거품우려가 있는 것이 사실이다. 그러나 인터넷이 처음 등장했을 때도 거품이 형성되었고 결국 터졌다. 그럼에도 인터넷의 발달을 막지는 못했다. 현재 NFT 버블이 존재하는 것은 사실이지만 메타버스와 NFT의 발전에 장애가 되지는 못할 것이다.

(4) 메타버스 내 예술과 공연 가능

　또한 메타버스와 NFT는 독립적이지 않다. NFT는 메타버스에서 사용자간 거래와 떼려야 뗄 수 없는 관계이다. 메타버스 시장은 NFT 사용에 있어 가장 큰 비중을 차지한다.

　SF 영화에서만 볼 수 있었던 메타버스는 점차 우리 일상에 스며들고 있다. Z세대도 아바타를 통해 온라인으로 사회 활동에 참여하는 등 메타버스 산업이 빠르게 성장하고 있다.

　메타버스에서는 부동산 거래 등 경제활동 뿐 아니라 다양한 소셜 Social 활동을 할 수 있다. 예를 들어 공연 예술 부문은 COVID-19의 확산으로 심각한 영향을 받았다. 오프라인 콘서트를 진행하는 것이 어려웠기 때문이다. 메타버스는 이러한 상황을 벗어날 수 있는 기회를 제공했다. 방탄소년단은 음악 프로그램이나 공연이 아닌 메타버스 온라인 게임 '포트나이트'에서 '다이너마이트'를 공개했다. 메타버스에서 신곡을 발표한 것이다.

앞으로 더 많은 뮤지션들이 메타버스에서 신곡을 발표할 예정이며, 캐릭터들의 패션쇼도 진행될 것이다. 메타버스를 통해서도 마케팅의 다각화가 일어날 것이다. NFT를 사용해야만 향후 BTS 아이템을 모니터링하고 거래할 수 있게 된다. NFT가 없이는 메타버스에서의 경제 활동은 물론 예술과 공연 활동 참여도 어려워지게 될 것이다. 이로 인해 개인이 메타버스에 오래 머물게 되고 머무를수록 다양한 경제 활동이 확장 될 것이다. 이렇듯 메타버스와 NFT는 아직 초기 단계에 있지만 무한한 기회와 이점이 있다.

2 | NFT의 개념과 현황

(1) NFT의 개념

대체 불가능 토큰Non-Fungible Token은 고유하고 상호 교환 할 수 없는 블록체인 기반의 데이터 단위이다. NFT는 이미지, 비디오, 오디오 및 기타 다양한 종류의 디지털 정보에 사용할 수 있다. 가상의 진품 인증서 기능을 하므로 대체불가하며 중복이 불가하다. 이러한 디지털 사물의 사본은 누구나 무료로 취득 할 수 있지만 NFT는 블록체인에서 모니터링 되며 소유자의 저작권 및 소유권 확인이 가능하다.

디지털 데이터의 희소성과 소유권의 증거를 제공하는 NFT의 개발로 가상 경제는 성장을 가속화하고 있다. NFT는 블록체인에 디지털 파일의 소유권 및 거래 정보를 영구적으로 기록하여 디지털 파일의 자산화를 가능하게 하는 시스템이다. 가상세계의 경제 현상을 구성하는 가상 경제는 NFT의 도래로 인해 '확장된 가상 경제'로 발전되고 있으며, 이전에 제약된 영역에서 수많은 디지털 자산이 유출되고 있던 것이 개선되고 있다. 가상 자산이 생성되고 소비되는 가상 경제 플랫폼과 이를 지원하는 인프라 부문을 중심으로 한 생태계가 이미 형성되고 있다.

| 그림 2-4 | NFT의 개념

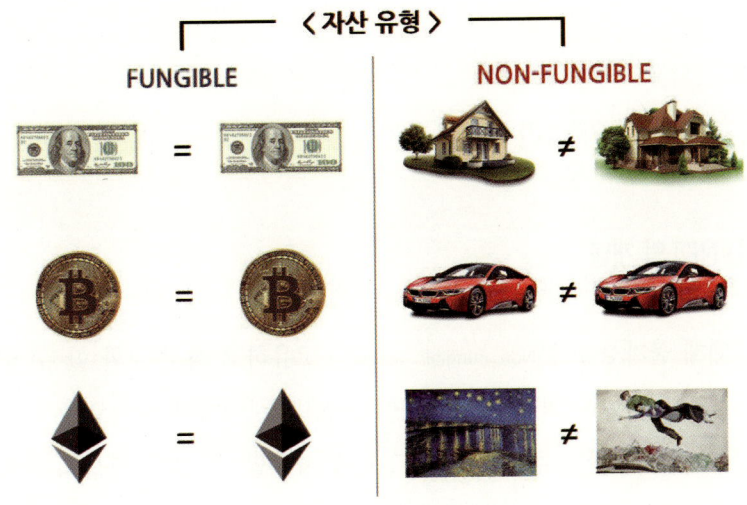

출처 : atman

(2) NFT의 특징

NFT는 블록체인 기술을 통해 누구에게도 통제되지 않으며, 유일무이하면서 중복될 수 없기 때문에 희소성을 명확히 인식할 수 있으며, 상대적으로 안전하다는 장점이 더해진다.

결과적으로, NFT는 예술 작품을 포함한 다양한 디지털 상품을 만들고 교환하는데 사용된다. 일반적으로 거래는 NFT 플랫폼에서 암호화폐인 이더리움을 활용한 경매방식을 통해 이뤄진다.

NFT로 지정된 디지털 자산에 대해서는 블록체인 기술을 이용해 작품의 소유자와 거래 내역을 문서화하는데, 기술 특성상 이를 변조할 수 없다. 동일한 디지털 파일을 NFT를 사용하여 복제하더라도 기존 NFT와 구별되는 태그가 존재함으로써 무엇보다도 NFT가 만든 정품 제품과 차별화된다. 미술계에서 NFT의 가치를 인정받는 시대가 올때 NFT의 가치는 당연히 크게 높아질 것이기 때문에, NFT가 투기처럼 거래되고 있는 것이 사실이다.

NFT의 정의는 증명 가능한 토큰을 가진 디지털 자산이라는 것이다. 이는 NFT가 그 자체만으로도 의미 있는 유용한 토큰임을 나타낸다. 예를 들어, 한 비트코인은 다른 비트코인과 거래될 수 있는 교환 가능한 토큰인 반면, NFT는 각각이 대체 불가능한 토큰이라는 사실 때문에 예술 작품에 독점적으로 활용된다. 예술작품과 함께 NFT는 다양한 게임 제품에 적용되거나 한정판 배포에 활용될 수 있다.

(3) NFT의 흐름

① 초기 역사(2012~2017)

NFT는 2014년 5월 3일에 뉴욕시의 New Museum에서 개최된 Seven on Seven 컨퍼런스에서 처음 소개되었다. 최초로 온 체인 메타 데이터를 사용하여 대체 불가능하며 거래가 가능한 블록체인 마커가 생성되고 예술 작품과 연결되었다.

그리고 2015년 10월 런던에서 열린 이더리움 창립 개발자 콘퍼런스인 DEVCON 1에서 본격적인 NFT 프로젝트인 Etheria(이더리아)가 발표됐다. 이더리아 가상세계에서 구매와 거래가 가능한 457개의 육각형 타일은 구매 열풍과 NFT에 대한 새로운 관심을 촉발시켰고 24시간 이내에 현재 버전과 이전 버전의 모든 타일은 1ETH(출시 시 0.43센트)에 하드 코딩이 되었으며 140만 달러의 매출을 올렸다.

② 열풍의 조짐(2017~2021)

이더리움은 2017년부터 비트코인과 차별화되기 시작했다. 이더리움은 자체 블록체인 내부에 토큰을 생산·저장하는 방식이 내장돼 있어 타사 플랫폼의 도움 없이도 코인을 생산할 수 있기 때문이다. 2017년 말, 게이머들이 가상 고양이를 입양하고 거래하는 또 다른 프로젝트인 CryptoKitties가 설립되었다. 이 사업은 곧 관심을 끌었고 1,250만 달러를 벌어들였는데, 어떤 고양이는 10만 달러 이상에 팔렸다.

또한 블록체인 기반의 가상 부동산 플랫폼인 '디센트럴랜드'에서 사용자는 토지를 구입하고 다양한 활동을 할 수 있으며 토지를 다른 사람에게 판매할 수도 있는데, 작년 16m² 짜리 구획 9만6000개가 각 1만4440달러에 판매된 사례가 있다.

③ NFT 구매 열풍(2021~현재)

NFT에 대한 관심은 2021년에도 계속 증가하고 있다. NFT 상품이 출시된 후 첫 몇 달 동안 수많은 판매가 이루어졌다. 가수 Grimes는 2021년 2월 니프티 게이트웨이에서 디지털 아트를 약 6백만 달러에 팔았다. 2021년 3월 5일, 밴드 킹스 오브 레온은 NFT 포맷으로 발매된 앨범 'When You See Yourself'를 200만장 판매했다. 2021년 3월 11일, 미국의 디지털 아티스트 비플의 Everydays: 첫 5000일은 유명한 크리스티 경매장에서 6,934만 달러에 팔린 최초의 NFT 작품이 되었다. NFT 부문의 성장은 투자자들이 더 많은 양의 거래를 하도록 부추겼다. 이런 현상에 대해 관측통들은 NFT의 구매 대란이 닷컴 버블에 비유된다고 했다. 우려와 같이 2021년 4월 중순, 구매 열기가 가라앉으면서 가격이 급격히 떨어졌다.

(4) NFT의 현황

2021년 미디어 엔터테인먼트 산업은 디지털 가상기술 기반 환경이 주도하였다. 일각에서는 NFT 붐이 암호화폐의 극심한 변동성에 따른 의미 없는 수집품 중심의 과장된 버블이라고 보는 시각도 있지만, 블록체인 기술이 암호화폐를 넘어 디지털 아트, 수집품 등 자산과 통합되면서 NFT 시장은 폭발적인 성장을 경험하게 된다. 가상화폐 분석업체 DappRada에 따르면 2021년 3분기 NFT 거래량은 107억 달러를 기록해 전 분기 대비 704% 증가했다. 특히 Cointelegraph는 분석 결과 전체 NFT 매출을 카테고리 별로 나눠볼 때 수집품과 미술품이 전체 매출의 91%를 차지했다고 밝혔다. NFT 산업이 급부상하면서 NFT가 작품 소유권을 작가에게 돌려줌으로써 디지털 아트에 활력을 불어넣었다는 공감대가 형성되고 있다. 그러나 투기와 돈세탁에 사용되는 NFT에 대한 부정적인 태도는 여전하다. 지난 몇 달 동안 IT 업계의 담론을 지배해 온 메타버스 플랫폼에서는 NFT가 일종의 플랫폼 출입구 역할을 해 메타버스 커뮤니티의 활동이 가속화하는 촉매 역할을 할 것으로 전망된다. NFT는 훌륭한 디지털 여권 역할을 하며 수많은 메타버스 플랫폼에서 유용하게 활용되도록 의도되었다.

| 그림 2-5 | NFT의 역사

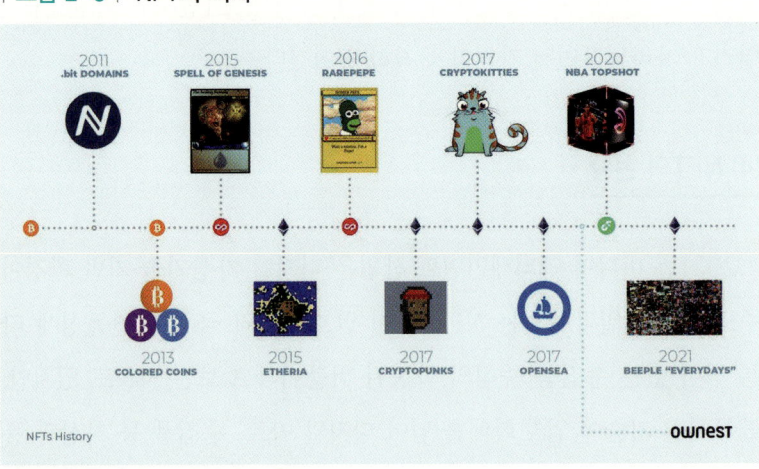

출처 : ownest

3절

메타버스, NFT 및 블록체인

1 | 메타버스, NFT 및 블록체인의 관계

　메타버스Metaverse라는 단어는 인터넷을 통해 접속되는 가상세계의 공유 환경을 가리킨다. 가상현실VR·증강현실AR·확장현실XR의 요소를 결합해 실감나는 경험을 만들어 내는 디지털 영역이다. 근래 메타버스 프로젝트의 대부분은 메타버스를 3차원으로 묘사하는 실제 게임의 형태를 취한다. 그 결과 메타버스에 대한 비판자들은 메타버스가 MZ 세대의 놀이터일 뿐이라고 주장한다. 그러나 NFT와 메타버스가 접목하였을 때는 이야기가 달라진다.

　블록체인 기반 게임에 사용되는 암호화폐와 NFT가 메타버스 플랫폼에서 거래나 돈의 수단으로 활용될 수 있기 때문에 NFT는 메타버스를 지원하는 핵심 산업기술로 주목받고 있다. 다시 말해서, NFT는 메타버스 및 관련 부문의 확장에 매우 중요하다. 메타버스 안에서 가상경제 생태계를 개발하고 경제를 운영하기 위해서는 먼저 사용자 간 신뢰가 구축돼야 하며, 이 신뢰를 구축하는데 블록체인 기술이 결정적인 역할을 할 수 있다.

2 | 블록체인과 메타버스, NFT 융합의 미래

NFT는 미술, 부동산, 게임 등 메타버스를 활용한 다양한 분야에서 활용되고 있으며 이를 기반으로 하는 새로운 서비스가 개발되고 있다. 많은 개인에게 비즈니스를 수행할 새로운 시장은 매우 가치가 있다. 메타버스를 활용하여 물리적 세계에서 불가능한 사업을 수행할 수가 있다. 그 결과 메타버스의 시장 경제가 탄생했다. 그러나 소비자는 콘텐츠를 이용만 하는 것에 만족하지 않는다. 소비자들은 "원본"의 소유권을 원하고 이것은 메타버스, 블록체인 및 대체 불가능한 토큰을 통합하는 추세를 초래하고 있다.

이러한 경향이 어떻게 계속될지는 알 수 없다. 메타버스가 모든 사람들의 욕구를 얼마나 잘 수용하는지에 전적으로 달려 있다. 메타버스의 가상 환경이 구축되고 많은 사람들이 흥미를 갖고 이용을 시작하게 되면 디지털 자산의 소유권이 중요해지고 NFT가 여기에 중요한 역할을 할 것이다. 콘텐츠, 인공지능, 반도체, 하드웨어 등의 신기술은 물론 5G, 6G 통신 등의 첨단 신기술이 등장할 때는 이들의 역할과 영향을 주시하는 것이 중요하다.

이렇듯이 일상 및 상업 활동이 실제 세계에서 온라인 가상 세계로 이전되는 메타버스에서 NFT로 알려진 블록체인 토큰의 사용이 증가하고 있는 추세이다. 코로나19 사태와 비대면 사회로의 전환으로 메타버스 서비스가 다시 주목받고 있기 때문이다. NFT로 인해 가상 환경에서 보다 활발하게 수많은 상품과 서비스가 생성, 구매 및 거래될 것으로 예상된다.

NFT는 디지털 저작물을 구별하고 가치를 부여하는 수단이다. 블록체인은 누구나 복사하고 저장할 수 있는 디지털 파일에 출처와 소유권을 설정하는데 사용할 수 있는 정보를 저장한다. 그 다음에는 코인과 토큰이 설계되고 배포된다. 이것이 NFT가 미래 메타버스 경제에서 중요한 역할을 할 것으로 예상되는 이유이다. 블록체인과 NFT 및 메타버스의 최고의 조합은 지금까지 없었다. 이러한 기술이 결합될 때 가상세계에서의 비지니스의 무한한 가능성이 현실이 될 것이다.

NFT는 메타버스에서 탈중앙화된 소유권과 거래의 안정성을 보장하는 기술이다. 산업혁명 이후 사회는 중앙적 통제가 불가능한 자율적 집단DAO으로 구성되어 간다고 예상하고 있다. 블록체인의 주요 기술 특성에는 보안 및 신뢰성, 탈중앙화 그리고 다양한 구현 옵션이 포함된다. 블록체인 기술의 초창기에는 '증명'이 가장 중요했다. 현재는 '스마트 컨트랙트'가 가장 중요해 보인다. 이러한 상황에서 계약 관리를 담당하는 분산 그룹의 기능이 중요해진다. 이 시스템의 제작자는 블록체인에서 NFT라고 하는 단일 토큰을 출시하여 돈을 벌 수 있다. 또한 "백엔드 트랜잭션"이라고 하는 구매자의 두 번째 트랜잭션을 통해 수익을 얻을 수 있다.

메타버스는 일반적인 가상 환경을 넘어 물리적 세계와 연결되는 새로운 종류의 공간이다. 코로나19의 확산으로 개인이 직접 만나지 않고 사업을 하고 친목을 다지는 것이 점점 일상화되고 있다. 가상 공간에서 일어나는 경제 및 사회 활동이 주목을 받고 있다. 로블록스 또는 마인크래프트와 마찬가지로 개인들은 상호 작용하고 재미를 즐긴다. 디센트럴랜드Decentraland, 더 샌드박스The Sandbox 등에서는 가상 부동산과 가상 자산의 판매가 일어나고 있다. 또한 구글어스Google Earth와 같은 디지털 트윈 및 가상세계는 기업 부문에서 매우 유용한 역할을 하고 있다. 그것들은 두 개의 별개의 실체처럼 보이지만 창조적인 생태계가 그것들을 연결할 수 있다. 메타버스는 플랫폼으로서 누구나 콘텐츠를 생성하고 다른 사용자와 상호 작용할 수 있도록 설계되어야 한다.

사용자는 메타버스 게임에서 사용하기 위해 아바타뿐만 아니라 아바타를 위한 의상을 디자인하고 교환한다. 즉, 사용자는 플랫폼 생태계 내에서 자신의 경제세계를 운영한다. NFT는 메타버스 플랫폼에서 이러한 경제적 운영에 있어 혼란을 피하는데 도움이 될 것이다. 그러나 2021년 3분기 NFT 거래액은 107억 달러에 달하지만 고액 거래가 몇 건에 불과하고 1,000달러 정도의 거래가 많은 등 시장은 아직 초기 단계이다.

앞으로 스마트 계약을 통해 블록체인이 지속적으로 발전할 것으로 예상된다. 여기에 NFT와 메타버스가 통합되면 가상세계 경제는 새로운 긍정적인 전망을 얻을 것이다. NFT와 메타버스가 협업하면 수많은 새로운 사업들이 탄생할 것이다. 이러한 기업들은 게임에서 예술에 이르기까지 다양한 분야에서 생겨나리라고 예상된다.

또한 NFT는 지분과 유사한 토큰 분할을 허용하여 다중 소유권을 허용할 수 있다. 생산물의 일부를 소유하면 토큰을 획득하고 구매 및 거래할 수 있는 1/n 토큰으로 분할할 수 있고 이를 통해 더 많은 돈을 벌 수 있다. 배당금을 사용하면 매우 가치 있는 소유 및 판매가 가능하게 된다.

NFT 기반 디지털 창작물의 미래에 대한 의견은 엇갈린다. 가상세계 창조시장이라는 새로운 경제구조가 가능하다는 일부의 견해가 있지만 이에 대해 부정적인 의견을 가진 회의론자들도 있다. 여러 아티스트 집단이 NFT를 적극적으로 활용하여 새로운 작업을 개발하고 새로운 아이디어를 실험하고 있으며, 신생 기업과 함께하는 여러 스타트업도 생겨나고 있다. 그러나 시장의 불확실성이 지속되면서 성공보다 실패가 더 많은 것은 자명한 사실이다. 크립토키티와 NBA 탑샷이 지금까지 발표된 NFT를 사용하여 구축된 성공적인 디지털 제품의 예로 알려졌지만 아직 여전히 성공 사례보다 실패 사례가 더 많다.

그럼에도 통신과 디지털 기술의 발전이 메타버스의 실현을 위한 토대를 마련하며 사이버 문화로 이끌 것이다. 사람들은 이러한 기술의 발전으로 어떤 상황에도 적응하고 새로운 문화와 창작물들을 생성하고 있다. 현재 어려움이 있지만 "Metaverse"라는 새로운 가상세계는 사람들에게 완전히 새로운 창의성의 세계를 열었고 메타버스, 블록체인 및 NFT의 결합으로 인해 더 도전적이고 매력적인 미래 지향적인 가상세계가 만들어질 것이라는 긍정적인 예측이 나오고 있다.

PART 3

NFT와 디지털자산의 관계

1절

디지털 자산이란 무엇인가?

1 | 디지털 자산의 정의

물리적 자산의 경우와 마찬가지로 디지털 자산은 가상 머신VM, 서버, 프로그램 및 데이터와 같은 유형의 가상 컬렉션을 나타내는 추상적인 용어였다. 그러나 블록체인과 핀테크 분야가 빠르게 발전하면서 그 의미가 크게 바뀌었다. 미국을 필두로 하는 세계 정상급 경제와 금융시장은 블록체인 성장을 위해 암호화폐 등 디지털 자산이 필요하다고 믿고 있다. 블록체인 및 핀테크 분야에서는 암호화폐를 지칭할 때 디지털 자산이라는 용어를 사용한다. 전 세계적으로 암호화폐를 돈이 아닌 자산으로 보는 경향이 있기 때문이다.

본질적으로 디지털 자산은 이진 형식binary format으로 존재하고 사용할 권리가 있는 모든 것이다. 데이터 사용 권한이 없으면 디지털 자산으로 간주되지 않는다. 여기에는 현재 유통 중이거나 디지털 장치에 저장될 예정인 디지털 문서, 청각 자료, 동영상 및 기타 관련 디지털 데이터가 포함되지만 이에 국한되지 않는다. 디지털 콘텐츠가 저장된 물리적 장치의 소유자에 관계없이 별도의 권리가 존재할 수 있다.

| 그림 3-1 | 디지털 자산

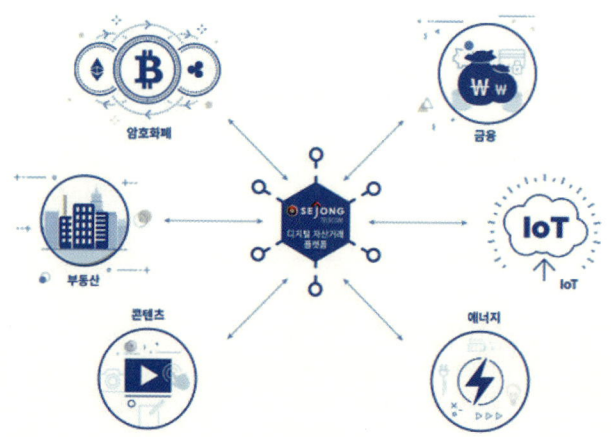

출처 : 이투데이

2 | 용어의 혼용

전 세계적으로 디지털 자산은 표준화되지 않았으며 암호화폐, 가상자산, 가상 통화 및 디지털 자산이라는 용어는 모두 같은 의미로 사용되고 있다.

한국에서는 '코인', '암호화폐', '가상화폐', '가상자산'이라는 표현을 혼용하여 사용하고 있다. 아직 그 실체 및 개념에 대한 공식적인 인정이 이루어지지 않고 있는 것이 현실이기 때문이다.

거래소들도 다양한 용어를 사용하고 있다. 빗썸, 코빗, 업비트는 모두 '가상자산 거래소'라 칭하고 업비트는 스스로를 '디지털 자산 거래소'라 칭한다. 가상자산 거래소의 경우 특별법의 정의를 정확히 따랐다고 볼 수 있다. 업비트는 지난해 3월 암호화폐라는 용어를 디지털 자산으로 표준화했다. 암호라는 용어는 너무 기술적인 것이고 향후 가상자산은 결국 유무형 대상들이 포함될 수 있다는 점을 고려한 것이다. 법의 취지에 충실하면서도 생각할 수 있는 모든 것을 아우르는 용어를 발견하려는 노력의 산물이다.

3 | 디지털 자산의 유형

스마트폰과 같은 소비용 디지털 미디어의 확산에 발맞추어 새로운 종류의 디지털 자산의 수가 급격히 증가하고 있다.

소프트웨어 프로그램의 지속적인 증가와 다양한 장치에서 사용되는 사용자 터미널의 확산은 디지털 자산 전체에 대한 우려를 불러 일으키고 있다. 인텔은 "인텔 개발자 포럼 2013"에서 의료, 교육, 투표, 우정, 토론 및 다른 사람들과의 평판을 포함하여 수많은 새로운 종류의 디지털 자산을 찾아 명명하기도 했다.

| 그림 3-2 | 디지털 자산의 유형

출처 : OpenAsset

4 | 금융시장과 디지털 자산

   디지털 자산을 기반으로 하는 금융 서비스는 다양한 방식으로 계속 진화하고 있다. 디지털 자산의 다른 용어인 "가상자산"은 거래소에서 교환되는 비트코인, 이더리움과 같은 암호화폐를 의미한다. 가상자산의 범위는 최근 몇 년 동안 실제 자산 또는 수익에 대한 지분과 권리를 부여하는 보안 토큰STO과 디지털 자산에 고유성을 부여하는 대체 불가능한 토큰NFT의 등장으로 그 의미가 확장되었다. 이렇듯이 물리적 형태나 디지털 형태를 불문하고 '가치 있는 것'은 디지털 자산으로 전환되어 금융 거래가 발생하고 있다.

   디지털 자산의 금융화는 주로 두 가지 방향으로 흘러가고 있다. 먼저 비트코인 같은 가상자산 자체에 대한 예금, 대출 및 교환 등의 금융 시장이 발전을 하고 있다. 이는 탈중앙화 금융과 관련이 있는데 블록체인 기술에 의존하여 은행과 같은 중개인 없이 사람들 간의 거래를 용이하게 하기 때문에 DeFi(탈중앙화 금융)라고 부르고 있다. 자본시장연구원에 따르면 2021년 3월 기준, 전 세계 디파이 예금은 418억 달러로 1년 전보다 75배 늘었다.

   디지털 자산의 금융화의 또 다른 경향은 블록체인 기술을 이용하여 실물자산을 디지털 자산으로 변환하고 이를 유통하는 것이다. 예를 들어 부동산을 디지털 증권으로 분할하여 증권화하는 서비스와 토큰(인증서)으로 변환하여 예술 작품을 공동으로 소유할 수 있게 하거나 교환하는 서비스가 생겨나고 있다. 또한 블록체인 기술을 사용하지는 않지만 '뮤직카우'와 같이 판권을 사고팔아 음악 저작권에서 현금을 창출하는 플랫폼이 있다. 한국인터넷진흥원은 1월 보고서 '블록체인 기반 혁신금융 생태계 연구보고서'에서 가치 있는 디지털 자산을 토큰화하는 시장이 최근에 문을 열었고 크게 성장할 것이라고 밝혔다. 파생상품 및 관련 상품과 같은 디지털 자산을 기반으로 하는 금융 시장이 부활할 것이라고 예측하고 있다.

| 그림 3-3 | 자산 토큰화: 실제 세계 자산의 가치를 온체인으로

출처 : Chainlink

디지털 자산과 DeFi는 상당한 인기를 얻으며 금융 시장의 주류 중 하나가 되고 있다. 2021년 11월 16일 기준 코인 시장의 가치는 약 2조 8천억 달러(CoinMarketCap 기준)이다. 이는 미국 S&P 500의 시가총액 41조 4천억 달러(2021년 1월 12일 기준)와 미국 채권시장의 미지불잔액 51조 5천억 달러(2021년 2분기 말 기준)에 비하면 무시할 수 있는 수준이지만, 몇 년 전까지만 해도 코인 시장의 규모가 아주 작았던 것을 생각하면 적지 않은 금액이다.

코인 시장은 시가 총액 측면에서 상위의 코인이 상당 부분을 차지하고 있다. 암호화폐 시장 데이터를 제공하는 코인마켓캡CoinMarketCap

은 총 7,381개의 코인 가격을 표시하고 있으며, 시가총액 상위 100개의 코인들은 전체 시가총액의 약 98%를 차지한다.

시가총액 상위 100대 암호화폐 중 비트코인과 이더리움은 각각 44.4%, 19.9%로 전체 64.3%를 차지한다. 그러나 비트코인의 비율은 이전보다 훨씬 적어졌다. 최근 이더리움을 대체하려는 레이어 1 코인과 네트워크 기반 토큰NFT의 등장으로 비트코인 이외의 암호화폐에 대한 관심이 극적으로 높아졌기 때문이다. 2021년 11월 16일 TradingView 통계를 보면 전체 코인 시장의 비트코인 비중이 2017년 말 97.19%에서 2018년 말 43.56%로 크게 감소했다.

반면 이더리움과 15위 이하 화폐의 시가총액은 확대되고 있다. DeFi 및 NFT에 사용되는 코인도 암호화폐 시장에서 주목을 받고 있다. 현재 NFT 트렌드로 인해 전체 코인 시장에서 매우 작은 점유율을 차지하는 NFT 코인이 빠르게 인기를 얻고 있다.

| 그림 3-4 | 디지털 자산의 금융화 유형

디파이 (De-Fi)	증권형 토큰 (STO)	대체불가능토큰 (NFT)
블록체인 네트워크에서 가상자산을 기반으로 하는 탈중앙화 금융	미래수익이나 실물자산에 대한 지분·권리를 부여하는 증표	디지털자산에 고유성을 부여하는 증표
업으로 영위하는 경우 규율	원칙적으로 가상자산업권법을 적용하되 증권에 해당하는 경우 자본시장법 적용 규제	다양한 양태로 발전하고 있으며 가상자산 정의에 해당하면 업권법으로 적용 규제

출처 : 네이트 뉴스

5 | 디지털 자산과 투자

디지털 자산의 출현, 이를 지원하는 금융 부문의 변화, 그리고 DeFi라는 새로운 금융 서비스의 도입과 함께 그 동안 가상자산을 둘러싼 생태계는 이미 중요한 투자 자산이 되었으며 미래 금융을 재편하는 데 중요한 역할을 할 것으로 예상된다.

장기적으로 가상자산 시장의 전체 가치는 지속적으로 증가할 것이다. 미국 주식 시장의 초창기에는 철도 주식이 지배했고 이제는 플랫폼 기반 기업이 주도하듯이 가상자산 시장의 가치는 콘텐츠가 발전함에 따라 계속 확대될 것이다. 실제로 가상자산 시장이 2017년 12월 최고치에서 2021년 11월까지 400% 이상 증가했다는 사실에서 그 잠재력이 확인되고 있다.

같은 기간 시장 구성에도 큰 변화가 있었다. 비트코인과 이더리움의 비율도 감소했지만 DeFi 및 DApp 관련 가상자산, 특히 NFT 기반 가상자산의 비율은 급격히 증가했다. 또한 NFT 및 DApp을 위한 새로운 기술을 가능하게 하는 Solana 및 Cardano와 같은 새로운 블록체인 강자들이 등장했다.

이러한 디지털 자산에 대한 수많은 투자가 현재 활발하게 이루어지고 있으며 투자자들은 투자의 관점에서 가상자산을 진지하게 살펴보고 있다. 주식에만 투자하는 사람들이 채권 및 금과 같은 다른 자산군을 고려하는 것과 같은 경우이다. 가상자산을 투자 목적으로 고려할 때, 자신의 투자 포트폴리오를 가상자산에 노출시키는 것이 예상 위험에 비해 더 큰 기대 수익을 가져온다고 기대하고 있다.

암호화폐와 같은 디지털 자산에 직접 투자도 하고 있으며, 알트코인(비트코인의 대안으로 도입된 암호화폐)과 같은 가상자산에 대한 직접 투자도 늘어나고 있다.

| 그림 3-5 | 디지털 자산 투자의 모습

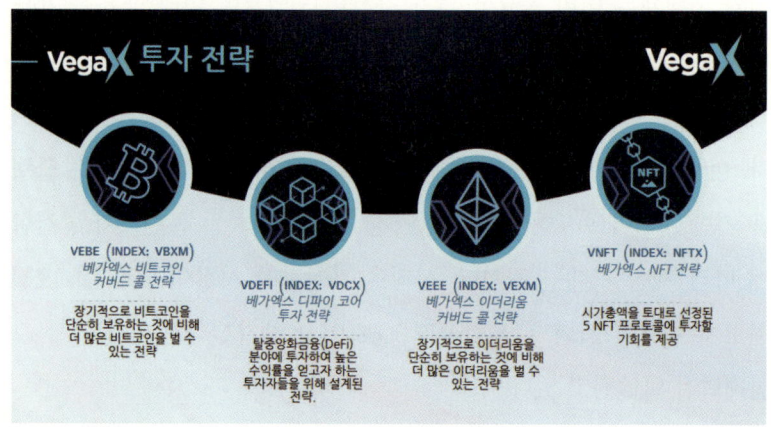

출처 : newstap

2절 NFT와 디지털 자산

1 | NFT와 디지털 자산

(1) NFT로 디지털 자산화 가능

 디지털 정보는 무한정 복제되어 전송될 수 있기 때문에 자산으로서의 내재가치가 없다. 그러나 NFT는 디지털 정보를 복사할 수 없는 방식으로 유지하므로 정보에 희소성의 가치를 부여하게 된다. 또한 블록체인의 비가역적인 거래증명을 통해 NFT 소유자를 확인할 수 있다. 디지털 정보는 이와 같은 희소성과 소유권의 증명으로 인하여 가치를 보유한 자산이 된다.
 NFT는 일반적으로 ERC-721로 알려져 있는데 ERC-20이라는 FT_{Fungible Token}와 더불어 표준 이더리움 토큰 중 하나이다.
 NFT는 더 작은 단위로 분할하거나 수량 단위를 가질 수 있는 특징이 있다. NFT는 블록체인 토큰으로서 가상화폐와 유사한 비가역적인 거래 증명이 가능하며 복제 및 위조가 되지 않는 속성을 가지고 있다.

그리고 NFT는 숫자만 담을 수 있는 비트코인과 달리 사진과 같은 고유한 데이터를 저장할 수 있는 능력이 있다. 이러한 특성들로 인해 NFT는 디지털 정보에 대한 소유권을 부여하고 그 가치를 높일 수 있는 디지털 자산으로 사용될 수 있는 잠재적 후보로 주목받고 있다.

이러한 기능의 결과로 NFT는 콘텐츠 시장을 되살리는 데 중요한 역할을 할 것이며, 웹 3.0 시대가 도래함에 따라 정보의 우선순위는 양에서 질로 바뀔 것이다.

| 그림 3-6 | 신한동해오픈 NFT 수록 영상

출처 : 데이터넷

(2) NFT 디지털 자산시장인 디지털 아트와 게임 아이템

오늘날 가장 빠르게 성장하는 NFT는 디지털 아트와 게임 아이템이다. 디지털 아트는 예술적 가치를 보유하고 있는 것, 그리고 기술적 가치를 보유하는 있는 것의 두 가지 유형으로 분류할 수 있다.

"예술적 가치"라는 용어는 전통 예술가들이 디지털 아트를 만들어 NFT로 판매하는 상황을 말한다. "기술적 가치"는 블록체인의 기술적 진보를 나타내는 상황을 의미한다. 크립토펑크는 이에 대한 훌륭한 예시이다. Cryptopunk는 NFT가 아닌 일반 코인 생성을 허용하는 ERC-20 프로토콜을 사용하여 NFT를 구현했기 때문에 기술 및 역사적 수준에서 가치가 있다. 또한 오늘날 NFT를 만드는 데 사용되는 ERC-721 프로토콜의 개발에 영감을 부여하였다는 점에서 의미가 있다.

2017년 말 Dapper Labs에서 출시한 CryptoKitties는 ERC-721 기술을 사용한 최초의 NFT이다. 디지털 고양이 수집 게임의 초점이 되는 고양이는 NFT를 사용하여 제작되었다. 고양이는 데뷔 당시 가격이 1억원으로 시장에서 상당한 화제를 모았다. 반면에 크립토키티의 활성화는 이더리움 네트워크의 부하를 증가시켜 거래 지연과 거래 가격 상승을 초래했다. 특히 CryptoKitties는 소유, 번식 및 거래의 즐거움의 진원지였지만 이러한 모든 작업에는 비용이 발생하여 게임의 유용성에 상당한 영향을 미쳤다. 결과적으로 CryptoKitties는 관심을 잃어가는 NFT가 되었다. 최초의 ERC-721 기반 NFT로서 역사적인 가치를 보유하고 있었음에도 이를 인정받지 못하는 결과가 되었다.

2 | 이더리움 기반 NFT 시장의 한계

이더리움의 느린 처리 속도와 높은 수수료가 시장의 걸림돌이 됐다. 이에 대한 기술적 대안이 제시되어 카르다노, 솔라나 등 '이더리움 킬러'라는 블록체인이 만들어지고 있다. 이러한 체인은 더 빠르고 저렴하지만 이를 극복하는 데 사용되는 기술적 고려 사항이 기존 블록체인이 제공하는 무결성을 약화시킬 수 있다는 우려가 있다. 따라서 신뢰를 구축하기 위한 단계가 필요하다. 새로운 체인이 신뢰를 주게 되면 NFT 시장이 비로소 활성화 될 것이다.

NFT가 디지털 자산으로 기능을 하려면 처리 속도를 높일 뿐만 아니라 콘텐츠 스토리지의 취약성을 보완하는 기술이 개발되어야 한다. 현재 NFT는 특정 인터넷 주소를 통해 액세스Access할 수 있는 디지털 정보의 소유자가 누구인지 명확하게 표시하는 영수증에 불과하다. 따라서 인터넷 주소를 호스팅하는 서버에 문제가 발생하면 데이터 보안 기능이 비활성화 되며 결국 NFT 발행사에 대한 믿음에만 의존하는 결과가 된다.

예를 들어, 디지털 아티스트의 NFT의 경우 작성자는 특정 서버에 작품의 사진을 보관하고 이 주소를 사용하여 NFT를 발행한다. 관리 부주의로 인해 서버가 해킹당하여 작품 사진이나 자료가 지워진 경우에는 이를 보상하거나 회수할 수 있는 방법이 없다. 물론 디지털 파일을 클라우드에 저장하여 안정성을 확보할 수 있다. 그러나 CryptoKitties의 경우에서처럼 이는 지속적인 거래 및 유지 관리 측면에서 비용이 많이 든다. 또한 중앙 집중식 클라우드 서비스로 보안이 확보되면 자산 가치가 급격히 상승함에 따라 향후 스토리지 요금이 과도하게 부과되는 문제에 대처하기 어려워진다. 즉, 중앙 집중식 클라우드에 분산 자산을 저장한다고 해서 중앙 집중화와 관련된 문제가 완전히 제거되지는 않는다. 이런 점에서 시장은 FileCoin 프로토콜과 같은 분산형 스토리지 솔루션이 뒷받침된다면 완전히 성숙할 수 있다. NFT 산업이 확대됨에 따라 FileCoin과 같은 탈중앙화 스토리지 플랫폼에 대한 수요가 증가하고, 연계 시장도 확대될 것으로 예상된다.

| 그림 3-7 | **파일코인**

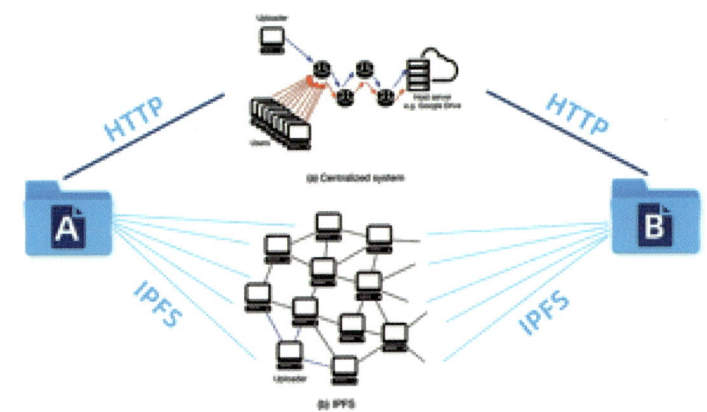

출처 : 헤시넷

3 | 대표적인 NFT 거래

NFT에 대한 관심이 높아짐에 따라 그 가치도 크게 올랐다. 전 세계 NFT의 시가총액은 2021년 4월말 기준 25억 달러 이상으로 2020년 12월말 기준 시가총액 3.3억 달러에 비해 약 7배 이상 증가했다. 최대 NFT 거래소 OpenSea의 2021년 8월 거래대금은 약 34억 달러를 기록했으며 전체 NFT 거래소의 2021년 3분기의 거래대금은 107억 달러를 돌파했다.

특히 2021년 대규모 거래가 언론의 주목을 받았다. 일론 머스크 테슬라 최고경영자의 부인 그라임스Grimes의 디지털 아트가 2월, 600만 달러에 판매되고 뉴욕타임즈NYT 칼럼이 56만달러에 팔렸다. 그리고 3월에는 록 밴드 킹스 오브 레온Kings of Leon의 최신 앨범을 NFT로 판매해 200만달러를 벌었고 Beeple 또한 디지털 아트가 6,933만 달러에 판매되었다.

| 그림 3-8 | 대표적 대형 NFT 거래

거래 연월	판매자	판매한 NFT	판매가
2021년 2월	그라임스(뮤지션)	디지털 아트	600만 달러
2021년 3월	킹스 오브 레온(밴드)	디지털 음반	200만 달러
2021년 3월	비플(디지털 아티스트)	디지털 아트	6933만 달러

출처 : datanet

4 | 다양한 NFT 사업 모델

　NFT가 새로운 종류의 디지털 자산으로 자리 잡으면서 이를 활용한 다양한 비즈니스 전략이 등장했다. 일반적인 예는 사진, 그림, 영화 및 음악을 NFT로 출판하고 수집품으로 판매하는 것이다. NFT는 디지털 아티스트와 음악가가 자신의 작품을 마케팅하는 데 사용하고 있다. 2021년 3월 중국 UCCA미술관에서 NFT 전시회가 열렸고, 같은 해 8월 한국 간송미술관에서 '훈민정음 해례본'을 NFT로 출판·판매했다. 더 잘 알려진 예는 2021년 2월에 LeBron James 슬램 덩크 영상을 $208,000에 판매한 NBA Top Shot이다.

　또한 NFT는 Metavers와 결합되고 있다. 가상 세계에 존재하는 사물에 대해 NFT를 발행하여 사용자 거래 및 소유권 증명에 활용하는 것이다. 미국 메타버스 서비스인 Sandbox Metaverse는 LAND를 NFT로 발행 및 판매하고 있다. LAND는 Sandbox Metaverse 내부의 가상 랜드이다. NFT의 소유자는 연결된 가상 토지를 제어하고 다른 사용자를 초대하고 거래하기 위해 자신의 영역을 생성할 수 있다.

　예를 들어, 2021년 3월 미국 비디오 게임 회사인 Atari는 The Sandbox Metaverse에서 테마파크를 개발 및 운영할 계획을 밝혔다. NFT는 메타버스 서비스인 '샌드박스'에서 가상 부동산 구축에 활용된다. 즉, 이 서비스는 NFT와 토지, 건물, 레저 시설, 공원 등의 가상 자산을 혼합한다. '샌드박스'의 가상자산 '랜드'는 실제 토지와 관련돼 있으며, 그 위에 건물, 놀이공원, 공원 등이 조성된다.

또한 NFT를 디지털 자산이 아닌 물리적 자산에 연결하는 비즈니스 모델이 등장했다. 한국에서는 NFT를 이용해 고가의 명품 실물을 발행하는 사례가 있다.

첫번째는 실물의 소유권을 NFT로 발매한 다음 온라인 경매에 넣는 것이다. 낙찰자는 언제든지 NFT를 제출하고 실물을 얻을 수 있다.

다른 하나는 고가의 시계에 대해 수많은 NFT에 소유권 증서를 발행하여 소유권을 분할하는 것이다. 이 비즈니스 전략은 비금융 토큰을 증권으로 제공하는 것과 유사하다. 이러한 종류의 NFT를 증권형 토큰이라고 하며, 미국과 한국에서는 증권법에 따라 증권형 토큰을 규제하려는 움직임이 있다.

또 다른 사업모델들을 살펴보면 NFT를 활용한 샤넬과 구찌의 경매 사례도 있다. 경매 수익은 NFT를 통한 정품 교환권으로 발행한다. 명품시계 거래 플랫폼 '캔버스'는 NFT를 활용한 진품 및 소유권 증명서 발급을 통해 수익을 창출한다.

NFT를 직접 판매하는 대신 일부 업체에서 NFT 기술 제공 서비스로 사업모델을 개발하고 있다. 주목할 만한 사례는 고급 명품의 진위 여부를 인증하는 산업이다. 아우라 컨소시엄이 그 예인데, 루이비통, 불가리, 위블로를 소유한 LVMH 그룹과 까르띠에와 프라다를 소유한 리치몬트 그룹이 2021년 4월에 설립했다. Aura는 블록체인을 사용하여 제품 제조에서 재판매까지의 모든 거래 프로세스를 모니터링 및 관리하고 제품의 진위 여부를 인증하는 서비스를 제공한다. 이를 통해 위조품 판매를 방지하고 소비자 신뢰를 구축할 수 있다. 샤넬은 또한 2021년 8월에 독립적인 블록체인 회사를 설립하기도 했다.

3절

NFT와 탈중앙화 플랫폼

1 | NFT와 탈중앙화

(1) 기존 중앙화된 플랫폼의 문제점

　PC와 모바일 인터넷 시대를 거치며 폭발적인 인기를 얻은 플랫폼으로 인해 인간의 존재는 더욱 편안해졌다. 그러나 플랫폼은 궁극적으로 이익 극대화에 중점을 둔 비즈니스이다. 그 과정 중에 플랫폼 참여자의 권리 제한 및 이익 침해가 있게 된다. 물론 이는 플랫폼 본연의 지배력을 유지하기 위해 플랫폼 회원들에게 지급된 플랫폼 수수료를 회수하려는 정당한 시도의 일환이다. 그러나 플랫폼이 강력할수록, 그리고 우리 생활에 깊숙이 스며들수록 권리 침해와 이익 침해는 더욱 문제가 된다. 그 결과 플랫폼의 문제를 해결하려는 상당한 입법적 추진이 있었지만 근본적인 답을 제공하는 것은 아니었다.

이러한 배경에서 탈중앙화 플랫폼이 이제 막 등장했다. 블록체인 기술을 이용하여 탈중앙화 플랫폼을 DApp Decentralized Application으로 개발하게 된 것이다.

| 그림 3-9 | 탈중앙화의 진짜 의미

Traditional corporations (Civil law)	Direct democracy	?	?
?	Blockchains, Common law	Traditional CDNs, Esperanto (initially)	BitTorrent, English language

출처 : 해시드 팀

(2) 탈중앙화 플랫폼과 웹3.0

Web 3.0 시대에 탈중앙화 플랫폼은 매우 중요하다. Web 3.0의 개념은 아직 정립 중에 있지만 그 중심에는 개인화된 웹 시대가 있다. 웹이 시작되기 전에 우리는 정보가 부족한 시대에 살았다. 그러나 우리는 웹 1.0에서 웹 2.0으로 넘어가면서 정보의 희소성이 아닌 정보 범람의 시대에 살고 있다. 온라인 시대 이전에는 특정 장소를 방문하고 싶어도 해당 장소에 대한 지식이 없어서 문제였으나 이제는 정보가 너무 넘쳐나서 가장 정확한 정보를 선택하는 것이 더 중요하게 되었다. Web 3.0은 이러한 문제를 해결하기 위해 만들어진 개념이다.

인공 지능과 방대한 데이터 처리 기술은 Web 3.0의 발전에 매우 중요하다. 고객의 취향과 니즈를 정확히 파악하고 관련 정보를 찾아 제공하는 것은 빅데이터를 기반으로 한 인공지능이 제공할 수 있는 서비스다. 그러나 한 가지 더 중요한 점이 있다. 더 높은 품질의 정보가 제공되어야 한다는 것이다. 정보 제공자는 쌍방향 정보가 제공될 수 있는 현대 웹 2.0 시대에 대중에게 정보를 제공한다. 정보제공자 측면에서 초창기에는 정보제공의 1차적 동기는 자기만족이었지만, 이제는 경제적 이유가 자기만족을 능가하고 있다.

Web 2.0의 경제적 인센티브는 광고 시스템을 기반으로 한다. 결과적으로 우리는 정보의 유효성보다 얼마나 많은 사람들이 그것을 읽었는지에 따라 정보의 가치를 판단할 수밖에 없어 결국 일반 대중을 대상으로 하는 자료만이 넘쳐나게 된다. 인공 지능과 빅데이터 기술이 아무리 강력해진다 해도 양질의 정보 자체를 생성할 수는 없다. 일부 양질의 정보를 생산해 낸다 해도 그것은 제한적일 수밖에 없다.

그런데 이제는 블록체인 기술로 다양한 목적에 맞게 정보를 제공할 수 있게 되었으며 디지털 콘텐츠 소유권에 대한 명확한 보증이 가능해졌다. 그리고 가상화폐의 형태로 양보다 질을 보상하는 프레임워크 구축을 할 수 있다. 또한 광고처럼 간접적인 형태가 아니라 가상화폐로 직접 보상을 해 줄 수 있다. 예를 들어 사용자가 특정 정보를 업로드하면 시스템이 표준에 따라 제출된 정보에 대해 가상화폐로 사용자에게 보상하는 플랫폼을 설계할 수 있는 것이다.

인공지능은 특정 정보에 대한 요청이 있을 때 그 적정성을 판단하고 비용을 판단하여 요청자가 수락하면 정보요청자가 해당 정보를 읽을 수 있도록 할 수 있다. 모든 거래는 그 플랫폼에서 발행되는 암호화폐를 기반으로 이루어진다. 따라서 이러한 가상화폐를 사용하여 정보 품질을 추구하는 동시에 명확한 소유권을 설정하고 직접 보상을 허용하는 시스템을 구축하는 것이 가능해졌다. 이것은 웹 3.0 시대의 출현에 중요한 역할을 할 것이다.

| 그림 3-10 | 탈중앙화와 웹 3.0

세대별 웹 구분과 특징

	웹 1.0	웹 2.0	웹 3.0
소통방식	읽기만 가능	읽기·쓰기	읽기·쓰기·소유
매체	고정 텍스트	상호 콘텐트	가상경제
운영주체	회사	플랫폼	네트워크
인프라	개인컴퓨터	클라우드·모바일	블록체인 클라우드
운영 권한	탈중앙화	중앙화	탈중앙화

자료:업계 종합

출처 : 코인판

(3) 탈중앙화 플랫폼과 국가의 관계

정부의 관점에서 탈중앙화 플랫폼은 빠르게 성장하는 사업으로 대중에게 기술의 이점을 제공하기 위해 육성되고 장려되어야 한다. 반면에 탈중앙화된 플랫폼은 가상화폐와 떼려야 뗄 수 없는 관계에 있기 때문에 정부의 두려움은 상당하다. 이는 참여자에게 인센티브를 제공함으로써 분산형 플랫폼이 현재의 중앙 집중식 플랫폼과 경쟁할 수 있게 해주기 때문이다. 역사적으로 정부는 경제를 지배하고 법정 화폐를 통해 재정을 관리했다. 그렇기 때문에 가상화폐와 이를 기반으로 하는 가상자산이 존재하고 법정 화폐에 위협이 되는 것이 불편하다.

    몇 년 전까지만 해도 가상자산에 대한 정부의 입장은 가상자산의 존재를 거부하거나 무시하는 수준에 이르렀다. 가상자산은 과거 싸이월드의 도토리나 리니지의 실행검처럼 소수의 매니아들에게만 가치를 인정받은 상품을 기반으로 한 개념으로 여겨졌다. 한편, 대중의 과도한 관심을 방지하기 위해 정부가 가상자산의 개념을 의도적으로 무시하거나 증거가 불충분하다는 인상을 퍼뜨렸다고도 할 수 있다.

    그러나 2018년부터 상황이 크게 바뀌었다. 가장 중요한 상황의 변화는 DApp의 도입이다. DApp 활용에 필요한 다양한 암호화폐에 대한 수많은 ICO_{Initial Coin Offering}가 진행되었다. ICO에 참여하기 위해 필요한 비트코인 가격도 2017년에 폭등했다. 그 결과 가상화폐의 존재를 대중에게 알리게 되었다. 그리고 비트코인을 뒷받침하는 탈중앙화 플랫폼 이론을 받아들이는 개인의 수가 극적으로 늘어났고 보안, 투명성, 공정성과 같은 비트코인의 특성에 대한 공감도 커졌다. 또한 투자자들이 코로나19 여파로 비트코인과 이더리움을 인플레이션 헤지 수단으로 보기 시작하면서 암호화폐에 대한 관심이 높아졌다.

    2020년에는 다양한 DeFi 서비스가 보급되었다. 동시에 NFT는 주로 예술과 게임에서 강조되었다. 가상화폐와 NFT를 활용한 P2E가 게임 시장의 화두로 떠올랐다. 2021년 하반기 국내 주식시장의 침체에도 불구하고 가속화된 NFT 테마주의 부상은 가상화폐와 가상자산의 중요성에 대한 사회적 시각의 변화가 반영된 것이다.

2 | NFT와 탈중앙화 플랫폼

(1) 탈중앙화 플랫폼과 게임 NFT

　게임산업은 기획과 아이디어로 승부하는 산업으로 투입 대비 투자수익률이 크며, 시각적 구현과 짧은 제품수명주기로 인해 국제적으로 활용하기 쉬운 산업이다. 그 결과 새로운 플랫폼이 만개할 때마다 게임이 일반적으로 첫 번째 시장을 지배했다. 스마트폰 위주의 모바일 인터넷 시대가 시작됐을 때만 해도 전체 앱의 18%가 게임이었다.
　예를 들어, 당시 핀란드 게임업체 로비오Rovio는 2010년 앵그리버드Angry Birds라는 게임을 출시해 첫해에 100억원, 2011년 1,200억원, 2012년 2,100억원의 매출을 올렸다.
　블록체인에서도 비슷한 현상이 나타난다. NFT에 대한 현재의 관심 급증은 NFT가 게임 상품으로 사용되면서 시작되었다. 베트남의 게임 개발사인 스카이마비스Skymarvis의 엑시인피니티Axie Infinity는 NFT 게임의 기본 아이템인 엑시를 교차 판매해 새로운 엑시를 받을 수 있게 했는데 이것이 NFT 게임 상품의 대표적인 경우이다. 엑시의 사육에는 게임 작업을 통해 얻은 SLP 토큰이 필요하며, 이는 시장에서 거래될 수 있다. NFT에 대한 관심과 마찬가지로 게임 내 아이템을 획득하여 이것을 엑시인피니티에서 판매하여 돈을 버는 P2E 개념이 관심을 받게 되었다.
　실제로 현재 게임은 게임 상품의 생성 또는 획득 및 교환을 허용한다. 그러나 이러한 게임과 NFT를 기반으로 하는 다른 최근 P2E 게임의 주요 차이점은 탈중앙화 플랫폼인 블록체인을 기반으로 한다는 것이다. 당연히 NFT를 발행하기 위해서는 블록체인을 기반으로 시스템을 구축해야 하며, 이를 통해 게임 내부는 물론 게임 외부의 화폐 및 NFT 거래소에서도 아이템 거래가 가능하다. 또한 블록체인은 가상화폐를 기반으로 하기 때문에 분산 네트워크의 다른 사용자와 전 세계적으로 거래를 하는 것이 간단하다. 또한 게임 개발자는 자체 NFT 교환을 설정하고 거래 수수료와 같은 추가 수익원을 챙길 수 있다.

특히 기존 게임 사업은 수십 년간 MMORPG를 운영하며 게임 경제 생태계를 통제하는 전문성을 축적해 P2E 경쟁력을 갖췄다. 즉, 블록체인 기술을 이용하여 현재 게임을 통해 돈을 벌 수 있는 환경을 확장하고 향상시키는 것이다. 이것은 이더리움의 NFT를 기반으로 하는 새로운 프로토콜인 ERC-1155에 의해 더욱 강화될 것이다. ERC-20은 범용 토큰 생성을 위한 표준인 반면 ETC-721은 대체 불가능한 토큰 생성을 위한 메커니즘이다. ERC-1155는 두 가지의 장점을 결합하며 가장 주목할 만한 기능은 단일 트랜잭션에서 여러 수신자에게 여러 토큰을 보낼 수 있는 기능이다. 이는 거래 비용과 시간을 줄여 NFT 및 P2E 게임 시장의 활성화에 기여할 것이다.

| 그림 3-11 | 게임 아이템을 디지털 자산으로

출처 : 뉴스토마토

(2) 탈중앙화 플랫폼과 DeFi NFT

　DeFi는 탈중앙화된 가상자산을 위한 금융 서비스로 설명된다. 이것은 스마트 계약으로 알려진 블록체인의 소프트웨어를 사용하여 제3자의 개입 없이 자동으로 수행된다. 블록체인 생태계 내에서 유지되는 가상자산이기 때문에 운영자의 참여 없이 다른 참여자가 승인한 조건에 따라 자동으로 실행된다. 대출 이행 비용이 낮기 때문에 플랫폼 수수료도 기존 금융에서 청구하는 가격보다 저렴하다.

　금융은 자산과 떼려야 뗄 수 없는 관계이다. 위에서 본 엑시인피니티의 경우 최소 3개의 엑시가 있어야 게임을 시작할 수 있으며, 구매 가격만 100~150만원 선이다. 결과적으로 게임 플레이어는 초기 투자에 부담을 느낄 수밖에 없다. 자연스럽게 참가자들이 엑시 3개를 빌려 이자를 받을 수 있는 '스콜라십'이라는 제도가 마련됐다. 따라서 DeFi의 스마트 계약 기반 아키텍처는 임대 및 계약 유지의 안정성을 보장하는데 이상적이다. DeFi는 예금, 대출, 자산 거래, 보험 및 자산 관리와 같은 오늘날의 특정 금융 서비스를 침해함으로써 금융 소매화를 촉진할 가능성이 있다.

(3) 탈중앙화 플랫폼과 메타버스 NFT

메타버스가 단순한 게임과 구별되는 이유는 현실 세계에서 볼 수 있는 것과 유사한 경제 활동을 지원하기 때문이다. 물론 게임에서도 아이템이나 계정의 교환이 가능하지만 제한적인 범위 내에서의 활동이다. 메타버스는 현실에 더 가깝고 다양한 방법으로 수익활동이 가능하여야 한다. 그러기 위해서는 회의와 공연을 주최할 수 있어야 하고 공간을 사고 팔 수 있어야 한다. 이래야 메타버스를 새로운 사업 기회로 여기고 일반인들도 합류할 수 있기 때문이다.

이러한 경제적 작업을 수행하려면 화폐가 필요하다. 메타버스는 글로벌 서비스이기 때문에 각 국가의 화폐 사용에는 제한이 있다. 이에 Roblox는 '로벅스'라는 자체 암호화폐를 사용하지만 회사의 신용에 의존하기 때문에 신뢰 측면에서 제한적으로만 사용된다.

그런 점에서 비트코인과 이더리움은 메타버스에 큰 영향을 미친다. 먼저 메타버스는 특정 국가나 회사의 신용에 의존하지 않기 때문에 메타버스의 지향점과 가장 일치한다. 또한, 이미 실제 세계에서 사용되고 있기 때문에 메타버스에서 경제 활동의 촉매 역할을 한다. 이러한 점은 과거의 스마트폰의 대중화를 위해 앱스토어가 한 역할과 동일하며 향후 메타버스 서비스의 대중화에 중요한 원동력이 될 것이다.

자산은 경제 활동의 또 다른 중요한 구성 요소이며 NFT는 이러한 자산의 소유권을 확보하는 데 중요한 역할을 한다. 현재 지원되는 메타버스에서 사용자가 토지나 건물을 취득하면 서비스 제공자가 먼저 지급하고 소유권 증명서는 서비스 제공자의 장부에 남는다. 하지만 이는 서비스 제공자인 회사에 대한 믿음을 전제로 하기 때문에 필연적으로 메타버스 내부 자산의 양에 한계가 있고, 메타버스 간 자산 이동이 어려울 수 있다. 반면, 회사가 아닌 블록체인 기반의 원장에 등재되면 회사의 신용이 훼손되는지의 여부와 상관없이 자산의 소유권이 보장된다. 즉, 메타버스를 만든 사람과 관계없이 누구나 메타버스에서 특정 아이템을 판매할 수 있는 구조가 만들어질 수 있게 된다. 결과적으로 메타버스의 자산은 다양해지고 훨씬 커질 것이다. 또한 디지털 자산 파일 정보(사진 등)는 비즈니스 서버가 아닌 탈중앙화 상태로 유지되어야 하기 때문에 메타버스와 NFT는 탈중앙화 플랫폼의 성장을 견인할 것이다.

| 그림 3-12 | 2022년 이끌 메타버스 핵심 기술은 NFT

 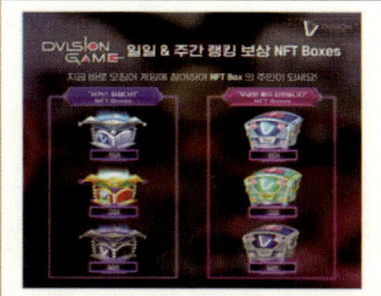

메타버스 플랫폼에서 NFT 사례: (좌) 디센트럴랜드 마켓플레이스, (우) 디비전 월드 NFT보상 박스

출처 : 매거진한경

(4) NFT로 가속되는 블록체인 경제

특정 기술을 기반으로 한 새로운 산업에 자본을 유치하려면 1) 해당 기술의 필요성을 입증해야 하고, 2) 다른 대체 기술이 없어야 하며, 3) 취약성의 신속한 개선가능성을 입증해야 한다. NFT는 아래와 같이 이러한 조건들을 갖추고 있어 블록체인을 활성화 하는데 중대한 역할을 담당하고 있다.

디지털 콘텐츠의 권리를 보호해야 할 필요성은 오래전부터 존재해 왔지만 마땅한 방안이 부재한 상태로 있었는데 1) 블록체인 기술을 기반으로 한 NFT가 마침내 이 문제를 해결하였고, 2) 또한 NFT는 현재의 기술로 대체될 수 없으며, 3) 새로운 블록체인 및 관련 응용 프로그램의 개발로 거래 속도, 거래 비용 및 디지털 콘텐츠의 안전한 파일 관리와 같은 문제가 빠르게 극복되고 있다. 이렇듯이 NFT는 블록체인 산업을 활성화할 조건들을 갖추고 있다.

현실에서도 NFT 블록체인 경제는 대규모 기술 사업과 암호화폐 거래소에 대한 투자를 통해 점차 점화되고 있다. NFT 기술은 실생활과 다양한 비즈니스에 적용되고 있으며, NFT가 Metaverse 블록체인의 주요 수익 모델이 됨에 따라 많은 자본이 시장으로 흘러들어 오고 있다.

| 그림 3-13 | NFT 마켓 활기…블록체인 생태계 확장하는 꿈의 장터

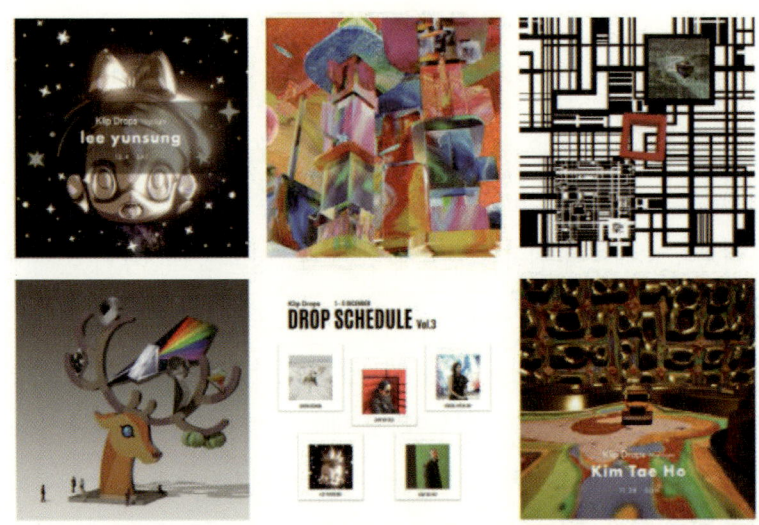

출처 : 아시아투데이

(5) 디앱(DApp)과 블록체인

① 개요

블록체인 기술 내에서 작동하는 분산 앱을 디앱DApp, 탈중앙화 애플리케이션이라 한다. 블록체인 하면 떠오르는 가장 흥미로운 개념이 DApp이라는 용어이다. 간단히 정의하면 현재 블록체인에서 실행되는 모든 앱, 프로그램 및 도구를 가리키는 포괄적인 명칭이다. Google Play나 Apple App Store에서 쉽게 다운로드 할 수 있는 일반적인 앱 프로그램과 달리 DApp은 분산시스템인 블록체인과 함께 사용하기 위해 특별히 제작된 고유한 응용 프로그램이다. 이론적으로 DApp은 중앙 집중식 전담 관리자가 필요하지 않으며 이를 처리할 서버나 직원도 필요하지 않다. 결과적으로 유지보수 비용이 저렴하고 사용자가 서비스 유지를 책임지는 1차적 주체가 된다.

기존 소셜 플랫폼 및 커뮤니티와 함께 게임을 비롯한 다양한 분야에서 블록체인 기술을 기반으로 하는 DApp을 지속적으로 생성 및 배포하고 있다. 이미 번창하고 있는 플랫폼 비즈니스에서 수많은 블록체인 융합 사례들도 나타나고 있다.

2015년 이더리움은 'Hello World'라는 단순한 문구로 된 DApp을 만들었고, 이때부터 DApp의 인기는 엄청나게 치솟았다. 최근까지 CryptoKitties, Ethlance, Klaytn Knights 및 Fomo3D를 포함하여 게임, 채용 및 ID 관리와 같은 다양한 산업 분야의 DApp이 만들어지고 상용화 되면서 산업 전체 부문에 큰 영향을 미치고 있다.

플랫폼의 DApp에서 사용하는 암호화폐를 코인이라 하지 않고 토큰이라고 말한다. 또한 'DApp' 또는 'dApp'으로 표기한다. 단수가 아닌 복수이기 때문에 흔히 DApps 또는 dApps라고 부른다. 2019년의 조사에 따르면 전 세계적으로 분산형 애플리케이션dApp의 80% 이상이 이더리움 플랫폼에 구축되어 있으며 EOS가 2위를 차지하고 Tron은 3위였다.

② 특징

DApp은 아래 나열된 5가지 기능을 가진 일종의 응용 프로그램이다. 첫 번째 특징은 탈중앙화 구조라는 점이다. OS 개발에 필요한 소스 코드는 DApp에서 누구나 사용할 수 있다. 블록체인 기록을 위한 안전한 데이터 저장 방법이며 탁월한 개인 정보 보호 기능을 제공한다. 둘째, 오픈 소스 프로젝트이다. 가장 중요한 특징으로 이러한 응용 프로그램이 모든 사람이 기본 소스 코드를 사용할 수 있도록 한 것이다. DApp의 핵심 특징은 선택이 자율적이며 만장일치로 이루어진다는 것이다. 본질적으로 수정은 전체 또는 대다수의 사용자가 동의해야 한다. 셋째, 분산형 운영이 이루어진다. 이름에서 알 수 있듯이 분산형 애플리케이션이며 모든 것을 분산형 블록체인 또는 기타 암호화 기술에 보관하는 독립적인 특성을 강조하여 중앙 권한의 위험을 탈피하고 있다. 네 번째는 보상이다. 앱의 분산형 블록체인 아키텍처로 인해 암호화 토큰 또는 기타 디지털 자산의 형태로 보상과 인센티브가 제공된다. 마지막으로 알고리즘의 특성이다. 디앱은 탈중앙 앱이므로 암호화 시스템에서 가치 증명을 하는 합의방법이 필요하다. 본질적으로 이것은 암호화 토큰의 가치를 높이고 사용자가 중요한 암호 토큰을 발행하는데 동의하는 합의 시스템을 설정해야한다.

(6) 레이어 1 vs 레이어 2

레이어 1은 블록체인 아키텍처의 가장 기본적인 레이어이며 비트코인, 이더리움, 솔라나, 폴카닷 등 일반적으로 알려진 대부분의 블록체인은 레이어 1 구현체이다. 최근 DeFi와 NFT의 인기가 높아지면서 Layer 1 블록체인 네트워크의 높은 수수료와 느린 트랜잭션 성능 문제가 발생했다.

레이어 2는 레이어 1의 위와 같은 문제점 및 확장성 문제에 대한 솔루션으로 제시된다. 레이어 2는 레이어 1 블록체인 위에서 실행되는 블록체인 네트워크이다. Layer 1의 트랜잭션을 공유함으로써 Layer 2는 트랜잭션 속도를 높이고 비용을 낮출 수 있다. 레이어 2의 예로는 비트코인 네트워크를 기반으로 하는 라이트닝 네트워크와 이더리움을 기반으로 하는 라이덴 네트워크가 있다.

| 그림 3-14 | 암호화폐 레이어란? 레이어1 레이어2 코인정리

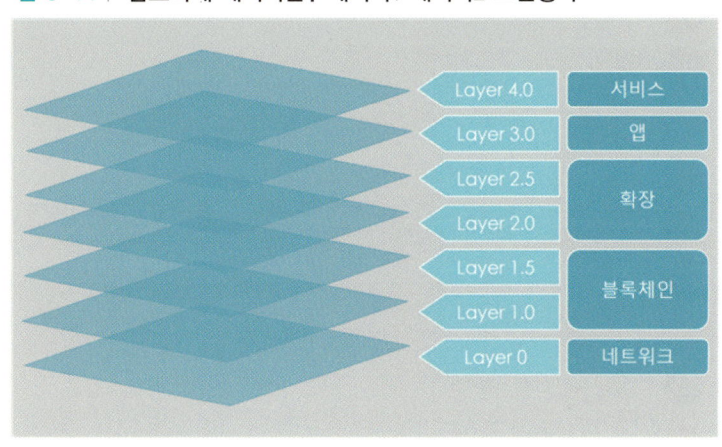

출처 : 개발과 암호화폐 이야기

3 | NFT와 이더리움

(1) NFT 거래와 블록체인

① NFT 거래와 블록체인(암호화폐) 종류

이더리움의 여러 가지 문제점(네트워크 과부하와 DoS공격 대응 등)으로 인해 파생형 블록체인들이 나타났고 그 플랫폼에서 이용되는 다양한 종류의 코인(암호화폐)들이 생겨났다. 그 종류는 아래 표와 같다. NFT를 만들고 활용할 수 있는 블록체인 중 이더리움 블록체인만 소개하기로 한다.

| 그림 3-15 | NFT용 가상화폐 플랫폼 요약

플랫폼명 (코인명)	설명
이더리움 (ETH)	NFT의 기반이 되는 대표적인 코인
세타토큰 (THETA)	비디오 데이터와 스트리밍 플랫폼 기반으로 제작됨
칠리즈 (CHZ)	스포츠 엔터테이먼트 블록체인
엑시인피니티 (AXS)	엑시 게임 캐릭터 거래를 위한 코인 현재 엄청난 가격 상승중임
엔진코인 (ENJ)	게임 아이템 거래를 위한 코인
파리생게르맹 (PSG)	스포츠 코인
디센트럴랜드 (MANA)	가상의 부동산을 거래하기 위한 목적의 블록체인
플로우 (FLOW)	NFT 기반 플랫폼 자체를 지향 이더리움 플랫폼의 확정성 문제를 자체 개발된 블록체임 플랫폼
샌드박스 (SAND)	미래의 먹거리가 될 메타버스 블록체인
모스코인 (MOC)	가상과 함께 현실세계의 부동산 거래를 위한 코인
클레이튼 (Klay)	카카오의 블록체인 계열사인 그라운드X가 자체 개발한 블록체인 플랫폼
왁스 (WAXP)	게임 아이템관련 블록체인

② NFT 거래와 암호화폐 거래량 비교

블록체인별 NFT 거래량과 그 거래 시 이용되는 암호화폐를 비교해 보면 아래와 같다.

이더리움이 가장 많은 거래량을 보이고 있고, 2위인 Ronin 대비 약24배 정도로 압도적으로 높은 거래량을 보이고 있다.

| 그림 3-16 | Blockchains by NFT Sales Volume 2022.01.02.

⚡ **Blockchains by NFT Sales Volume** (24 hours)

	Blockchain	Sales	Change (24h)	Buyers	Txns
1	Ethereum	$122,288,271	▲ 38.46%	15,157	27,926
2	Ronin	$5,126,004	▲ 15.17%	17,394	39,874
3	Solana	$2,947,442	▲ 13.82%	927	1,626
4	Flow	$1,017,746	▼ 4.53%	5,262	27,098
5	Polygon	$411,668	▼ 34.63%	826	1,669
6	WAX	$318,227	▼ 24.07%	2,915	29,945
7	Tezos	$72,713	▲ 7.70%	1,672	5,910
8	Panini	$55,135	▼ 46.82%	623	2,625
9	BSC	$103	▲ 81.82%	2	3
10	Theta	$18	▲ 74.29%	2	2

출처 : https://cryptoslam.io/

(2) 이더리움 (ETH) 블록체인

① 개요

세계 최초의 가상화폐인 비트코인은 결제나 거래 활동과 같은 화폐로서의 기능에 집중된 플랫폼이다. 하지만 튜링 불완전한 스크립트

언어로 개발되었으며 송금 외에 다른 기능은 수행할 수 없는 단순한 형태의 블록체인이었다. 그리고 PoW라는 합의 알고리즘으로 인해 막대한 전기를 소모함으로써 환경 문제를 야기시킨다는 점이다.

이에 따라 비트코인의 단점을 보완하는 새로운 블록체인 플랫폼의 필요가 생겨났다. 그래서 2015년 7월 30일 비탈릭 부테린에 의해 개발된 퍼블릭 블록체인 플랫폼이 이더리움이다. 이더리움은 기본적인 거래 활동이나 결제뿐만 아니라 스마트계약 개념을 도입하여 각종 거래 계약서, 전자투표, 진품인증 등의 다양한 애플리케이션에 활용되고 있다.

이더리움 블록체인 안에서 누구나 DApp이라 불리는 분산 애플리케이션을 만들 수 있고 사용할 수 있는데, 주로 솔리디티Solidity라 불리는 기본 언어로 개발을 한다. 솔리디티 뿐만아니라 C++, Java, Python, Go 등과 같은 프로그래밍 언어도 지원한다. 비트코인과 다르게 상태와 데이터의 저장이 가능하고 반복문 실행이 가능하다.

튜링 완전언어(Solidity, Serpent, LLL, Mutan등)를 이용하여 Smart Contract를 생성할 수 있고, 이 Smart Contract는 DApp으로 블록체인을 통해 배포 및 실행이 가능하다.

이러한 이더리움만의 차별성(특히 스마트컨트랙트) 때문에 다양한 분야에서 응용 및 활용되고 있고, 이로 인해 다양한 이더리움 계열 블록체인과 이더리움 기반 토큰들이 만들어졌다. 이더ETH는 이더리움 플랫폼의 자체 가상화폐 통화 이름이며, 비트코인 다음으로 거래가 많이 이용되어지는 암호화폐로 자리매김 했다. 이더리움의 시가총액 또한 비트코인과 양강 체제를 이루어가고 있다.

| 그림 3-17 | 이더(ETH) 년간 가격 추이 2022.1.5. 기준

출처 : 코인마켓캡

| 표 3-1 | 비트코인과 이더리움 비교

구분	비트코인	이더리움
ISO 4217 코드	BTC(비표준), XBT(비공식)	ETH
중앙은행	없음	없음
허용 국가	엘살바도르(표준), 전세계 (비공식)	전세계
분류	암호화폐	암호화폐
최초 발행일	2009년 1월 3일	2015년 7월 30일
개발자	사토시 나카모토	비탈릭 부테린
기호	BTC	ETH
발행방식	PoW	PoW
언어	스크립트 언어	튜링 완전 언어
블록생성시간	약10분	약15초
현재 발행량	18,855,893.00 BTC	116,568,458.37 ETH
최대 발행량	21,000,000 BTC	미정
시가총액	858조 1,761억 (KRW)	447조 5,636억 (KRW)
URL	https://bitcoin.org/	https://ethereum.org/en/

출처 : 나무위키

② 이더리움의 문제점

이더리움은 2.0으로 업그레이드를 할 수 밖에 없는 문제점을 안고 있다. 그 문제점 중의 하나가 네트워크 과부하 문제와 DoS공격으로 인한 네트워크 문제이다. 이와 관련한 자세한 설명은 나무위키 namuwiki 의 내용을 참조하였다.

㉠ 네트워크의 과부하

| 표 3-2 | 이더리움 네트워크 과부하 문제점

이더리움은 현재 블록당 개별 생성시 약 15초가 소요된다. 이 블록은 블록당 대략 200개 정도의 트랜잭션(or 스마트 컨트랙트)이 저장된다.
안타깝지만 이 정도의 트랜잭션 처리량은 향후 수많은 디앱DApp을 처리하기엔 아직 많이 부족한 상황이다. 이를 해결하기 위해 이더리움 개발자들도 해결방안을 찾고 있는 중이다.
이미 여러 차례 네트워크 처리가 한계에 달한 적이 있었는데, 2017년 6월 스테이터스Status ICO에 참가하고자 하는 사람들이 먼저 토큰을 가져가기 위해 지나치게 높은 가스비를 제시해 용량을 잡아먹으면서 나머지 거래가 처리되지 않거나 아예 증발되면서 이더리움 가격이 급락하기도 했다.
완전한 증발은 아니고 거래가 중간에 붕 떠버리는 경우이다. 노드별로 동기화도 제대로 되지 않아 몇 주 뒤에야 잔고를 찾을 수 있었다.
그리고 이에 대한 해결방안으로는 지불 채널, 샤딩, 플라즈마가 있다. 지금 샤딩, 플라즈마는 개발 중인 기술로 미완성 상태이다.
21년 현재 네트워크 트랜잭션 지연 문제와 더불어 치솟는 가스비는 소액 송금을 했을 때 소액 송금액보다 수수료가 많이 나가는 문제를 야기하고 있다. 또한 메타마스크 등 지갑에서 거래소로 보낼 때 무한 펜딩 상태가 계속되는 등 송금도 되지 않는다.

출처 : 나무위키-이더리움

ⓛ **DoS 공격 대응 하드포크** Hardfork

| 표 3-3 | 이더리움 DoS공격 문제점

DoS 공격으로 인한 네트워크 문제를 해결하기 위해서는 낮은 가스비Gas Fee의 허점을 이용한 네트워크 공격 문제로 하드포크로 이를 수정해야 된다. 그로 인해 하드포크는 2단계로 진행이 되며 첫 번째로 가스비를 조정하며 두 번째로는 빈 거래, 계정들 일명 쓰레기들을 청소하는 단계로 이루어진다고 이더리움 개발진들은 설명하고 있다.

이로써 2,463,000번째 블록에서 하드포크를 단행하였고 성공적으로 끝났다. 재밌는 점은 국내 마이닝 풀에서 2,463,000번째 블록을 채굴했다는 것. 하드포크는 성공적으로 끝나고 기존의 공격 루트는 모두 차단되었으나 하드포크를 발표하면서 발견된 EXP 공격 문제는 해결되지 않았고 2단계 작업에서 해결한다고 한다.

2016년 11월 23일 0시 30분쯤 DoS공격 대응 2차 하드포크가 2,675,000번째 블록에서 실행되었다. 총 하드포크 횟수로는 4번째 하드포크이며 코드명은 Spurious Dragon(가짜용)이다.

참고로 이때까지의 하드포크는
1. Homestead
2. DAO 해킹 대응 하드포크
3. DoS공격 대응 gas 가격 조정 포크
4. Spurious Dragon 빈 어카운트 청소
이렇게 진행되었다.

하드포크가 잘 진행되나 싶었으나 Geth에서 생긴 여러 가지 버그로 네트워크에 문제가 발생했다.

거래소들은 입출금을 잠시 중단시키고 이더리움 개발진들이 발빠르게 fix버전을 내놓았지만 투자자의 불안감에 이더리움의 가격이 요동쳤다. 빈 어카운트 제거작업은 100% 완료됐지만 연속된 하드포크로 인해 투자자들이 많이 빠져나간 모습이다.

출처 : 나무위키-이더리움

③ 이더리움에서 NFT를 위한 핵심 기술인 Smart Contract란?

디지털로 된 자료들은 그 특성상 쉽게 복사되고 조작이 쉬웠다. 그래서 디지털 자료에 대한 복사와 조작을 통제할 수 있는 방법이 필요했다. 닉 스자보Nick Szabo는 1996년에 스마트 컨트랙트Smart contract를 제시했지만 구현 방법이 부족하여 더 이상 개발되지 않았다.

따라서 스마트 컨트랙트는 개념만으로 존재하고 구체적인 서비스에 이용되거나 활용될 수 없었다. 그런데 디지털 데이터를 "신뢰"할 수 있게 만들어주는 기술인 블록체인이 등장했다. 2009.01.03. 출시된 비트코인이 그 주인공이었다. 이 비트코인은 멀티 노드Multi-Node에서 동일한 데이터를 함께 공유하며 동시에 검증하는 방식을 통해 디지털 상에서 신뢰 관계를 형성할 수 있게 되었다. 이러한 디지털 상의 신뢰 관계를 바탕으로 Smart Contract를 구현할 수 있는 환경이 조성되게 된 것이다. Smart Contract 라는 개념이 제안된 지 20여 년 만의 일이었다.

비트코인은 세계 최초로 블록체인 기반 Smart Contract를 구현했다. 비트코인 트랜잭션에 OPCODE(원시언어)로 스크립트를 작성후 전달하면 조건에 따라 거래가 자동적으로 수행되는 것이었다. 비트코인 보유 잔액이 정확한지, 거래 요청을 보낸 상대방의 서명에 대한 정확성 여부를 확인하는 방식으로 가장 기본적인 스크립트가 작동되는 구조였다.

㉠ 비트코인의 한계

비트코인 스크립트는 반복문을 사용할 수 없으며 비트코인 잔액 외의 정보를 다룰 수 없다. 그 이유는 반복문의 오류로 인해 무한 루프가 발생하면 네트워크의 모든 트래픽이 무한 루프에 집중되어 네트워크 전체가 멈출 수 있기 때문이다. 이를 악용하여 DoS공격이 일어날 수 있기 때문에 비트코인에서 반복문의 사용을 원천 차단한 것이다. 이는 비트코인의 구조에서 비롯된 한계이다.

ⓒ 스마트계약의 정의

스마트계약은 "계약 사항을 컴퓨터가 인식할 수 있는 코드(프로그램)로 작성하고 작성한 코드의 조건이 만족되면 해당 계약사항이 블록체인 내에서 자동적으로 이행되도록 하는 개념"을 의미한다. 이 계약에 명세되는 내용은 각 약속의 당사자들이 약속을 수행하기 위한 상세한 방법과 절차를 포함한다.

ⓒ 스마트계약의 특징

✓ 스마트 계약은 중재자 없이 디지털로 개인과 개인 간 계약을 체결할 수 있도록 하는 기술이다.
✓ 컴퓨터 코드로 짜여진 조건에 따른 계약 결과가 명확하여 계약 불이행 위험이 없다.
✓ 제 3자 개입이 없어도 짜여진 코드로 계약 실행이 가능하다.

| 그림 3-18 | Physical Contracts vs Smart Contracts

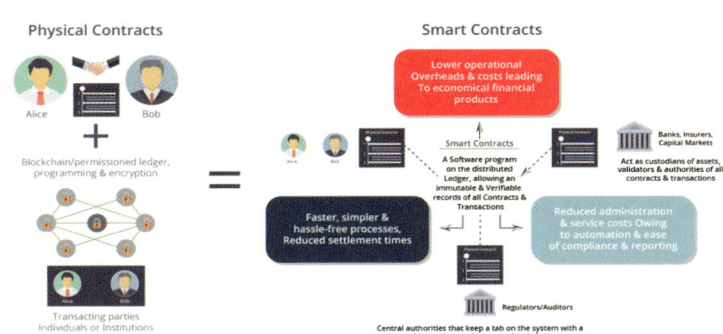

출처 : https://www.edureka.co/

| 표 3-4 | 기존 계약과 스마트 계약의 차이점 비교

기존 계약	스마트 계약
• 계약이 서면으로 되어있다.	• 계약 조건과 내용 등의 수행 절차가 코드화 되어 있다.
• 계약 조건 이행 : 사람에 의해 실행	• 코드의 실행에 따라 계약이 자동으로 수행된다.
• 계약조건 실행 여부 확인이 필요함.	• 예시 : A가 B에게 사과 한 박스를 전달한 것이 확인되면, B의 계좌에서 A계좌로 5만원이 이체

㉣ 스마트계약의 장점

디지털로 작성된 계약서는 계약 결과가 명확하게 실행될 수 있도록 조건을 명시하고 즉시 이행이 가능한 형태로 계약 내용을 기술한다. 전자적으로 처리가 가능한 각자의 자산(인터넷 뱅킹이 가능한 계좌 등)을 이용하여 양자 합의를 통해 계약서를 작성하면 계약을 이행하는데 필요한 복잡한 프로세스의 간소화가 가능하다.

㉤ 이더리움 스마트계약

비트코인의 한계를 극복하고 넓은 범위의 스마트계약 구현을 위해 설계된 플랫폼이 이더리움이다. 2015년 비탈릭 부테린이 비트코인을 토대로 개발한 플랫폼이다. 이더리움은 반복문 사용이 가능한 스크립트를 지원하며 화폐 등의 단순한 데이터 전송 뿐만 아니라 데이터의 연산, 저장 등의 처리가 가능하게 설계되어 있다. 이를 통해서 스마트계약 개념 구현이 이더리움 안에서 가능해졌다.

㉺ 이더리움 스마트계약 수수료

이더리움은 스크립트 코드의 각 라인이 실행될 때마다 수수료가 발생한다. 그래서 코드를 실행하고자 하는 사용자는 수수료의 한계를 설정하고 실행한다. 그 이유는 무한 루프가 발생하더라도 코드 실행 중 수수료 한계점에 도달하면 실행이 중단되게 하기 위함이다.

소모된 수수료는 해당 스크립트의 실행에 도움을 준 사용자(채굴자)에게 배당된다.

이는 악의를 가진 공격자가 DoS 공격을 성공시키려면 무한히 많은 수수료를 지불해야 하기 때문에 이 수수료 정책으로 인해 DoS공격을 원천 차단할 수 있게 되는 것이다.

- ✔ 이더리움 플랫폼의 수수료 : Gas
- ✔ 수수료 = Gas Limit + Gas Price

④ NFT를 발행할 때 스마트 컨트랙트가 필요한 이유

NFT를 거래할 때 저작권과 소유권이 분리되어 거래 된다. 그 이유로 NFT 작품을 거래할 때 아래와 같은 절차로 진행되어지기 때문이다.

첫째, 최초 저작권을 가진 창작자가 본인의 디지털 자산(미술품, 음원, 동영상 등)을 NFT로 발행한다. 그리고 로열티를 10%로 설정한다.

둘째, 1차 구매자가 창작자의 디지털 자산을 구매한다. 구매 대금이 창작자에게 암호화폐지갑을 통해서 전달된다.

셋째, 1차 거래가 성사 후 1차 구매자가 2차 구매자에게 이 디지털 자산을 재판매한다.

거래가 이루어짐과 동시에 거래 금액의 10%의 로열티가 최초 저작권자에게 자동으로 전달되어진다. (스마트계약에 의해서 블록체인 내에서 자동으로 처리 되어진다.)

넷째, 2차 구매자가 또 다른 3차 구매자에게 이 디지털 자산을 판매할 경우 세 번째 과정과 같이 판매 금액의 10%가 자동으로 다시 원 저작권자에게 송금이 되어진다.

NFT 작품 거래 시 창작자는 본인의 작품이 거래될 때마다 거래 대금의 10%를 로열티로 받게 됨으로써 창작자의 부가 수익 창출의 효과를 볼 수 있게 된다. 이러한 점은 기존 현실 세계에서 거의 불가능에 가까운 처리 방식이다. 이러한 로열티 지급이 가능한 것은 디지털 자산에 대한 소유권 증명이 가능하기 때문이고, 이 디지털 자산에 대한 거래가 블록체인 안에서 투명하게 진행되고 또한 코드화된 스마트계약으로 블록체인 내에서 자동으로 처리되도록 설계되어졌기 때문이다.

| 그림 3-19 | NFT발행(민팅)과 스마트계약

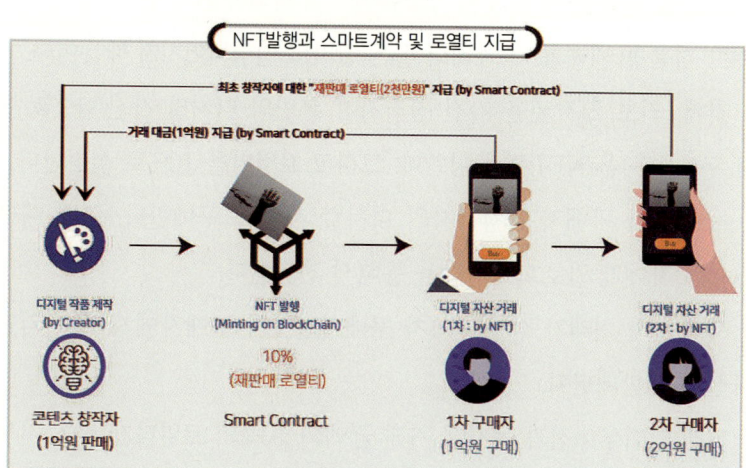

⑤ 블록체인에서의 각종 합의 알고리즘 이해

블록체인에서 다양한 종류의 합의 알고리즘이 존재하지만 NFT 민팅시 이용되는 대표적인 합의 알고리즘인 PoW와 PoS에 대한 내용만 살펴보기로 하겠다.

㉠ 작업 증명 (PoW : Proof of Work)

PoW는 비트코인에서 처음 사용된 합의 알고리즘이다. 작업 증명이라고 불리기도 하며 풀기 쉽지 않은 계산 문제를 가장 빨리 처리한 사람에게 블록 생성 권한과 아울러 코인을 보상으로 제공한다. 비트코인에서는 입력값 Nonce를 찾는 문제를 이용하는데 약 10분 내외에 풀수 있도록 난이도를 조절하여 활용한다. 비트코인은 Nonce값을 만드는데 SHA-256이라는 알고리즘을 사용한다.

• PoW 코인 종류

| 그림 3-20 | PoW 코인 종류

• 작업 증명의 특징

✓ 위변조가 어렵다 : 거래 내용 변경을 위해서는 다량의 자원이

필요하기 때문이다. 그 결과로 보안성이 좋다.
✓ 이중 지불 문제 해결
✓ 고사양 장비 필요 : 채굴 난이도가 점점 높아지기 때문이다.
✓ 반복적인 연산과 불필요한 연산을 계속 많이 하게 됨으로 인해 전기 같은 리소스 낭비가 심하다.
✓ 모든 블록에 정보 저장 : 노드에서 트랜잭션들을 검토하기 위해서.

- 작업 증명의 장단점 비교

| 표 3-5 | PoW 장단점 비교

PoW (Proof of Work)	
장점	• 현재 주류 코인들이 사용하는 합의 알고리즘이다 • 높은 시장 가치를 형성하고 있다
단점	• 높은 전력 소모 (환경 문제 야기) • 지속적으로 해쉬의 유지가 필요하다 • 최신형 고사양의 ASIC 및 GPU 구매 비용이 필요하다. • 높은 트랜잭션당 비용 (ex, Gas fee)

ⓒ 지분증명(PoS : Proof of Stake)

해시넷Hash.kr에서는 PoS에 대해서 아래와 같이 설명하고 있다.

- 지분 증명이란?

지분증명은 암호화폐를 보유한 지분량에 따라 의사결정력을 배분하는 합의 알고리즘이다.

지분증명이란 합의 알고리즘은 암호화폐를 보유한 지분율에 따라 의사결정 권한이 주어지는 것을 말한다. 그렇기 때문에 별도의 채굴과정을 필요로 하지 않는다. 작업증명과는 다르게 지분증명은 블록에 기록할 권한이 지분 비율에 따라 결정되는 것이다. 지분을 많이 보유했다라는 것은 그만큼 이 네트워크가 정상적으로 운영되기를 바라는 정도가 상대적으로 높기 때문에 권한을 더 많이 부여하는 것이다. 그래서 보유한 지분(해당 암호화폐)에 따라서 채굴에 대한 성공율이 결정되어진다.

지분증명은 환경 문제 해결 시 작업증명보다 이점이 있다. 작업증명은 막대한 에너지와 자원을 소모하여 채굴을 진행하지만 지분증명은 단지 보유 지분율에 따라 채굴에 대한 성공 여부가 결정되기 때문이다.

- **PoS 코인 종류**

| 그림 3-21 | PoS 코인 종류

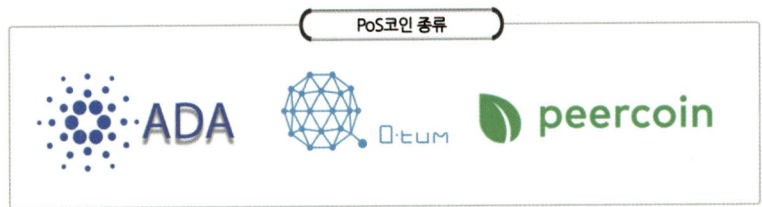

- **지분 증명의 특징**
  - ✓ 암호화폐 지갑은 온라인 상태에서 지갑에 코인을 보유하기만 하면 된다.
  - ✓ 작업증명 방식과 같이 채굴 성공을 위해 고사양과 고비용의 하드웨어가 필요하지 않고 많은 전기를 필요로 하지도 않는다.
  - ✓ 지분증명은 보유한 암호화폐의 수량에 따라 지분율이 결정되기 때문에 다른 암호화폐로 이탈할 가능성이 상대적으로 적다.

✓ 그 이유는 채굴 성공률을 높이기 위해서는 높은 지분율로 더 오랜 기간동안 암호화폐를 보유해야 하기 때문이다.
✓ 또한 지분증명은 난이도에 따라 10분 내외로 Nonce 값을 찾지 않아도 되기 때문에 작업증명 대비 검증시간이 빠르다.

| 표 3-6 | 지분 증명 장단점 비교

지분 증명 (Proof of Stake)	
코인의 분배	• 보유한 코인의 지분Stake에 따라 분배한다.
장점	• 환경친화적 시스템 : 작업증명PoW 방식과 같이 많은 전기 에너지 소모를 필요로 하지 않는다. • 인센티브에 대한 동조와 지지 : 암호화폐 소유자들과 마이너들의 이해관계가 서로 일치하지 않을 수도 있다 • 주문형 반도체와 중앙 집중화된 마이닝 : 중앙 집중식 특징을 제거한 작업증명 방식의 마이닝은 갈수록 탈중앙화될 가능성이 높아지고 있다.

단점	• 불완전한 해결책 : 지분증명PoS 합의 알고리즘에서 제시한 해결책은 체인 선택에 대한 것뿐이었다. 아직 다른 문제점들에 대해서는 해답을 내놓지 못하고 있다.
	• 경제 모델의 불공평함 :
	  - 이 시스템은 신규 자금을 암호화폐 보유량에 비례해서 배당한다.
	  - 이 말은 일부 소수에게 자금이 집중될 수 있다라는 것이다.
	  - 이러한 이유로 이 시스템은 보상 체계가 필요 없고 전혀 인센티브를 제공하지 못한다라고 보여질 수 있다.
	• 자금 손실의 위험성 :
	  - 지분을 받기 위해서는 지분증명방식은 온라인 시스템을 통해 검증된 메시지를 필요로 한다.
	  - 지분 보유자들은 핫 월렛을 가지고 있어야 한다.
	  - 하지만 이 월렛은 해커로 부터 자금 도난 위험성이 높다.
	  - 이러한 단점을 보완하기 위해 프라이빗 키를 부여했지만 완전한 해결책은 아니다.
	• 확장성 : PoS는 트랜잭션 처리시 병목현상이 발생하며 이에 대처할 만큼의 확장성은 보유하지 못했다.

⑥ 이더리움에서의 NFT 발행 표준 : ERC

ERC는 Ethereum Request for Comments의 약자이다. EIPsEthereum Improvements Proposals에서 이더리움 네트워크의 개선안을 제안하고 관리하는 공식 프로토콜이다. ERC 토큰들은 이더리움의 이더Ether와 상호 교환 가능하며 이더리움 암호화폐 지갑으로 전송할 수 있다.

| 그림 3-22 | ERC 토큰 발생 표준 종류

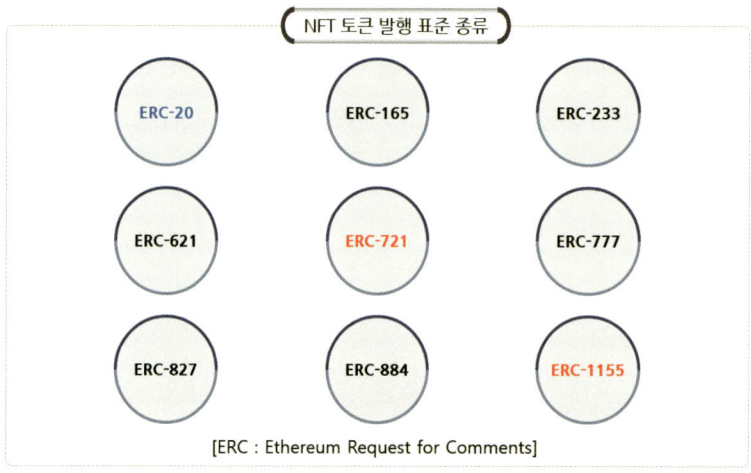

현재 정의된 다양한 형태의 토큰 발행 표준들이 존재한다. 이들 중 암호화폐를 위한 토큰 발행 표준인 ERC-20과 NFT를 위한 ERC-721, 이 둘의 장점을 결합한 ERC-1155 토큰 발행 표준에 대해서 알아보고자 한다.

아래 각 토큰에 대한 설명은 해시넷hash.kr의 내용을 참고하여 기술하였다.

㉠ ERC-20

　ERC-20은 암호화폐를 위한 토큰 표준이다. 보통 이 표준으로 만들어진 토큰을 FT(대체 가능한 토큰)이라고 표현한다. 이 토큰은 현재까지도 계속적으로 만들어지고 있고, 수천만 개 또는 수억 개가 만들어지고 있으며 아무리 많은 토큰이 만들어진다 해도 이 토큰들의 가치는 늘 동일하다. 어떤 토큰 하나의 가치가 100만원이면 다른 나머지 토큰들의 가치도 동일하게 100만원인 것이다. 그래서 대체 가능한 토큰이라고 표현한다.

　이더리움에서 사용되는 화폐는 이더ETH이며 이더리움 기반의 다른 블록체인에서 활용되는 가상화폐인 THETA, CHZ, AXS, ENJ, MANA, FLOW, MOC 등도 다 이 표준 규격인 ERC-20 으로 만들어진 토큰이다.

㉡ ERC-721

　ERC-721는 대체 불가능한 토큰이라고 말한다. ERC-20의 경우에는 수천만 개에서 수억 개의 토큰이 생성되지만 이 토큰은 디지털 자산을 위해서 단 1개만 생성이 되어지는 특징을 가지고 있다. 그래서 대체 불가능한 토큰이라고 말한다. ERC-721 표준으로 만들어진 토큰은 단 1개만 만들어지는 것과 아울러 유일한 가치를 지니게 된다. 이 토큰에 담기는 디지털 자산이 유사하더라도 그 가치는 천차만별일 수 있다. 실례로 어떤 디지털 자산을 NFT로 발행할 때 발행 개수를 지정할 수 있다.

　보통 100개 정도를 한정 발행한다. 그리고 이 각각의 NFT 토큰은 자기 고유의 숫자를 가진다. #1/Edition of 100 ~ #100/Edition of 100과 같은 형식이다. 이 100개의 토큰 중 100개의 가격은 같지 않고 번호에 따라서 가격이 어마어마하게 차이가 나기도 한다. NFT에 담긴 자산의 내용은 같은데 왜 이렇게 가격은 다른 것일까? 물론 사는 사람의 심리 상태에 따른 결과이겠지만 일반적으로 다른 사람들도 비슷하게 특정 에디션에 높은 가치 평가를 하기 때문에 이런 결과가 나타나는 것이다. 그래서 NFT토큰은 대체 불가하다라고 표현한다.

ERC-721 표준으로 활용되는 대표적인 사례가 크립토키티 CryptoKitties이다. 이 고양이 육성게임에서는 각 고양이들이 NFT에 저장되어 각자 고유의 가치를 가지고 있고, 이러한 고양이간 교배를 통해서 새로운 새끼 고양이를 태어나게 할 수 있다. 이 새끼 고양이는 양쪽 부모 고양이의 속성을 랜덤으로 받아 이 세상에 없는 새로운 고양이로 재탄생하게 된다. 이것을 가능하게 하는 것이 NFT인 것이다.

| 그림 3-23 | 대체가능 토큰과 대체불가능 토큰

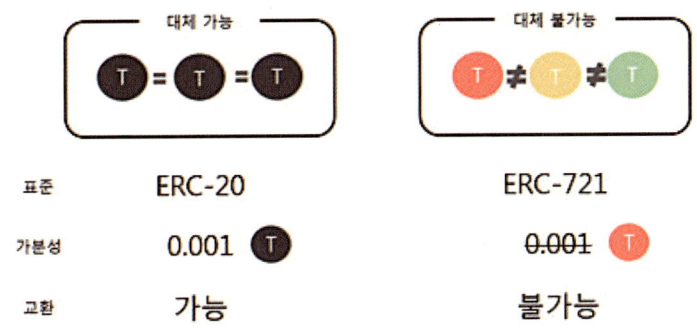

출처 : 해시넷 http://wiki.hash.kr/index.php/대체불가토큰

ⓒ ERC-1155

ERC-1155의 경우는 ERC-20의 좋은 점과 ERC-721의 장점을 혼합해서 만들어진 토큰 표준이다. 그래서 ERC-1155 표준을 이용할 경우 ERC-20과 ETC-721의 거래를 이 표준안에서 다 처리 가능하게 되는 것이다.

• [ERC-1155가 만들어지게 된 이유]

이더리움의 높은 가스 비용 Gas Fee에 대한 부담감과 병목현상을 줄이기 위함이었다. 그리고 ERC-20과 ERC-721 토큰에는 다량의 중복된 데이터가 쌓이고 위변조가 불가능하다라는 블록체인의 속성으로 인해 불필요한 코드가 남는다. 그래서 대규모의 저장 공간과 처리 용량이 필요해지게 되고 다량의 전력을 소모하게 되는 문제점을 가지게 된 것이다. 이러한 문제점을 보완하기 위해서 엔진코인의 CTO인 비텍 라돔스키에 의해서 개발된 토큰 표준이 ERC-1155인 것이다.

• [ERC-1155 토큰 표준의 특징]

하나의 트랜잭션으로 다수의 수신자에게 원하는 만큼의 아이템을 전송할 수 있다라는 것이다. 이것은 마치 신규 스마트폰을 샀을 때 기존에 사용하던 전화번호 정보를 스마트폰에 건건이 등록하여 저장하던 방식을 기존의 스마트폰에서 파일로 받아내서 신규 스마트폰에 한 번에 올려 저장하는 방식으로 설명될 수 있다. 만약 1,000건의 전화번호를 일일이 저장한다면 총 1,000번의 트랜잭션이 발생하게 된다. 하지만 파일로 다운받아서 저장하는 방식은 단한번의 트랜잭션으로 처리가 완료된다. 이더리움 블록체인에서는 트랜잭션이 발생할 때 마다 가스비가 발생하기 때문에 트랜잭션 양이 많을수록 수수료 부담률이 높아질 수밖에 없다. 그런데 ERC-1155 토큰 표준으로 인해서 한 번에 수십 개에서 수백 개의 트랜잭션을 동시에 처리할 수 있기 때문에 그만큼 가스비를 절감할 수 있게 된 것이다. 그리고 더불어 전력 소모량도 혁신적으로 감소시킬 수 있게 되었다.

또 다른 특징으로 번들 토큰의 아토믹 스왑Atomic swap 기능을 들 수 있다. 아토믹 스왑이란 중앙화된 암호화폐 거래소를 거치지 않고 서로 다른 코인을 직접 교환하는 것을 말한다. 게임에서는 다른 유저와 게임 아이템을 교환하는 경우가 발생하는데 이 과정에서 최소 4번의 단계를 거치게 된다. 개별 아이템 각각에 대해서 개별 처리 및 개별 승인이 필요하기 때문이다. 그래서 ERC-1155토큰은 아이템을 교환하는 과정에서 여러 개의 아이템을 하나의 그룹으로 묶어 처리를 하기 때문에 교환할 아이템의 개수가 많아도 단 두 단계만으로도 거래를 처리할 수 있게 된다. 그리고 ERC-1155는 전문적인 블록체인 개발자가 아니어도 토큰 제작이 가능하다.

| 표 3-7 | ERC 토큰 표준 상세 설명

ERC-20	• 암호화폐를 위한 토큰 표준 • 대체 가능한 토큰 • 수천만~수억 개가 만들어진다. • ERC-20 표준으로 만들어진 토큰들은 각각의 가치가 동일하다. • 사용 예 : 이더(ETH), 마나(MANA), 엔진(ENJ) 등
ERC-721	• NFT를 위한 토큰 표준 • 대체 불가능한 토큰 • 단 1개만 만들어진다. • ERC-721 표준으로 만들어진 토큰들은 각 토큰들의 가치가 다르다. • 스마트 계약에서 NFT 표준 API 구현 가능하다 • 대표적인 사용 예 : 크립토키티(CryptoKitties)
ERC-1155	• 암호화폐를 위한 토큰 표준 • ERC-20과 ERC-721의 장점을 혼합하여 만들어졌다. • ERC-20과 ERC-721의 거래를 가능하게 한다. • 엔진코인의 CTO인 비텍 라돔스키에 의해 개발되었다. • 하나의 트랜잭션으로 한 명의 수신자에게 멀티전송이 가능하다. • 이더리움 트랜잭션 시 발생하는 수수료인 가스비(Gas Fee)와 병목 현상을 크게 줄일 수 있다.

출처 : 해시넷

⑦ NFT구조

NFT는 이더리움(ERC-721 토큰 표준) 기반의 블록체인 기술을 활용한 스마트 컨트랙트를 이용한다. 그래서 NFT에 담긴 디지털 자산은 대체 불가하고 수차례의 거래에도 불구하고 고유 식별 정보는 바뀌지 않는다. NFT는 식별이 가능한 콘텐츠에 고유의 ID와 Metadata 정보를 할당한다.

NFT는 크게 3가지로 구성되어진다.

첫째, 스마트 컨트랙트Smart Contract이다. 간단하게 요약하면 블록체인에서 실행되는 프로그램 코드를 스마트 컨트랙트라고 한다. 부가 설명하면 스마트 컨트랙트는 이더리움 블록체인 시스템에서 계약에 대한 거래의 조건을 명시하고, 거래 조건이 만족되면 자동적으로 계약이 체결되며 계약 조건에 따라 거래가 실행된다. 또한 실행 결과는 이더리움 블록체인에 저장되며 이를 스마트 컨트랙트라고 말한다.

스마트 컨트랙트는 솔리디티Solidity라는 프로그램을 사용하여 코드를 구현한다. 이 프로그램 개발 환경을 통해서 개발된 프로그램을 디앱DApp이라 부른다.

컴파일된 코드는 이더리움 시스템에 저장되며 사용자 호출시 자동 실행된다.

토큰을 제어할 수 있는 각종 명령어들은 이 스마트 컨트랙트를 통해서 실행된다. 예를 들면 토큰 민팅, 토큰 전송, 토큰 소각, 토큰 거래 등과 같은 명령어들이 여기에서 실행 되어지고 관리 되어진다.

| 그림 3-24 | NFT구조

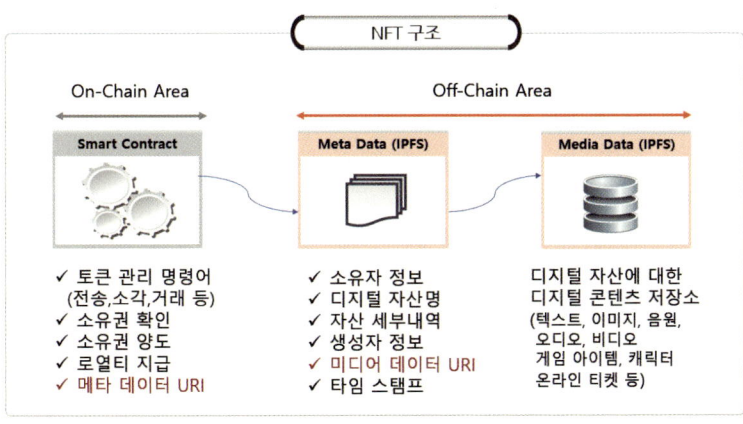

둘째, 메타데이터이다. 메타데이터는 NFT에 민팅되는 디지털 자산에 대한 자산명, 자산에 대한 세부 내역들, 자산 거래시 계약 조건과 실제 디지털 자산이 저장되는 저장소 링크 정보 및 민팅한 날짜 정보인 타임스탬프 정보 등을 저장한다. 이 메타데이터 정보는 블록체인 외부의 IPFSInterPlanetary File System라고 불리는 외부 영역에 보관된다.

셋째, 디지털 자산이 실제 저장될 미디어다. 이 또한 메타데이터와 마찬가지로 블록체인 외부의 IPFS라고 불리우는 외부 영역에 보관된다. 디지털 자산이 블록체인 외부에 따로 저장되는 이유는 디지털 자산의 사이즈가 보통 10MB ~ 100MB까지 상당히 큰 사이즈이기 때문에 이런 대용량 사이즈가 블록체인 시스템에 저장될 경우 블록체인 자체가 너무 비대해지고 이로 인한 각종 성능 이슈가 발생할 수 있기 때문이다. 중요한 디지털 자산 정보가 블록체인 외부에 저장되고 관리된다는 사실이 아이러니하지만 어쨌든 현재로서는 이것이 최선의 방법인 것이다. 혹시 외부 저장소의 디지털 자산이 소실될 것을 대비해서 데이터가 분산 저장될 수 있게끔 기술적으로 처리되어 있다. 어느 한 쪽에서 소실되어도 다른 쪽에서 복구가 가능하게끔 설계되어 있다.

요즘 특정 게임 플랫폼에서 이용 되어지는 NFT가 다른 게임 플랫폼에서 이용이 가능하도록 합종연횡하는 모습들을 발견한다. 이러한 활동이 가능한 이유는 ERC-721라는 토큰 표준에 따라 각종 디지털 자산이 만들어지기 때문이다. 그래서 이 토큰 표준에 따라 NFT를 만들게 되면 이 토큰을 다른 플랫폼에서도 인식이 가능하게 되는 것이다.

| 그림 3-25 | 호환 가능한 토큰들

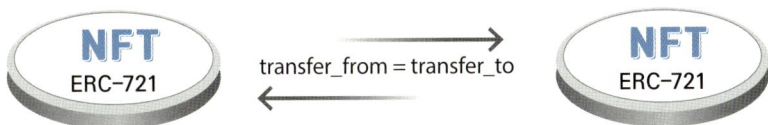

 그렇다면 만약 어느 한 쪽 플랫폼에서는 ERC-721 규약에 따라 토큰이 발행 되어졌고 다른 편에서는 ERC-721이 아닌 다른 플랫폼의 비표준 규약으로 만들어진 토큰이 있다면 서로 호환이 되어질 수 없을 것이다. 왜냐하면 표준 규약에 따르지 않은 결과로 상대편 플랫폼에서는 이 토큰을 해석할 수 없게 되기 때문이다.

| 그림 3-26 | 호환 불가능한 토큰들

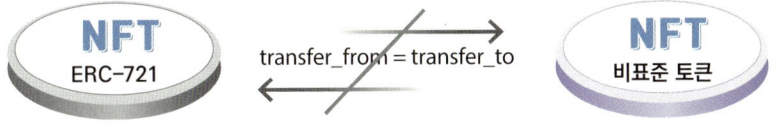

 그래서 이더리움 계열의 파생 블록체인들은 ERC-721 표준 규약에 따라 NFT를 제작하고 있고, 이 규약에 따른 NFT는 굳이 이더리움 블록체인이 아니더라도 서로의 NFT를 교환해서 이용이나 거래를 할 수 있다.

(3) 이더리움의 경쟁 플랫폼

 탈중앙화 플랫폼의 운영체제 역할을 하는 블록체인은 스마트폰 시대와는 또 다른 면모를 보여줄 것이다. 탈중앙화 플랫폼은 블록체인에서 프로그램이 실행되는 방식이기 때문에 모든 기계가 사용하는 OS가 그렇듯이 무한대로 성장하는 것은 불가능하다.

iOS와 안드로이드로 양분된 스마트폰 OS 산업과 달리 탈중앙화 플랫폼도 확산될 것이다. 탈중앙화 플랫폼이 발전함에 따라 중앙화 플랫폼이 제공하지 않는 서비스를 제공할 수 있게된다.

스마트폰 기반 모바일 인터넷의 등장, 온라인 커머스의 성장, O2O 서비스의 도래와 같은 맥락으로 볼 수 있다. 단일 블록체인 네트워크가 지금보다 더 많은 서비스를 제공하는 것은 거의 불가능하기 때문에 각 분야에 특화된 이더리움과 같은 블록체인의 부상은 불가피해 보인다.

솔라나와 카르다노는 현재 연구할 가치가 있는 두 개의 이더리움 유사 블록체인이다. 그리고 또 하나의 관심을 끄는 것은 클레이튼이며 국산 블록체인이다. 가상화폐 시장에서 시가총액 상위권을 기록하고 있는 솔라나와 카르다노는 이미 상당한 시장 관심을 끌고 있다.

① 솔라나

솔라나는 이더리움의 가장 큰 두 가지 약점인 처리 속도와 비용 측면에서 이더리움을 능가한다. 빠른 처리속도와 매우 저렴한 거래수수료를 강점으로 NFT와 DeFi 영역에서 이더리움을 대체하는 지배적 플랫폼으로 자리매김 할 수 있는 저력이 있다. 현재 가장 인기 있는 결제 서비스 업체인 Visa가 초당 2만4000건의 거래를 처리한다는 점에 비춰볼 때 초당 6만 5천 건의 거래를 처리하려는 솔라나는

Visa의 전체 시장 점유율은 물론 다른 시장까지 잠식할 잠재력을 갖게 된다. 수수료 부담도 매우 적다. 건당 0.00025달러 수준으로 매우 저렴하다. 그러나, 네트워크의 안정성과 신뢰성에 대한 추가 검증이 요구되는 한계성을 가지고 있다. 솔라나는 역사증명PoH, Proof of History을 사용하고 있는데 이는 지분증명을 변형한 것이다. 역사증명으로 인해 데이터 검증자가 모든 데이터를 물리적으로 검사하지 않고도 트랜잭션이 발생한 시간과 순서를 결정할 수 있는 메커니즘을 구현하여 처리 속도를 상당히 높일 수 있다. 다만 얼마 전 메인넷이 다운되었던 사고가 있었기 때문에 안정성에 대한 이슈가 여전히 남아 있어 보완 작업의 필요성이 계속 제기되고 있다.

② 카르다노

우로보로스Ouroboros는 카르다노의 수정된 지분 증명 프로토콜의 이름이다. 우로보로스는 보유 코인수에 따라 블록 생성과 검증력을 배분하는 방식이다. 이는 보유한 코인의 양이 많을수록 일탈 행위가 화폐의 가치를 떨어뜨릴 가능성이 낮다는 전제하에 성립한다. 또 다른 측면은 카르다노 플랫폼 구성원의 참여 투표를 통해 네트워크를 지속적으로 개발할 수 있는 능력이다. 카르다노는 ADA라는 이름의 자체 코인거래만 지원했지만, 스마트 계약 기능이 추가되면서 디앱의 OS 역할을 할 수 있도록 강화됐다. 그럼에도 불구하고 늦게 시작했기 때문에 현재 카르다노 메인넷에 디앱을 만들 수 있는 파트너가 충분하지 않다. 현재는 작업 증명만이 이론적이고 체계적으로 신뢰성을 확립할 수 있다. 그럼에도 불구하고 작업 증명은 확장성면에서는 매우 저조하다. 이에 작업 증명 접근법의 일부를 채택해 신뢰도를 높인 지분 증명 블록체인이 지속적으로 발행되고 있다. 블록체인이 원칙적으로 적절하게 시험되고 개발되었더라도, 현재의 작업 증명 메커니즘은 실제로 예상치 못한 상황에 직면할 것이다. 이 절차가 복잡하지 않게 완료되었는지 확인하는 것이 중요하다. 결과적으로 시간이 흐르면서 검증된 블록체인들이 탈중앙화 플랫폼 산업을 장악하고 함께 번성할 것이다.

③ 클레이튼

클레이튼 메인넷은 지분 증빙을 채택하고 있으며, 평의회에 의해 관리되고 있다. 클레이튼은 카카오의 블록체인 기술에 초점을 맞춘 부문인 그라운드X가 만들었다. 클레이튼은 퍼블릭 블록체인의 이점(탈중앙화 및 분산 거버넌스)과 프라이빗 블록체인의 이점(빠른 속도, 확장성)을 결합한 하이브리드 블록체인 플랫폼이다. 클레이튼이 탈중앙화의 일부를 포기하면서도 탈중앙화 이전에 대중화를 위한 필수적인 제도적 기반을 갖추고 있다는 점이 특징이다. 최대한 많은 사용자를 모집하고 서비스 기반을 갖추어가면서 점차적으로 완전한 모습의 탈중앙화을 달성한다는 목표이다. 그러나 안정성과 관련하여 더 많은 검증이 필요한 것으로 생각된다. 클레이튼 메인넷에서의 블록 생성은 합의 노드들 간의 합의 부족으로 2021년 11월 13일에 중단되었다. 그 결과 클레이튼 네트워크는 40시간 동안 접속되지 않았다. 참여자가 많은 퍼블릭 블록체인에 네트워크 문제가 발생하면 많은 개인이 신속하게 합의에 이를 수 있다. 하지만 선발된 참여자가 30명에 불과한 클레이튼은 제한된 성격 때문에 네트워크 문제 복구가 지지부진한 상황이 나타났다.

4 | 탈중앙화 플랫폼의 가치 전망

DApp의 OS로서 블록체인의 가치는 얼마나 될까? 이더리움, 솔라나, 그리고 현재 플랫폼의 운영체제에서 이러한 애플리케이션을 실행할 수 있는 것처럼 카르다노와 같은 블록체인에서도 디앱을 실행할 수 있다.

이 중 이더리움의 경우, ERC-20이라는 규약을 제공한다. ERC-20을 통해 이더리움 블록체인을 기반으로 한 토큰을 만들 수 있고, 스마트 컨트랙트를 활용해 토큰 사용을 지원하는 DApp을 구축할 수 있다. DApp의 특성에 따라 탈중앙화 플랫폼 역할을 하거나 플랫폼에 대한 지원 기능을 수행할 수 있다. ERC-20 기반 토큰과 탈중앙화 애플리케이션DApp은 이더리움의 직간접적 영향을 받아 이더리움에 수수료를 지불한다.

NFT의 경우도 ERC-721, ERC-1155라는 다른 프로토콜을 사용하지만, 기본적으로 운영되는 방식은 ERC-20 기반의 일반 토큰과 같다. 이에 따라 DApp의 OS 역할을 하는 블록체인의 가치는 향후 DApp 시장 규모를 기준으로 산정될 수 있다. 이는 기존의 스마트폰 운영체제 생태계를 벤치마킹 하면 가능하리라 생각된다.

스마트폰 생태계의 한 축을 지배하고 있는 애플의 시가총액은

2.66조 달러다. 이중 iOS의 가치는 앱스토어의 매출 비중을 통해 보수적으로 산정해 볼 수 있다. Business of Apps에 따르면, 2020년 iOS 앱 매출은 723억 달러며, 이는 애플 매출의 26% 수준이다. 이를 기반으로 iOS의 가치는 7천억 달러 수준이다. 안드로이드 가치를 추정해 보면, 구글의 시가총액은 1.9조 달러이다. 구글은 안드로이드 관련 매출을 세부적으로 공개하고 있지 않다. 하지만 Business of Apps에 따르면, 2020년 구글 플레이스토어 매출은 386억 달러로 확인할 수 있다. 이는 2020년 구글 전체 매출의 21% 수준이며, 보수적으로 안드로이드 OS의 가치는 4천억 달러라고 판단한다. 광고 사업 등을 합산할 때 iOS와 안드로이드 OS의 합산 가치는 1.53조 달러 수준으로 추정된다고 한다.

    이러한 배경 하에서 탈중앙화 플랫폼의 가치를 고려하면, 현재 탈중앙화 플랫폼의 두드러진 대안으로 생각되고 있는 이더리움, 솔라노, 카르다노의 시가총액은 7,000억 달러에도 미치지 못한다. 스마트폰 운영체제 예측과 비교했을 때 추가 상승을 예상하는 것이 타당하다. 분명 블록체인이 앱스토어나 플레이스토어처럼 과점화되지는 않을 것이다. 블록체인이 거래처리를 담당한다는 점에서 범용 블록체인, NFT 특화 블록체인, 게임 특화 블록체인으로 나뉠 가능성이 매우 높다. 이에 따라 앞서 언급한 세 가지 외에도 이를 기반으로 한 제4·제5 블록체인 기반의 토큰이 등장해 iOS·안드로이드 각각의 앱스토어와 동일한 기능을 수행할 수 있을 것이다. 이렇게 볼 때 각각을 합한 전체의 가치를 1.53조 달러와 비교해야 한다.

    향후 어떤 블록체인이 출현해 얼마나 지배적인 플랫폼이 될 수 있는지 지속적으로 살펴봐야 할 것이다. 또한 탈중앙화 플랫폼이 스마트폰 기반의 중앙화 플랫폼보다 더 많은 영역을 커버하기 시작하면, 오늘날 앱스토어와 플레이스토어의 합산가치인 1.53조 달러 이상으로도 충분히 상승할 수 있다는 것을 염두에 둘 필요가 있다. 예를 들어 블록체인 기반 DeFi는 금융의 소매화를 가속화하고 전통적인 금융 산업의 한 부분을 가져올 수 있다. 이 시나리오에서는 블록체인이 탈중앙화 플랫폼으로서 가치가 더욱 커지게 된다.

4절

NFT와 게임 플랫폼

1 | 블록체인 게임과 NFT의 만남

블록체인 게임과 NFT와의 만남으로 인한 성공사례는 2021년 여름 '엑시인피니티' 게임을 들 수 있다. 그 이전에도 인기를 누렸던 '크립토키티'와 같은 블록체인 게임이 있었다. '엑시인피니티'는 스카이마비스가 개발한 블록체인 기반의 Play-to-Earn (게임을 하면서 수익을 창출하는) 게임이다. 이 '엑시인피니티'의 안드로이드 일일 순 이용자 수는 2021년 8월 28일 기준 101만명을 넘어섰다. 뒤이어 Windows 이용자는 약 38만명, Mac 이용자 약 2만 3천명, iOS 이용자 약 1만 5천명으로 나타났다. 이 게임은 전세계적으로 P2E 비지니스 모델이 성공적으로 정착한 사례이기도 하다.

| 그림 3-27 | 엑시인피니티

출처 : 구글 이미지

그 성공의 이면에는 NFT가 있다라고 말할 수 있다. 그렇다면 NFT가 뭐길래 이렇게 큰 성공을 얻는데 중요한 역할을 하는 것일까? NFT는 다양한 용도로 사용되지만 특히 '소유권 증명'이 가능한 기능을 가진다. 이 NFT는 발행시 고유의 ID 값을 가지는 특성을 가지고 있기 때문이다. 그리고 이 토큰은 단 1개만 만들어진다. 이런 이유 때문에 NFT는 개별특성을 지니는 게임 아이템이나 캐릭터를 만드는 용도 또는 진품 여부를 판단하는 용도로 많이 사용되어질 수 있다.

(1) 엑시인피니티(Axie Infinity)

블록체인 게임에서 NFT가 응용이 되어 적용된 사례가 바로 '엑시인피니티'이다.

이 게임은 '엑시'라는 물고기를 키워서 게임 생태계 내에서 전투를 하고 전투에 승리를 하면 보상 코인인 SLP 혹은 AXS 코인 획득이 가능한 수집·성장형 게임이다. 이 게임의 가장 큰 차별화 요소는 엑시들 각각이 모두 NFT로 만들어진 게임 캐릭터라는 것이다.

이 게임에 참여하기 위해서는 최소 3마리의 엑시 물고기를 구매해야 한다. 이를 위해서 오픈씨와 같은 NFT거래 마켓플레이스에서 구매를 먼저 진행 후 게임에 참여한다. 엑시 구매가 어려운 경우 엑시를 임대받아 게임에 참여하는 방법도 이용할 수 있다. 이 경우 수익이 발생하면 엑시의 소유자와 수익을 정한 비율로 나눠 가진다. 그래서 엑시를 임대하여 수익을 창출하는 사례도 많이 발생하고 있다.

(2) 게임 아이템의 소유권

일반적으로 게임용 아바타는 그 게임 회사의 자산이며 이용자는 단지 사용권을 가질 뿐이다. 그런데 이 NFT게임에서는 게임 플레이어가 이 엑시에 대한 소유권을 가지게 된다. 그래서 플레이어들은 이 엑시를 언제든지 자유롭게 팔 수 있고 소유권을 이전할 수 있게 된다. 2020년 11월 7일에 실제 잘 키운 엑시(#1046)가 300ETH에 거래가 되기도 했다. 거래 당시 기준으로 약 10억원에 거래가 성사되었다.

| 그림 3-28 | 엑시 300ETH에 거래 | 그림 3-29 | 제네시스 플롯(-20,-30) |

출처 : 트위터   출처 : Coindesk Korea

(3) 가상 토지 판매

이 게임에서는 '엑시'뿐만 아니라 게임 내 토지도 판매가 가능하며 엑시를 사용하여 토지의 자원을 탐사할 수도 있다. 이렇듯 다양한 방식으로 수익화가 가능한 게임인 것이다. 실제 지난 11월 27일에 엑시 인피니티 내의 가상 부동산이 550ETH(거래 당시 한화로 약 30억원)이라는 기록적인 가격에 거래되었다. 이 가상 부동산은 '제네시스 플롯(-20, -30)'이라고 불리며 엑시인피니티에서 220개만 존재하는 희귀한 가상 부동산이었다.

일반적으로 게임에서 본인이 보유한 아이템을 팔면 그것으로 끝이다. 하지만 NFT는 스마트계약에 의해서 아이템이 거래될 때마다 로열티를 일정 비율 받을 수 있게끔 설계되어 있다. 그래서 최초 한번 거래가 이루어진 이후에 그 구매자가 다시 이 아이템을 다른 사람에게 판매할 경우 그 판매 금액의 일정 비율(약10%)이 최초 판매자(소유자)에게 자동 지급되게끔 설계되어 있는 것이다.

  그 이유는 이 아이템의 소유권이 게임 회사가 아니고 게임 플레이어 본인이기 때문에 가능한 일이다. 기존 게임과 블록체인의 게임에서 가장 큰 차이가 바로 이 점이다. 그래서 P2E가 가능한 것이고 기존 게임 이용자들이 블록체인 게임으로 넘어오게 되는 것이다. 심지어 필리핀에서는 이 게임을 주업으로 삼는 사람들이 많이 생겨나고 있고 그 결과로 필리핀 정부에서는 이 게임으로 인해 일어나는 소득에 대해 세금을 부과하는 것을 검토하고 있기도 하다. 필리핀에서는 일반 사무직 초봉이 약 40만원인데 게임을 통해서 얻는 소득이 그에 못지않기 때문이다. 또한 타인의 계정을 빌려서 획득한 코인을 지분설정 비율만큼 나누어 갖는다면 더 큰 수입을 창출할 수 있기 때문에 이 게임에 몰려드는 것이다. 이처럼 NFT를 통해서 '소유권 증명'이 가능하기 때문에 이러한 거래가 가능한 것이다.

2 | NFT와 각종 플랫폼간의 상관관계

  그렇다면 엑시인피니티 게임을 통해서 블록체인 게임 활성화를 위한 필요조건이 NFT인 것인지를 생각해 볼 필요가 있다. 결론적으로 말하자면 NFT는 블록체인 게임에서 따로 분리해서 생각할 수 없는 절대 불가분의 속성을 지닌 구성요소라고 말할 수 있다. 그와 더불어서 블록체인 게임이 활성화되기 위해서는 메타버스의 활성화가 뒤따라야 한다. 다양한 크리에이터들이 메타버스 안에서 아바타를 위한 각종 아이템을 만들어서 유통하고 교류하면서 디지털 생태계를 형성해 가야한다는 것이다.

또한 더불어 메타버스 안에서 생성되어진 각종 캐릭터나 아이템들이 유통되기 위해서는 NFT 유통플랫폼이 만들어지고 활성화 되어져야 한다. 그리고 NFT 유통플랫폼이 활성화되기 위해서는 더욱 더 다양한 콘텐츠들이 양산되어야 한다.

게임 분야에서는 캐릭터와 게임 아이템과 같은 콘텐츠들이 양산되고 있고 아주 높은 금액에 거래가 이루어지고 있다. 스포츠 분야에서는 이미 NBA TopShot과 같은 서비스를 통해서 농구 경기에서 발생한 하이라이트 장면과 같은 콘텐츠가 양산되면서 그 시장의 규모를 키워가고 있다. 앞으로 더 많은 스포츠 분야에서 이러한 콘텐츠가 양산되어 거래될 것이라 추측되어진다. 뿐만 아니라 수집품이나 예술품과 같은 콘텐츠도 2021년을 기점으로 그 시장이 폭발적으로 성장하고 있음을 확인할 수 있다.

부동산 게임 플랫폼에서는 가상 부동산이 NFT로 발행되어 판매가 이루어지고 있다. 로블록스나 엑시인피니티, 디센트럴랜드와 같은 게임에서는 LAND가 NFT로 발행되어 거래가 이루어지고 있다.

요약해보면 메타버스는 사람의 몸과 같다. NFT는 메타버스 세계에서 디지털 경제를 이루게 하는 핏줄과 같은 역할을 하고 있다. 또한 사람이 먹어야 생명을 유지하고 활동을 할 수 있듯이 다양한 종류의 음식과 같은 역할을 하는 것이 바로 콘텐츠이다. 더불어 사람이 경제 활동을 위해서는 사람과 사람이 만나 서로 거래를 해야 한다. 이를 위해서 시장으로 사람들이 모이듯 온라인 세계에서 모여 거래를 하는 장소가 바로 NFT 거래 마켓플레이스인 것이다.

| 그림 3-30 | NFT와 각종 플랫폼 간 상관관계도

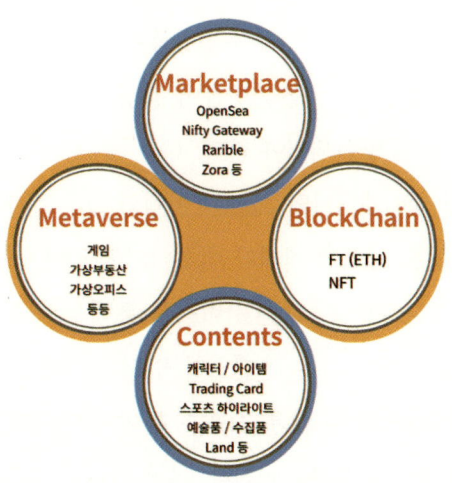

궁극적으로 메타버스와 같은 가상세계에서 창작되어진 각종 디지털 자산들이 현실세계에서와 같이 동일한 가치를 인정받을 수 있어야 한다. 이를 돕는 도구가 NFT인 것이다.

앞으로 현실세계와 가상세계의 경계가 점점 더 불분명해질 것인데 그 결과로 디지털 경제활동에서 거래되어지는 각종 자산들이 현실 세계에서도 가치를 인정받지 못한다면 그 간격을 메울 수 없을 것이다. 현재 발전하고 있는 메타버스의 모습은 현실세계를 모방하여 현실과 거의 가까워지는데 목표를 두고 발전을 거듭하고 있다. 이 목표를 이루기 위해서는 메타버스뿐만이 아닌 디지털 경제를 이루기 위한 블록체인 기술인 NFT와 암호화폐가 한 축을 담당하게 될 것이다.

그리고 이러한 경제활동을 위한 장이 바로 NFT 거래 마켓플레이스이다. 마켓플레이스가 지속적으로 활성화되기 위해서는 더욱 다양하고 퀄리티 있는 콘텐츠가 양산 되어야 한다. 기업이나 게임 공급자에 의해서만 만들어지는 콘텐츠가 아닌 개인 누구나 콘텐츠를 양산하고 거래하며 경제활동의 주체로 활동할 수 있어야 진정한 의미의 메타버스가 만들어질 수 있는 것이다. 위의 관계도에서 메타버스와 블록체인, 마켓플레이스를 따로 구분하여 상호 유기적인 관계로 표현했지만 결국 이들이 한 덩어리로 상호 유기적으로 각자의 역할을 하며 발전해 나가는 일체형의 모습이 궁극적으로 가상세계가 지향하는 모델이 될 것이다.

(1) 크립토키티(CryptoKitties)

크립토키티는 블록체인 기반의 고양이 육성게임이다. 이 게임은 세계 최초로 이더리움 블록체인 기술과 암호화폐 이더ETH를 활용하여 거래를 하는 온라인 게임인 것이다. 이 게임에서 고양이 캐릭터를 수집하고 교배시킴으로써 새로운 형태의 유일한 고양이 캐릭터가 만들어지는데, 이더ETH를 사용하여 사고 팔 수 있다. 크립토키티 고양이들은 제각기 다른 모습을 하고 있고 교배시 랜덤으로 양쪽 고양이의 특성이 조합된 새로운 형태의 고양이가 태어나도록 설계되어져 있다. 이때 사용되는 기술이 ERC-721 표준 기술이다. 이를 통해서 게임 사용자들은 전 세계에 단 하나뿐인 고양이를 소유하게 된다.

| 그림 3-31 | 크립토키티

출처 : 크립토키티 제공

　이 게임은 현재 인지도가 가장 높은 NFT 플랫폼 중의 하나로 자리매김 했다. 이 게임에서 모든 고양이는 각자 고유의 특징(입 모양, 꼬리 모양, 머리 모양, 눈 색깔, 털 색깔, 나이, 종 등 256비트의 유전 코드가 조합된다.)을 가지고 있으며 현재 약 115가지 속성(얼음, 초콜릿, 풍선껌, 수염, 크레이지 등)이 생성되어 있다. 이에 추가로 몇가지 속성이 랜덤으로 반영되어 새끼 고양이가 태어난다. 사용자 간 고양이를 교배시켜 이 세상에서 가장 희귀한 고양이를 번식시키기 때문이다.
　이 게임과 이더리움 블록체인과의 만남은 특별하다. 이 게임으로 인해 이더리움의 거래를 활성화 시키는데 크게 기여했기 때문이다. 실제로 이더리움 블록체인 네트워크에서 총 트래픽의 20%를 점유함으로 인해 네트워크의 속도가 떨어지는 현상이 일어나기도 했다. 가상화폐 이더를 사용한 최초의 히트작이라는 점에서 특별한 의미가 있는 게임이라고 할 수 있다.
　크립토키티는 예전 애완동물 수집 게임에서 한발 더 나아가 교배를 통해서 고유한 새끼고양이를 만들어 냄으로써 이들 시장의 가치를 매기는 재미를 더한 게임이다. 이 게임의 성공에 힘입어 가상화폐를 활용한 유사한 게임들이 우후죽순으로 개발되어 출시되고 있다.

| 그림 3-32 | CryptoKitties

출처 : OpenSea

그럼 이 고양이 키우기 게임에서 고양이에 대한 가치는 어떻게 매겨질까? 크립토키티 게임에서 태어나는 고양이가 기존 고양이 대비 얼마나 유일한 속성을 가지고 있고 예쁘고 매력적인지에 따라서 가치의 유무는 변동된다. 교배에 의해 태어나는 새로운 고양이는 교배 시 양쪽 고양이의 속성을 랜덤으로 이어받아 태어난다. 그 속성에 따라 새로운 개별 특성을 가진 고양이가 나타나게 되고 그 결과로 단 한 마리도 똑같이 생긴 고양이는 나타나지 않는다는 것이다. 그 이유는 ERC-721라는 토큰 발행 표준에 따라 고양이를 탄생시키기 때문이다.

(2) 엑시인피니티(Axie Infinity)

엑시인피니티는 이더리움 기반의 NFT 온라인 비디오 게임이다. 베트남의 게임 회사인 스카이마비스 개발회사가 만든 게임이다. 이 게임에서 이용자들은 엑시즈Axies라 불리는 아바타를 여러 게임과 모형을 통해서 키울 수 있다.

| 그림 3-33 | Axie Infinity

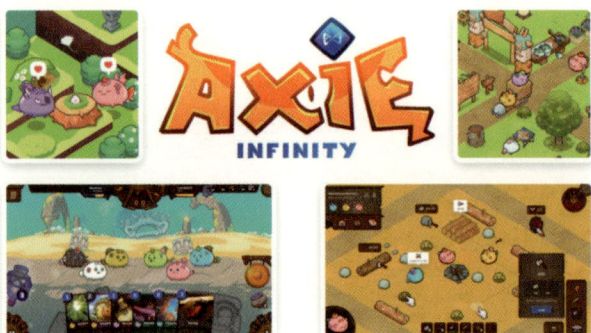

출처 : Axie Infinity Korea

　엑시인피니티는 포켓몬에서 영감을 얻어 만들어진 게임이며 누구나 숙련된 게임 플레이를 통해서 토큰 AXS을 얻을 수 있고 이 생태계에 기여할 수 있다. 각각의 물고기는 수백 개 이상의 서로 다른 몸의 특징과 기술 중 6가지 특징을 가질 수 있다. 이 게임의 목표는 최적의 조합을 통해 상대방과의 결투에서 승리하는 것이다. 재미있는 게임이면서 플레이어에게 경제적인 기회가 주어진다. 소셜 네트워크와 잡 Jobs 플랫폼의 특성을 가지고 있기 때문이다.
　Axie 물고기 아이템은 오픈씨 OpenSea NFT 마켓플레이스에서 활발하게 거래되고 있다.

| 그림 3-34 | Axie 캐릭터

출처 : OpenSea

엑시인피니티는 2021년 3분기 기준 NFT 영역에서 지난 90일간 누적 매출 10억 달러를 초과했으며 NFT분야에서 가장 성공적인 수익을 창출한 게임이며, Ethereum, Filecoin, Opensea 등의 다른 플랫폼에 비해 높은 매출 실적을 나타내고 있다.

| 그림 3-35 | NFT 플랫폼 매출액 비교표

출처 : 굿모닝베트남

| 그림 3-36 | Axie Infinity AXS 가격 이력 (2021.12.23. 기준)

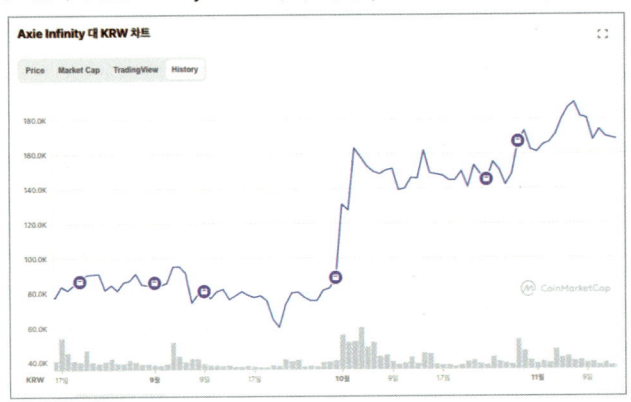

출처 : CoinMarketCap

AXS의 가격 흐름을 보면 Axie가 최근에 얼마나 인기 높은 게임으로 자리 잡고 있는지를 쉽게 판단할 수 있다.

(3) NBA 탑샷 서비스

'NBA Top Shot'에서는 NFT가 적용된 농구경기 하이라이트 장면 10~15초짜리 영상을 NFT 트레이딩 카드로 제작해서 판매하고 있다. NBA 탑샷은 크립토키티 제작사인 대퍼랩스가 2019년 7월 NBA와 협력해서 만든 NFT 카드 트레이딩 플랫폼이다.

NBA 탑샷 카드들은 대퍼랩스의 자체 블록체인 플랫폼 '플로우 Flow'를 통해서 발행된다. 각 NFT에는 경이로운 플레이 모습이 담긴 순간 포착 비디오 영상뿐만 아니라 해당 농구 선수의 하이라이트 장면과 경기 통계, 플레이 분석, 하이라이트 설명, 코트 내 관중의 경기 관람 모습 등의 정보가 담겨있다.

| 그림 3-37 | NBA Top Shot

출처 : nbatopshot.com

플로우 블록체인 기반의 NFT로 제작된 NBA 탑샷이 NBA 농구 전설인 샤킬 오닐 시리즈를 출시한 이후 NBA 판매액이 약 120%로 급증하기도 했다. 2021년 10월 1일 '런잇백 05-06' 부스터 팩을 출시한 이후 NFT 판매액이 약 128%로 급증했다고 한다. 해당 팩의 가격은 개당 169달러였다. 각 팩에는 1~990까지 구성된 '런잇백'Run it Back 세트와 4개의 '아카이브 세트'가 포함되어 있다. 샤킬 오닐 외에도 드웨인 웨이드, 앨런 아이버슨, 트레이스 맥그레이디 등 유명한 NBA 스타 선수들의 하이라이트 영상들이 포함되어 있다.

NFT 거래 플랫폼 크립토슬램cryptoslam에 따르면 판매량 1위 NBA 탑샷은 전체 판매량의 67%를 점하고 있다. 이 NBA 탑샷이 NFT 거래 시장에서 크립토키티를 제치고 가장 많이 팔린 NFT라는 기록을 세우고 있다.

| 그림 3-38 | NFT 거래 플랫폼별 판매량 순위표

	Product		Sales	Change (30d)	Buyers	Txns
1	NBA Top Shot	F	$229,875,473.00	▲ 442.07%	83,119	1,243,471
2	CryptoPunks	♦	$81,069,192.18	▲ 1,184.27%	726	2,112
3	Hashmasks	♦	$32,979,470.66	▲ 886.81%	1,859	7,352
4	Sorare	♦	$9,134,293.10	▲ 312.50%	4,514	36,054
5	Art Blocks	♦	$7,029,360.62	▲ 883.70%	791	3,578

출처 : 2021.3.2. 댑레이다(Dappradar) 보고서

(4) 크립토펑크(Crypto Punk)

라바랩스Larva Labs에서 만든 크립토펑크는 24x24 크기의 픽셀로 만들어진 아바타들의 모음이다. 크립토펑크는 이더리움 블록체인에 저장된 픽셀 형태로 만들어진 1만 개의 수집 캐릭터이며 소유권 증명이 가능하다. 이 1만 개의 캐릭터는 발매 당시 대중들에게 무료로 공개되었다. 하지만 최근 2차 시장에서 수천만 달러의 가격에 판매되고 있으며 디지털 자산과 소유권에 대한 장을 여는데 크게 기여했다는 평가를 받고 있다.

2021년 6월 11일에 에일리언 펑크(#7523)는 소더비에서 1,180만달러에 낙찰되었다. 이 에일리언 펑크는 금색 귀걸이를 끼고 빨간 니트 모자와 의료용 마스크를 착용한 모습을 하고 있는 픽셀 아트 이미지이다. 크립토펑크는 랜덤 방식의 개별 특성을 가지기 때문에 각 캐릭터는 저마다의 특별함과 개성이 강한 독특함을 보여준다.

| 그림 3-39 | 크립토펑크 alien

출처 : 소더비

#7523 크립토펑크는 1만 개의 크립토펑크 중 9개의 외계인 유형의 시리즈가 존재하는데, 그 중 특이하게 마크스를 착용하고 있는 컬렉션이다. 그래서 '코로나바이러스 외계인Covid Alien'으로 불리우고 있고 희귀도가 상당히 높은 컬렉션이다. #7523 컬렉션은 샬롬 매킨지(Shalom Meckenzie : 스포츠 베팅 운영사 드래프트킹스DraftKings의 최대 주주)가 구매 했다.

이러한 크립토펑크는 이더리움 네트워크에서 이용된 거의 최초의 NFT용 작품이며 지난 2021년 8월28일 사상 최초로 매출 10억 달러를 돌파했다. 이는 16억5천만 달러를 달성한 엑시인피니티에 이은 두 번째 NFT 프로젝트였다.

| 그림 3-40 | 크립토펑크 온체인 최고 판매 순위

Top Sales by US Dollar Value
(sort by ETH)

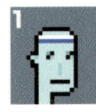  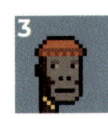   

 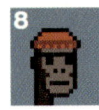   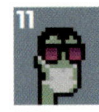 

출처 : 라바랩스

2017년 6월 23일, 뉴욕에 본사를 둔 라바랩스는 크립토펑크를 처음 공개했다. 이 캐릭터는 소유권을 기록하고 전달할 수 있는 메카니즘을 가진 최초의 예술작품이 되었다. 크립토펑크는 ERC-20에 가까운 토큰으로 만들어졌었다. 그 이유는 NFT용 토큰 표준인 ERC-721이 나오기 이전에 출시되었기 때문이다. 그 결과로 시간이 지날수록 더욱 가치가 올라가게 되었다. 크립토펑크가 최초의 NFT는 아니지만 NFT 시장의 발판을 마련했다. 이 캐릭터를 통해서 사람들에게 소유의 방식을 바꾸고 실물자산을 거래하는 사람들을 디지털 자산 시장으로 이끌었다. 또한 작가들의 창의성을 높이고 그들의 작품을 스스로 거래하면서 수익화할 수 있는 권한을 제공했다.

(5) 디센트럴랜드(Decentraland)

디센트럴랜드는 블록체인 기술NFT을 활용하여 가상 부동산과 각종 게임 아이템 거래가 가능한 커뮤니티 기반 가상현실 플랫폼이다. 좀 더 쉽게 말해 디센트럴랜드 안에서 가상세계를 만들어 그곳에서 만나는 사람과 현실에서 하는 모든 활동 들(게임, 건축, 작품 전시, 홍보, 광고, 쇼핑 등)을 이 가상세계에 구현이 가능한 플랫폼인 것이다.

| 그림 3-41 | Decentraland & MANA

출처 : 디센트럴랜드

이 플랫폼의 이용자들은 디센트럴랜드 내의 마음에 드는 지역을 픽셀 단위의 '랜드(토지 단위 : 10mX10m)'를 구매하여 건물이나 상가, 학교 등을 지을 수 있다. 그곳에서 여러 가지 창작활동이나 경제활동을 할 수 있다. 또한 자신이 소유한 랜드를 타인에게 임대해 수익을 창출할 수 있다. 게임 참여자들은 이 플랫폼 안에서 가상의 부동산을 사고 그 땅(랜드) 위에 주택이나 상업시설 등을 세워서 사용자들로부터 보상을 받는다. 이 메타버스 플랫폼의 가능성을 알아본 사람들은 이 황무지 공간인 가상의 땅을 구매하고 개발하면서 초기 평면의 땅을 입체적인 도시로 발전시켜 나갔다. 그 결과로 유명한 지역인 경우 부동산과 땅 값의 시세가 높게 형성되어 거래가 되어지고 있다.

　쇼핑센터, 대학교, 학교, 클럽, 광장 등 현실에서 볼 수 있는 각종 건물과 장소들이 계속해서 들어서고 있다. 또한 디센트럴랜드 안에서는 가상 부동산뿐만 아니라 활동하는 아바타들이 입는 옷과 신발 등의 각종 아이템들을 코인MANA을 통해서 구입하기도 한다. 또한 이용자가 만든 각종 창작물(디지털 작품)도 거래가 가능하다. 이러한 다양한 유형의 자산들 (부동산, 아이템, 건물, 창작물 등)은 고유값을 지닌 NFT로 각자의 다른 특성과 가치를 가진다. 이 NFT의 가치는 각 아이템의 희소성이나 수요 정도에 따라 가격이 다르게 형성된다.

| 그림 3-42 | 디센트럴랜드 가상부동산 "랜드"

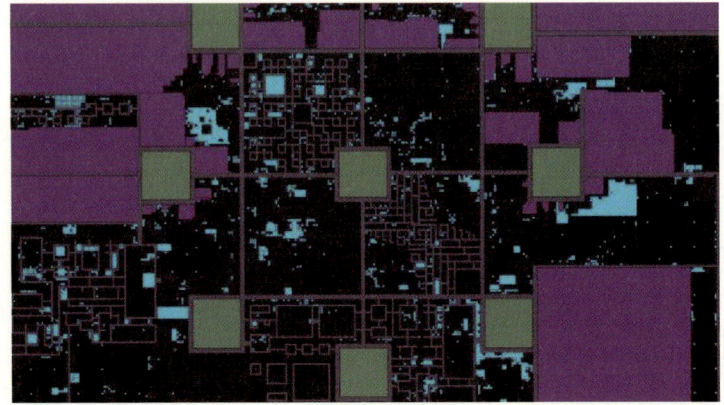

출처 : 블록타임스TV닷컴

    디센트럴랜드는 단순히 가상세계를 구축해 가는 것 외에도 게임 안에서 이용자들과 소통하며 수익을 창출할 수도 있다. 디센트럴랜드는 본인이 소유한 랜드를 임대해 임대료를 벌 수도 있고 소유한 랜드가 없다면 유동 인구가 많은 지역의 부지나 건물을 임대받아 자신의 상점을 운영하거나 각종 활동(전시회 등)을 할 수 있다. 현실세계에서 명동이나 지하철 입출구가 있는 곳(역세권)이 유동인구가 많듯 목 좋은 곳일수록 임대료도 높다. 당연히 수요가 높은 지역의 부지를 소유하고 있다면 높은 임대료를 받아낼 수 있다. 이 플랫폼 내에서 랜드를 소유한 이용자들은 이더리움의 NFT 기능을 통해서 양도가 가능하고 거래가 가능하다. 가상 부동산도 디지털 자산이기 때문에 NFT에 담아 거래가 가능하게 되는 것이다.

| 그림 3-43 | 디센트럴랜드 아이템

출처 : 사토시월드

- 마나MANA - NFT 거래용 코인

마나(ERC-20 토큰)는 디센트럴랜드에서 사용되는 암호화폐이다. 이 화폐는 디센트럴랜드 내에서 토지를 구매하고 다양한 활동을 위해 활용되며, 다른 사용자들에게 토지를 판매할 수도 있다. 이러한 토지 거래 정보는 이더리움의 NFT에 저장된다.

| 그림 3-44 | Decentraland MANA 가격 년간 시세

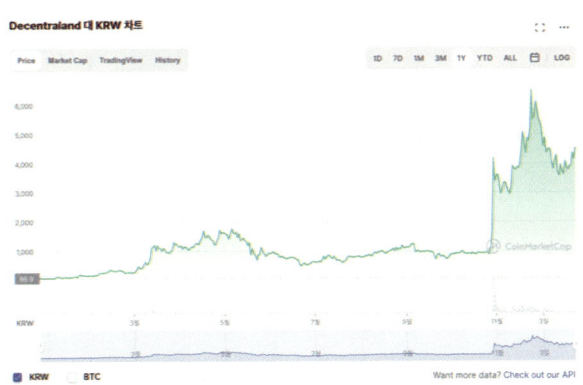

출처 : CoinMarketCap 2021.12.25.

(6) 더샌드박스(The Sandbox)

아르헨티나의 블록체인 게임 개발사에서 만든 더샌드박스The Sandbox는 사용자가 NFT를 활용해서 자신만의 복셀Voxel을 제작할 수 있는 게임이다.

이 게임은 제작자가 복셀 자산과 게임 경험을 통해서 수익을 창출하게 하는 커뮤니티 중심의 블록체인 플랫폼이다. 더샌드박스는 크게 3가지로 구성된다. 첫째, '복스에딧VoxEdit'은 캐릭터와 복셀 아이템을 사용자가 직접 제작할 수 있다. 둘째, '마켓플레이스'는 아이템을 직접 거래하는 곳이다. 마지막으로 '게임메이커'는 아이템들을 활용하여 게임을 제작할 수 있게 한다.

| 그림 3-45 | The Sandbox

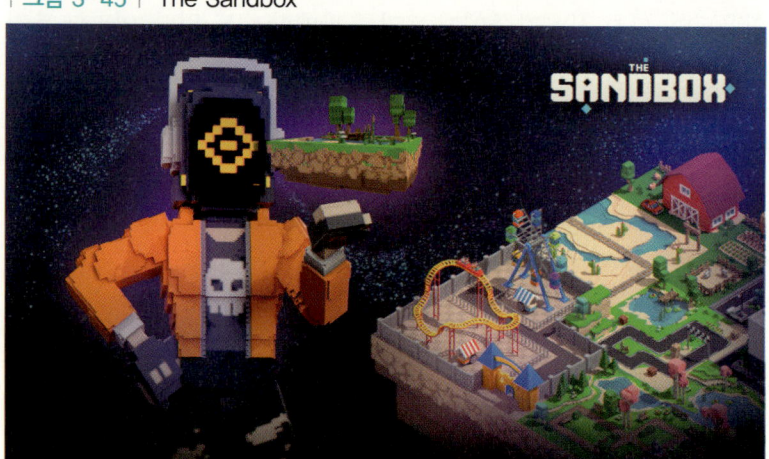

출처 : The Sandbox Korea

더샌드박스에서 LAND가 의미하는 것은 무엇일까? 랜드LAND는 더샌드박스 상에서 플레이어들이 다양한 경험을 할 수 있도록 밑바탕이 되는 디지털 부동산의 단위이다. 랜드 소유자는 이 랜드 위에 게임들과 에셋Asset들을 들여놓을 수 있다. 각 랜드는 이더리움 네트워크에 기반한 고유한 토큰이다(ERC-721 형식의 NFT). 지도상에는 총 166,464개의 랜드가 있다. 이 모든 랜드가 모여 더샌드박스를 이룬다.

| 표 3-8 | Land와 Estate 설명

LAND	• 맵 상에서 샌드박스의 기본 단위를 랜드라고 한다. • 각 랜드는 96*96 미터의 면적을 지니며 게임 상 척도로 이용된다. • 이것은 실행 가능한 모든 블록체인 게임의 최소 단위의 크기이다.
ESTATE	• 에스테이트(ESTATE)는 여러개의 랜드가 합쳐져서 이루어진 형태이다.

5절

NFT 취약점 및 미래전망

1 | NFT 취약점 및 리스크

(1) 유명무실한 증명서

일부 학자에 따르면 디지털 아트 NFT를 구입하는 것은 영수증을 구입하는 것과 같다라고 혹평한다. 암호화폐의 가치에 대한 논쟁과 마찬가지로 NFT는 태그가 있는 디지털 파일에 불과하지만 태그만 있으면 그 가치가 치솟는다는 모호한 관점이 있다. 신체 사진이나 동영상 파일은 기본 파일이기 때문에 복제하면 겉보기에 비슷한 또 다른 정품이 생성되며, 이는 정품이나 프리미엄을 소중히 여기지 않는 사람들에게는 의미가 없는 일이다.

NFT와 상관없이 사본을 보유하는 개인에 대한 대응 방법은 알려져 있지 않다. 즉, NFT 이전에 '디지털 아트와 프리미엄'이라는 개념이 낯설기 때문에 생기는 혼란이다. NFT는 디지털 워터마크가 아니다. 디지털 원본과 독립적으로 형성되고 존재하는 태그이다. 복사가 어려운 이유는 이 태그 때문이다. 반면에 디지털 원본은 무한히 복제될 수 있으며 누구나 NFT를 구성하여 원본처럼 붙여 넣을 수 있다.

(2) 기술적 문제에 따른 잠재 위험

암호화폐와 마찬가지로 양자 컴퓨터를 이용하는 방법으로 NFT를 복사하거나 조작하여 진품의 유효성이 손상되면 가치를 잃게 된다. 물론 현재 기준으로는 아직 먼 미래이고, 이러한 컴퓨터 자원이 존재한다면 정부나 다국적 기업의 정보망을 노리는 것이 더 유리할 것이기 때문에 위의 가정은 어디까지나 가능성일 뿐이다.

| 그림 3-46 | NFT의 의미와 한계

출처 : brunch 하도리

(3) 대중 이해도와 진입장벽

NFT 아트 입문이 어려운데 유명인만이 더욱 명성을 얻는다는 주장은 일리가 있다. NFT는 유명인이 창작한 작품을 고가로 취득하여 유포한다는 점에서 명품과 유사하기 때문에 일반인이나 무명의 아티스트가 사용하는 경우 첫 투자 단계에서 손실을 입을 수 있다. 그 결과 1980년대 일본의 버블경제처럼 작품의 본질적인 장점보다는 '유명하니까 구입해서 유명해지고 싶어 한다'는 평론가들의 비판이 가능하다. 한국의 경우에도 NFT 수익 창출에 있어 연예인들의 비중이 크다. JYP 등 유수의 연예기획사들이 NFT 시장에 뛰어드는 것은 이러한 이유이다.

(4) 정립되지 않은 체계와 NFT의 난립

누구나 기술을 사용하여 NFT를 만들 수 있다는 점을 감안할 때 돈을 벌기 위한 NFT의 홍수가 나타날 것이 확실하다. 진입 장벽이 엄청나게 높다는 점을 감안할 때 개인이 아닌 기업이 서비스를 제공할 가능성이 매우 높다.

하지만 이에 따른 결과로 NFT 제공 서비스의 신뢰도가 문제가 될 수 있으며, 이는 코인이 현재 겪고 있는 문제이기도 하다. 수요와 공급을 말하면서 누군가가 필요해야만 가치가 생긴다고 주장하는 것은 너무 낙관적이고 부주의한 것으로 보인다.

| 그림 3-47 | NFT의 장단점

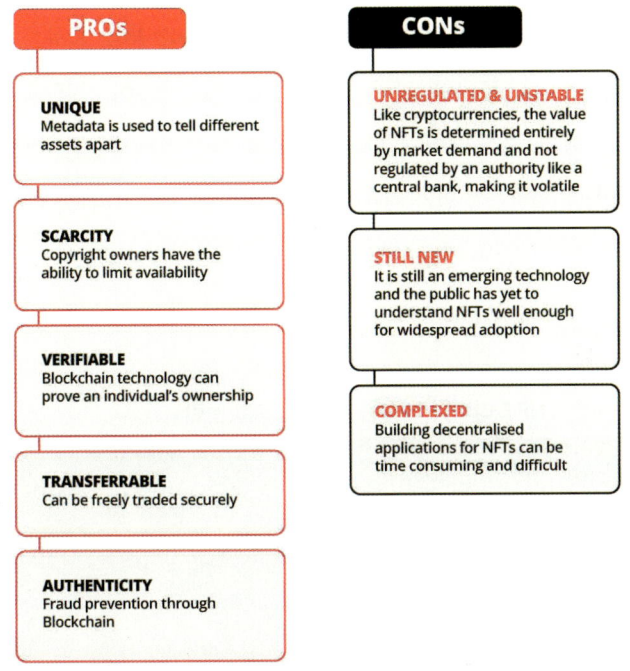

출처 : DBS

(5) 도용

관련 기업과 단체가 많기 때문에 NFT의 원저작자를 밝히는 것은 상대적으로 쉽지만 선 출원 원칙을 따른다고 해도 이해하고 검증하는데 시간이 오래 걸린다. 일반인들이 잘 모르는 분야이므로 결과적으로 정보 격차가 발생한다. 현재로서는 이 점을 악용한다면 NFT의 불법적인 생성을 금지할 수단이 없다. 플랫폼에서 구할 수 있는 NFT 중 인터넷에 이미 공개된 작품을 NFT로 변환하여 원저작자로 등록하는 경우도 있고, 이를 전문으로 하는 나쁜 사람들도 있다. 현재로서는 근본적으로 도용을 방지하기 위한 기술이 불충분하지만 많은 사이트에 이 문제를 해결하기 위한 보고 메커니즘이 작동되고 있다. 간단히 말해서, 도용되어서 판매되더라도 다른 사람이 풀 수 없기 때문에(=NFT 비밀번호가 없기 때문에) 구매자가 신고하기 전까지 도용 여부를 판단할 수 있는 방법이 없다. 같은 이유로 가짜라도 진품인지 판별이 불가능하다.

| 그림 3-48 | NFT 디지털 예술품 잇따른 표절 논란

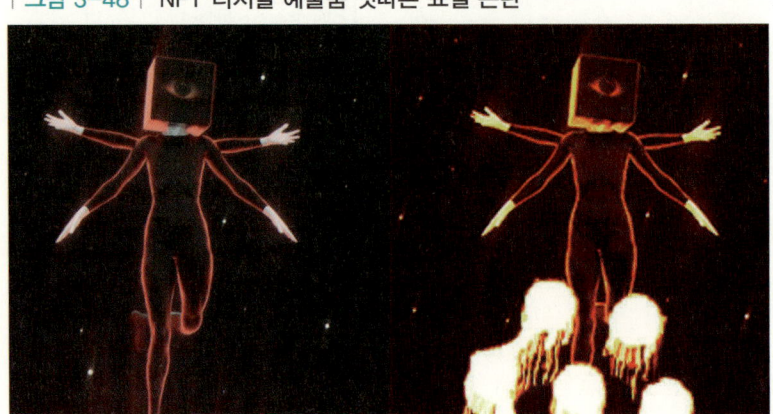

출처 : 매일경제

(6) 저작권 독점이 아닌 소유권 취득이라는 한계

물리적 저작물의 소유권은 취득하더라도 저작권을 취득하는 것은 아니다. 물리적인 저작물은 유형의 물건이고 소유자가 아닌 다른 사람이 복제하여 사본을 소유하기 어려운 반면, 디지털 자료는 복제가 쉽고 사본을 소유하기 쉽다는 점에서 차이가 있기 때문에 여기에서 딜레마가 발생한다. 명화를 예로 들자면, 진정한 명화는 원 화가조차도 작품을 완전히 재현할 수 없기 때문에 본래의 가치를 유지하며, 이러한 '희귀성'으로 인해 소유권의 가치는 작품의 저작권 가치를 능가한다.

반면에 디지털 창작물은 이론적으로 원본에 대한 최소한의 변경으로 끝없이 복제될 수 있다. 즉, 원본의 독창성이 낮고 원본과 복제물의 가치가 거의 동등하기 때문에 디지털 세계에서는 소유권보다 복제에 대한 배타적 권리가 있는 저작권의 가치가 더 크다. 이 경우 NFT는 '수많은 사본 중에서 원본을 선택하여 그 가치를 보여 주는' 역할을 하고 있지만, 실증된 가치가 반드시 사본과 다른 실제적이거나 고유한 가치를 갖는다고 단언할 수는 없다. NFT에서 생성한 원본 인증서를 기술적으로 '원본 인증서'라고 하며 저작권과 구별된다. 즉, NFT를 구입하고 원본의 소유권을 입증할 수 있지만 원본을 복사할 수 있는 유일한 권한은 아니다.

저작자 또는 무허가 복사자가 원본을 복제하여 이 상태에서 원본과 유사한 사본을 배포하는 경우 원본의 값이 수직으로 감소하게된다. NFT 거래 이후에는 실제 미술품 판매와 동일한 의미를 가질 수 있도록 저작권 거래가 불가능하다는 등의 법적, 제도적 보완책이 반드시 있어야 한다.

이것은 NFT가 세계 표준이 존재하는 경우에만 시장에서 사용될 수 있음을 의미한다. 실제적 사례가 되는 Nyan Cat에서도 NFT는 취득했지만 배타적 권리를 얻지는 못했다. Nyan Cat의 원본 제작자인 PRguitarman이 Nyan Cat NFT를 A에게, 저작권을 B에게 판매한다고 가정해보자. 저작권 보유자인 B가 독점 사용을 원하고 이를 자신의 YouTube 채널에 업로드 했을때 Nyan Cat NFT의 소유자는 소유권을 가지고 있더라도 저작권을 주장할 수 없다.

(7) 환경 파괴 문제

NFT는 수많은 블록체인 기술과 마찬가지로 과도한 전력을 필요로 한다. 현재 대부분의 NFT는 이더리움을 기반으로 하며 여기에 사용되는 작업 증명 알고리즘은 상당한 양의 전력을 소비한다. 이더리움 거래의 평균 전력 사용량이 48.14kWh이므로 매일 수천 명이 업로드하는 NFT는 탄소 발자국에 대한 우려를 불러일으키고 있다. 그 결과, 서구의 일러스트레이션 커뮤니티는 NFT를 환경 오염의 주요 원인으로 지목했다. Ethereum은 현재 PoW에서 PoS로 전환하고 있으며 다른 NFT 플랫폼은 비판을 인정하고 에너지 집약적인 블록체인을 실행하는 등 이미지를 향상시키기 위한 조치를 취하고 있다. 그러나 아직도 지구 온난화를 유발하는 기술로 간주되어 지역 사회의 부정적인 의견이 높다.

| 그림 3-49 | NFT 비트코인 채굴과 환경 오염 논란

출처 : 매거진한경

2 | NFT 미래 전망

　NFT의 전방위적인 성장 추세가 지속되고 있지만 새로운 장애물이 나타나고 있다. 2012년 컬러코인을 시작으로 2017년 크립토키티로 두각을 나타낸 NFT는 부동산 거래, 재산권, 사적인 지분의 거래 및 양도 등 다양한 분야에 적용이 늘고 있는 대표적인 블록체인 기술이다. 현재 NFT는 대부분의 영역에 사용되고 있는데 게임, 패션, 라이선스, 인증이 포함되며 미디어 엔터테인먼트 및 예술 산업에서 여러 NFT 기술이 구현되고 있다. 업계 전문가들은 블록체인 기술로 전체 중개 사업자들의 비중이 떨어지고 콘텐츠 제공업체의 힘이 커지면서 소비자 중심의 서비스가 더욱 활성화될 것으로 기대하고 있다.
　한편 기술에 관한 법률의 부재로 인한 문제점들도 부각되고 있다.

블록체인 기술사용에 표준이 만들어져야 하고, 보안 등을 보장하는 이상적인 솔루션으로 발전되어야 할 필요가 있다는 목소리가 높아지고 있다. IP를 어디에 보관해야 하는지, 방대한 양의 데이터를 누가 소유해야 하는지 등과 같은 문제를 해결하는 것도 최상의 솔루션에 포함되어야 하는 고려사항이다. 일부에서는 NFT 광풍이 지나가는 단계라고 주장하지만, 대다수의 비중 있는 기업들이 NFT에 많은 투자를 하고 있다는 것은 의심할 여지가 없다. 이들 기업들이 어떻게 NFT를 기반으로 장기적이고 안정적인 비즈니스 모델을 개발하고 혁신하면서 NFT 버블 우려를 해소해 나가는지 각별히 주목해야 할 시점이다.

NFT 사업의 성장은 메타버스의 진화 속도와 직결된다. 나만의 자산을 소유하려는 메타버스의 요구가 커지면서 NFT 생태계가 더욱 활성화할 것이다. 이를 위해서는 메타버스 경험의 범위가 넓어져야 한다. 업계에서는 메타버스에서 40대 이상의 사람들이 넘쳐나는 순간이 터닝포인트가 될 것이라고 얘기한다. 요즘 일부 중년층들은 "왜 메타버스를 하는지 모르겠다"고 말하는데 그들이 '꼰대'이거나 새로운 트렌드에 대한 지식이 부족하다는 주장은 사실과는 거리가 멀다. 현재 존재하는 메타버스는 10대와 젊은 층을 대상으로 하고 있으며, 40대 이상의 사람들이 이용할 수 있는 플랫폼은 거의 없다. 앞으로 좀 더 발전된 메타버스 플랫폼이 출시되면 이용자들이 관심을 갖고 편하게 느낄 수 있는 소재와 환경을 제공할 것이다. 그러한 환경이 조성되면 40대 이상의 개인은 자연스럽게 메타버스에서 무엇인가를 소유하고 싶어 할 수 있다.

NFT의 장점은 미래가 불확실하다는 것이다. NFT의 잠재력은 무한하다. 실질적으로 유용한 NFT가 앞으로 가장 큰 영향을 미칠 것이다. 예를 들어 접근권을 서비스하는 NFT가 있다. 게리 베이너척에 의해 2021년 5월에 설립된 Vee Friends라는 NFT 프로젝트는 NFT를 공유한 사람들이 게리와 교류하고 그가 마련한 행사에 참석할 수 있게 해준다. 또한 웹 3.0 기술을 사용하면 NFT가 소프트웨어 라이센스로 기능할 수 있다. 예를 들어 브라우저 확장 기능인 Sniper Bot에는 CyberBabies NFT가 필요하다.

향후 10년 동안 NFT 디지털 환경에 적응하지 못하는 대다수의 갤러리와 경매장은 쓸모 없게 될 가능성이 높다. 애플, 구글, 메타(페이스북)가 다음 플랫폼인 메타버스라는 이름의 새로운 대륙을 개척하기 위해 명운을 걸고 있다. 결국 블록체인, 메타버스, NFT가 융합하면서 현재 영역을 가르는 동시에 새로운 장르를 개척할 수 있는 기술임을 입증하고 있다.

| 그림 3-50 | NFT의 미래

출처 : NOW Magazine

PART 4

NFT 비즈니스의 이해

1절

NFT 기술의 이해

　NFT는 디지털 콘텐츠에 희소성을 부여하는 메타정보를 포함한 대체불가능한 토큰으로 디지털 증서의 역할을 한다. 미술, 음악, 동영상 등 디지털 콘텐츠뿐만 아니라 모든 자산에 대해서도 고유성을 증명할 수 있어 디지털 자산 거래 수단으로 활용할 수 있다. 창작자는 스스로 NFT를 발행함으로써 원본 증명도 할 수 있고 NFT 구매자는 특정 NFT에 대한 소유 증명을 할 수 있다.

　최재식 한국지식재산연구원 박사는 "NFT는 'Non-Fungible Token(대체불가토큰)'으로 각기 고유성을 가지고 있어 상호 대체가 불가능한 블록체인상 저장된 토큰"이라며 "토큰마다 고유한 인식값을 부여해 특정한 자산을 나타냄으로써 동일한 복제가 용이한 디지털 자산에 '희소성' 가치를 부여하는 수단으로 사용 가능하다"고 말했다.

NFT는 구매자 이름, 날짜, 좌석 등 세부 정보가 적힌 공연 티켓처럼 각자가 소유한 자산이 독특한 가치를 가진다. 발권자, 비행편, 좌석위치 등이 표시되어 있어 같은 티켓이 존재하지 않는 항공권과 비슷하다.

개발사마다 NFT의 고유성을 보장하기 위한 몇 가지 방식이 있다. NFT를 발행하려면 ERC-721 표준으로 발행해야 한다. 국내 클레이튼도 NFT 발행을 위해 KIP-17 토큰 발행 표준을 개발했다. 기본적으로 NFT는 고유한 식별자ID, 이름, 이미지, 생성 일시, 크기, 창작자 서명 등 자산에 대한 '메타데이터'를 가진다. 여기에 시간을 나타내는 문자열인 '타임스탬프'가 결합돼 디지털 개체가 특정 시점부터 존재했고 내용이 변경되지 않았다는 사실을 증명한다.

1 | NFT 기술 표준

토큰 발행 표준은 토큰 발행을 할 때 따라야 하는 통일된 규칙이다. 이더리움 토큰 발행 표준인 ERC-20은 토큰 한 개 당 값이 동일하고 상호 대체할 수 있는fungible 토큰을 생성한다. ERC-721은 유일하고 대체할 수 없는non-fungible 토큰을 생성한다. ERC-1155는 트랜잭션 비용을 줄이고 ERC-20과 ERC-721을 단일 스마트 컨트랙트에서 한번에 처리할 수 있도록 지원한다.

ERC-721은 최초의 NFT 발행 표준으로 가장 널리 사용되고 있다. 윌리엄 엔트리켄William Entriken, 디터 셜리Dieter Shirley, 제이콥 에반스Jacob Evans, 나스타샤 삭스Nastassia Sachs가 2017년 제안해 2018년 1월

24일 정식 채택됐다. ERC-721은 스마트 컨트랙트에서 NFT 거래와 배포에 필요한 표준 API를 구현하며 NFT 송금과 추적 같은 기본 기능을 제공한다. ERC-721은 NFT 소유자, NFT 승인 주소, NFT 소유자의 공인 운영사 등의 조건을 설정해 송금 안전성을 높였다.

변경할 수 없는 토큰 ID와 컨트랙트 주소는 각각의 NFT를 구분할 수 있는 식별자다. 이더리움에서 토큰 ID는 Unit256 변수에 의해 정의된다. Unit256 토큰 ID는 이더리움 네트워크 전체에서 유니크하다. 토큰 ID는 DApp에서 변환기를 통해 크립토키티와 같은 서비스 아이템으로 표현될 수 있다. 토큰 ID는 NFT ID라고도 부른다. 토큰 ID는 관련된 스마트 컨트랙트가 바뀌지 않는 한 변경되지 않는다.

함수 ownerOf( )에 토큰 ID를 입력하여 NFT 보유자 주소(=소유자)를 조회할 수 있다. NFT는 고유한 토큰이라 조회할 수 있는 보유자 주소도 한 개다. 조회한 주소는 오픈씨 같은 발행 플랫폼에 등록된 주소와 비교해서 확인할 수 있다.

| 그림 4-1 |

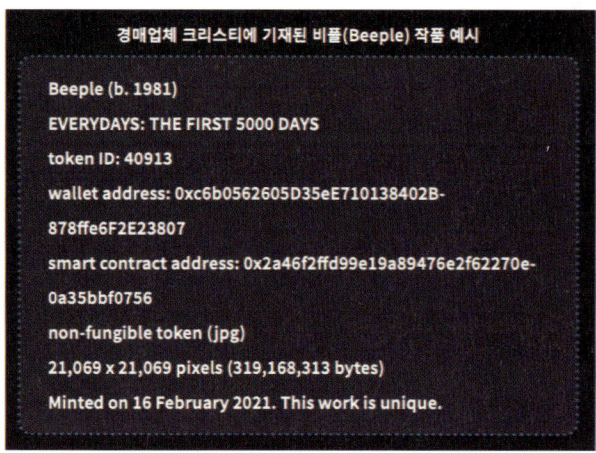

메타데이터는 이름, 이미지, 설명 등 특정 토큰 ID에 대한 세부 정보다. 크립토키티의 경우 고양이 이름, 고양이 이미지, 설명, 특성 등이 메타데이터로 기록된다. ERC-721에서는 tokenURI( ) 함수를 사용하고 ERC-1155 에서는 uri( ) 함수를 사용하여 메타데이터 주소를 확인할 수 있다. 함수를 통해 반환되는 정보는 HTTP 또는 IPFS URL 이다.

| 그림 4-2 |

```
NFT.sol

/**
 * @dev Returns an URI for a given token ID
 */
function tokenURI(uint256 _tokenId) public view returns (string) {
    return Strings.strConcat(
        baseTokenURI(),
        Strings.uint2str(_tokenId)
    );
}
```

오픈씨에서 지원하는 메타데이터에는 다음과 같은 정보가 포함될 수 있다.

| 표 4-1 |

이미지 (image)	NFT의 이미지에 대한 URL 정보다. 거의 모든 유형의 이미지가 될 수 있으며 IPFS URL이 될 수 있다. 350 x 350 이미지를 사용하는 것이 좋다.
이미지 데이터 (image_data)	즉석에서 이미지를 생성하는 경우 Raw SVG 이미지 데이터 정보다. 위의 이미지 정보를 활용하지 않을 경우에 사용할 수 있는데 이 방식은 권장하지 않는다.
외부 URL (external_url)	이것은 오픈씨 NFT 이미지 아래에 표시되는 URL이며 이용자는 오픈씨를 떠나 해당 사이트에서 직접 NFT 미디어 데이터를 볼 수 있다.

설명 (description)	오픈씨 방문자가 NFT 정보를 읽을 수 있도록 설명하는 내용이다. 마크다운을 지원한다.
이름(name)	NFT 작품 이름이다.
속성 (attributes)	이것은 NFT에 대한 오픈씨 페이지에 표시되는 NFT의 속성을 나타낸다. NFT 작품에 창작자가 자신이 원하는 속성값을 추가할 수 있다.
배경색 (background_color)	오픈씨에 있는 NFT의 배경색을 지정한다. 앞에 #이 없는 6자리 16진수 색상값이다.
애니메이션 URL (animation_url)	발행되는 NFT의 멀티미디어 첨부 파일에 대한 URL이다. 파일 확장자 GLTF, GLB, WEBM, MP4, M4V, OGV, OGG와 오디오 전용 확장자 MP3, WAV, OGA가 지원된다. 애니메이션 URL은 HTML 페이지도 지원하므로 자바스크립트 캔버스, WebGL 등을 사용하여 풍부한 경험과 인터렉티브 NFT를 구현할 수 있다. HTML 페이지 내의 스크립트와 상대 경로가 지원된다.
유튜브 URL (youtube_url)	유튜브 비디오에 대한 URL을 지정할 수 있다.

2 | 오픈씨OpenSea에서 발행되는 NFT 구조

오픈씨에서 발행된 NFT는 아래와 같은 구조로 발행된다. 메타데이터에 있는 정보를 확인해서 어떤 NFT인지 정보를 제공한다. ERC-721 스마트 컨트랙트에 발행자와 메타데이터 주소가 기록되어 있다.

| 그림 4-3 |

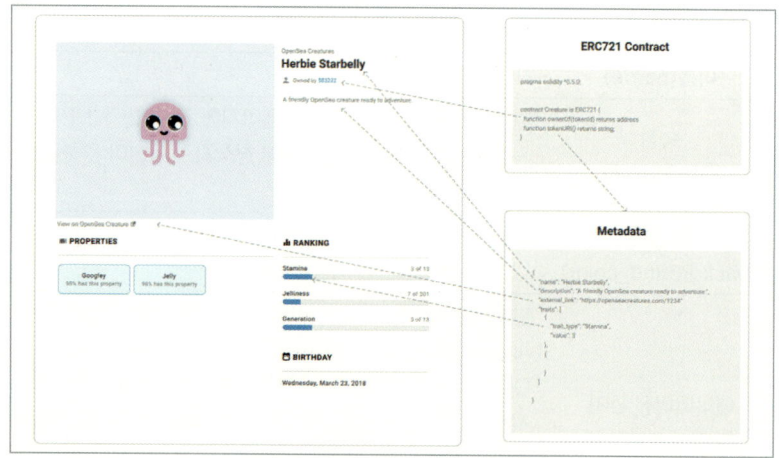

이미지 원본 링크 : https://files.readme.io/8357ffd-nft-metadata.png, 출처 : 오픈씨

ERC-721은 안전한 전송 표준을 제공한다. 전송에는 안전한 전송과 안전하지 않은 전송으로 나뉘는데 안전한 전송으로 알려진 기능을 사용한다. NFT는 다음과 같은 권한을 가진 사람에 의해 전송된다.

1) NFT를 소유한 사람

2) NFT의 승인된 주소를 소유한 사람

3) NFT의 소유권과 운영권을 가진 사람

ERC-721 NFT 기술 표준에는 NFT를 발행하는 민팅minting과 NFT를 소각하는 버닝burning에 대한 내용은 포함하지 않는다. NFT 플랫폼 개발사는 자체 민팅과 버닝에 대한 방법을 제공해야 한다.

2절

NFT 분산저장 기술

1 | NFT 분산저장 기술

NFT에 대한 관심이 커지면서 분산저장 기술이 관심을 끌고 있다. NFT를 생성한 플랫폼이 서비스를 종료할 경우 NFT 원본 파일도 함께 사라질 수 있다는 위험이 있다. NFT는 미디어 데이터와 메타데이터로 구성된다. 미디어 데이터는 작품 파일 그 자체를 말한다. 미디어 데이터는 원본 디지털 콘텐츠 자체로 블록체인이 아닌 외부 저장 공간에 저장된다. 메타데이터는 작품의 제목, 창작자, 미디어 데이터가 저장되어 있는 인터넷 주소 등 NFT 콘텐츠에 대한 설명과 부가 정보가 기록되어 있다. 원본 미디어 데이터를 블록체인 자체에 저장할 수도 있겠지만 거래 처리 속도, 수수료, 블록체인 저장 공간의 효율적인 사용 등을 이유로 대부분 외부 저장 공간에 저장한다. NFT 거래가 되면 원본 미디어 데이터가 전송되는 것이 아니라 메타데이터 정보를 포함하고 있는 NFT가 전송되고 이 거래가 블록체인에 저장된다.

오프체인에 저장된 미디어 데이터는 우리가 일반적으로 알고 있는 저장 방식을 사용할 수 있다. 이 경우 원본 미디어 데이터를 장기적으로 안전하게 보관하는 것을 보장하기 어렵다. 중앙화된 방식의 데이터 저장 기술로는 NFT 미디어 원본 파일을 안전하게 보관하기 어려운 것이다. 원본 미디어 데이터를 저장하고 있던 웹서버나 스토리지 서버가 서비스를 중단할 경우 원본 미디어 데이터를 백업하고 있더라도 NFT 메타데이터에 기록된 원본 미디어 파일 링크에는 해당 파일이 없는 것이다. 이 경우 원본 미디어 파일을 증명하기가 쉽지 않다.

IPFSInter Planetary File System는 클라이언트-서버 통신 방식을 사용하지 않고 P2P 통신 방식을 사용하기 때문에 고화질 이미지, 음악, 영상 등의 대용량 데이터를 전송하는데 적합하다. IPFS는 모든 컴퓨터를 연결하고자 하는 분산된 P2P 파일 시스템으로서 'Inter Planetary'라는 표현은 지구에 있는 컴퓨터뿐만 아니라 다른 행성의 컴퓨터들까지 모두 연결하겠다는 비전을 담고 있다. IPFS에 파일을 저장하면 서버 해킹이나 관리 부주의로 인한 데이터 변경, 삭제 등의 위험도 방지할 수 있다. IPFS는 데이터를 작은 블록으로 나누어 여러 컴퓨터에 분산 저장하는 방식이다. 단일 서버에 저장하는 것이 아니기 때문에 파일을 저장하는 컴퓨터 자체에 대한 신뢰를 확인하지 않아도 된다.

IPFS는 분산해시테이블DHT, Distributed Hash Table, 비트토렌트BitTorrent, 깃Git, 자체인증파일시스템SFS: Self-Certified File System 등 기존에 개발된 P2P 통신 기술을 종합한 분산파일시스템이다. 깃Git은 로

컬 저장소의 소스 코드 관리에 사용하는 버전 관리 시스템이다. 깃허브Github는 깃의 기능을 확장하여 클라우드 환경에서 공동 작업하며 버전을 관리하는 시스템이다. 기존 HTTP는 데이터가 위치한 곳의 주소를 찾아가서 원하는 콘텐츠를 한꺼번에 가져오는 방식이다. IPFS는 콘텐츠의 내용을 변환한 해시값을 이용하여 전 세계 여러 컴퓨터에 분산되어 저장된 콘텐츠를 찾는다. 찾은 콘텐츠를 조각조각 잘게 나눠서 빠른 속도로 동시에 가져온 후 하나의 파일로 합쳐서 보여주는 방식으로 작동한다.

| 그림 4-4 |

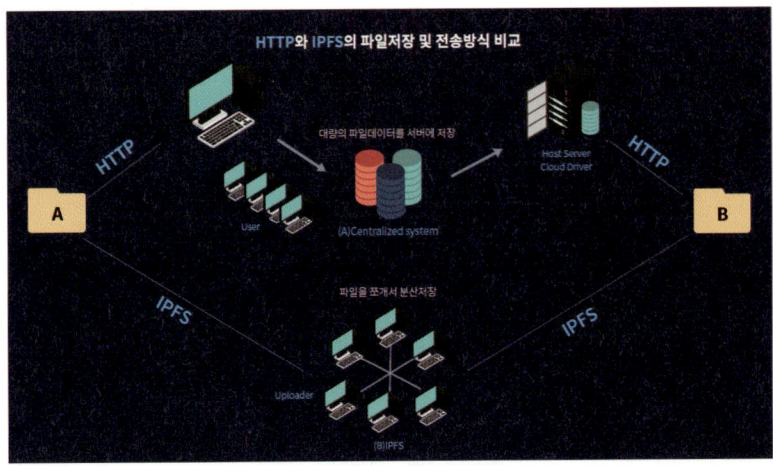

출처 : nft.storage

분산해시테이블DHT은 다른 컴퓨터의 네트워크 주소나 특정 데이터 블록을 보관하고 있는 컴퓨터를 찾을 때 활용한다. 각 컴퓨터 사이에 원활한 파일 공유를 위해 비트토렌트 기술을 활용하며 데이터 공유에 기여하는 컴퓨터는 보상을 준다. DNS~Domain Name System~ 같은 네이밍 서비스를 지원하기 위해 SFS 기반의 IPNS~Inter Planetary Name System~를 활용하고 데이터의 수정 내역을 기록하고 버전 관리를 위해 머클 방향성 비순환 그래프~Merkle DAG~ 기술의 깃을 활용한다.

비플의 첫5000일 작품의 NFT 메타데이터를 보면 300M 크기 원본 이미지를 저장한 인터넷 주소는 아래와 같다. 아래 주소로 접속하면 비플의 첫5000일 작품의 원본 이미지를 볼 수 있다.

https://ipfs.io/ipfs/QmXkxpwAHCtDXbbZHUwqtFucG1RMS6T87vi1CdvadfL7qA

비플의 첫5000일 작품의 1.5M 크기의 썸네일 이미지는 다음 주소에서 확인할 수 있다.

https://ipfs.io/ipfs/QmZ15eQX8FPjfrtdX3QYbrhZxJpbLpvDpsgb2p3VEH8Bqq

| 그림 4-5 |

출처 : nft.storage

2 | 파일코인Filecoin 스토리지 활용하기

파일코인은 후안 베넷Juan Benet이 설립한 프로토콜 랩스Protocol Labs에서 개발했다. 2017년 8월 10일 ICO를 통해 1개월 만에 2억5700만 달러가 넘는 투자금을 모았다. 파일코인은 블록체인 기반의 IPFS 기술을 이용하여 탈중앙 분산형 클라우드 시스템을 구현하는 가상화폐다. 파일코인 소유자는 다른 사용자의 컴퓨터에서 사용 가능한 하드 디스크 공간을 활용하여 파일을 저장하고 검색할 수 있다. 컴퓨터 스토리지를 IPFS 정책에 맞게 제공하는 참여자에게도 파일코인을 보상으로 제공한다.

IPFS를 개발한 프로토콜 랩스는 현재 파일코인을 발행하고 데이터 블록을 저장하는데 참여하고 기여한 노드에게 보상하는 방식으로 IPFS 생태계 확장을 지원하고 있다. 파일코인 총 발행량은 20억개로 확정되어 있고 30%인 6천만개는 초기 개발자 등에게 배정되어 있어 채굴 대상은 14억개다. 186년간 채굴할 수 있고 최초 6년이 지나면 채굴량이 반으로 줄어드는 반감기를 가진다. 채굴된 파일코인의 75%는 180일이 지나야 사용 가능한 방식을 채택하고 있다.

IPFS에 미디어 파일을 저장하고 조회하는 방법에 대해서 살펴보자. 먼저 Web3.storage 사이트로 접속한다. 이 사이트는 IPFS 기반 파일코인 프로젝트를 운영하는 프로토콜 랩스에서 직접 만든 서비스다. IPFS에 파일을 바로 올릴 수 있다. 업로드 가능한 파일 크기는 1 TiB 크기까지 가능하다. Web3.storage 사이트에 가입을 한 후에 파일 업로드가 가능하다. 깃허브GitHub로 가입하거나 이메일 주소로 가입하면 된다. 이메일로 가입할 경우 이메일 주소로 도착한 인증 링크를 클릭하면 접속이 된다.

| 그림 4-6 |

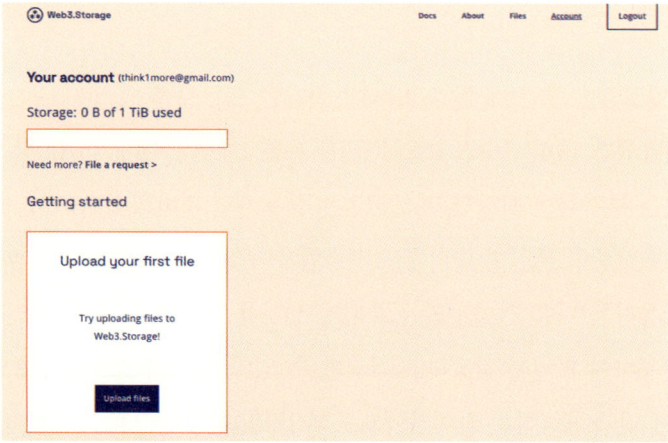

위와 같은 접속 화면에서 'Upload files' 버튼을 클릭하여 파일을 업로드 한다. 업로드 한 파일은 오른쪽 위에 있는 'Files'라는 메뉴를 클릭해서 확인할 수 있다.

| 그림 4-7 |

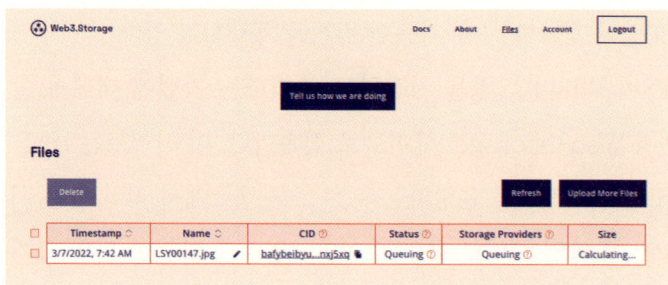

위 이미지에서 업로드한 파일은 CID Content IDentifier라는 값을 확인할 수 있다. IPFS에서는 CID를 이용하여 콘텐츠를 확인할 수 있다.

CID 컬럼 오른쪽에 있는 복사하기 아이콘을 클릭하여 CID 주소를 복사한 후에 해당 CID 값을 주소값으로 활용하여 원본 콘텐츠를 확인할 수 있다. 이때 CID 주소값으로 IPFS 콘텐츠를 확인하기 위해서는 IPFS 접근을 지원하는 웹 브라우저를 이용해야 한다. 인터넷에서 브레이브Brave 브라우저를 다운로드 받아서 접속하면 된다. 아래는 브레이브 브라우저로 접속하여 IPFS에 업로드한 이미지 원본 파일을 확인하는 화면이다.

| 그림 4-8 |

브레이브 브라우저 브라우저 주소창에 CID 값을 붙여넣기 한 후에 제일 앞에 ipfs:// 라고 입력을 해줘야 한다. CID 값이 IPFS 접속을 한다고 표시를 해 주어야 IPFS 네트워크에서 해당 CID 값으로 접근할 수 있기 때문이다.

이 방식을 이해하면 각자가 발행하고자 하는 NFT의 디지털 원본 파일을 IPFS에 저장한 후 원본 미디어 파일을 IPFS 주소로 활용할 수 있다. IPFS에 업로드 한 파일은 내가 Files 메뉴에서 삭제 하더라도 IPFS 네트워크 상에서는 남아 있기 때문에 나중에 영구적으로 삭제해야 할 파일을 업로드 하는 것은 문제가 될 수 있다. NFT 발행을 위한 콘텐트 파일은 영구적으로 보관을 해야 하기 때문에 IPFS에 저장하는 것이 적합하다.

3절

NFT에 가치를 부여하는 4가지 특성

    NFT 기술을 활용해 디지털 희소성을 구현하고 디지털 소유권을 강화해 새로운 시장과 수익 창출의 기회를 만들 수 있다. 커뮤니티 팬덤을 기반으로 성장하는 예술, 게임, 스포츠, 엔터테인먼트 분야에서 NFT는 새로운 사업 기회를 제공한다.

    블록체인 기술이 데이터의 위변조를 막고 암호화폐 기술을 통해 디지털 세상에서 탈중앙화된 금융 서비스를 열었다. 각자가 가진 암호화폐가 위변조 되지 않고 송수신 될 수 있다. NFT 기술은 위변조 되지 않고 대체 불가한 독특한 디지털 자산을 생성하고 소유할 수 있도록 해준다.

    NFT는 희소성, 상징성, 소요욕망, 불변성이라는 4가지 특성을 반영하며 가치를 가진다. 누구나 NFT를 발행할 수 있는 시대가 왔지만 가치 있는 NFT를 발행하기 위해서는 아래 설명하는 4가지 특성을 잘 이해할 수 있어야 한다.

1 | 희소성

희소한 자원은 언제나 사람들에게 주목받는다. 많은 투자 자산들이 희소성을 기반으로 거래가 된다. 전통적인 투자 자산인 금, 다이아몬드, 원유 등이 대표적인 사례다. 오래된 미술 작품이나 유물 등도 모두 희소하다는 것 때문에 높은 가격으로 거래가 된다. 희소성을 가진 자산은 미래에 해당 자산에 대한 수요가 더 많이 발생하여 자산가치가 상승할 것이라는 기대를 갖게 한다.

NFT는 예술품, 게임 아이템, 부동산 등 모든 자산을 블록체인 기반으로 토큰화할 수 있다. 유일무이한 디지털 자산으로 구현해 자산의 거래와 수집이 가능하도록 지원한다. 일반적인 디지털 파일이나 디지털 자산은 무한 복제가 가능하기 때문에 해당 디지털 자산의 가치와 희소성을 보장하기 어렵다. NFT는 특정 자산에 대한 유일무이한 희소성을 부여할 수 있다.

희소성은 투자를 위한 가장 기본적인 가치 속성이지만 희소하다는 것만으로 충분하지는 않다. 우리 주변을 돌아보면 그 자체로 희소한 것이 많이 있지만 희소하다고 해서 모두 투자 가치를 가지는 것은 아니다. 희소성은 가치 판단의 기본 속성이 되지만 투자를 위해서는 추가적인 가치 속성이 필요하다.

간송미술관에서 NFT로 발행한 훈민정음 혜례본과 같은 경우는 희소성을 기반으로 발행된 사례로 볼 수 있다. 훈민정음 혜례본은 1940년 경북 안동의 고가에서 발견한 것을 간송 전형필이 수장했다. 훈민정음 혜례본에는 새롭게 창제한 훈민정음에 대한 해설이 포함된 것으로 더욱 희소 가치가 있는 작품이다. 훈민정음 혜례본 NFT는 희소 자산에 대한 가치와 함께 국보에 대한 기부 또는 후원이라는 의미까지 부여된 사례로 분류된다. 다만 단순한 기부나 후원이란 의미를 넘어 구매자 또는 투자자들에게 추가적인 의미 부여를 할 수 있어야 2차 거래 시장이 활성화 될 수 있다는 점에서 NFT 작품의 추가적인 거래에 대한 숙제를 남겨주기도 했다.

| 그림 4-9 |

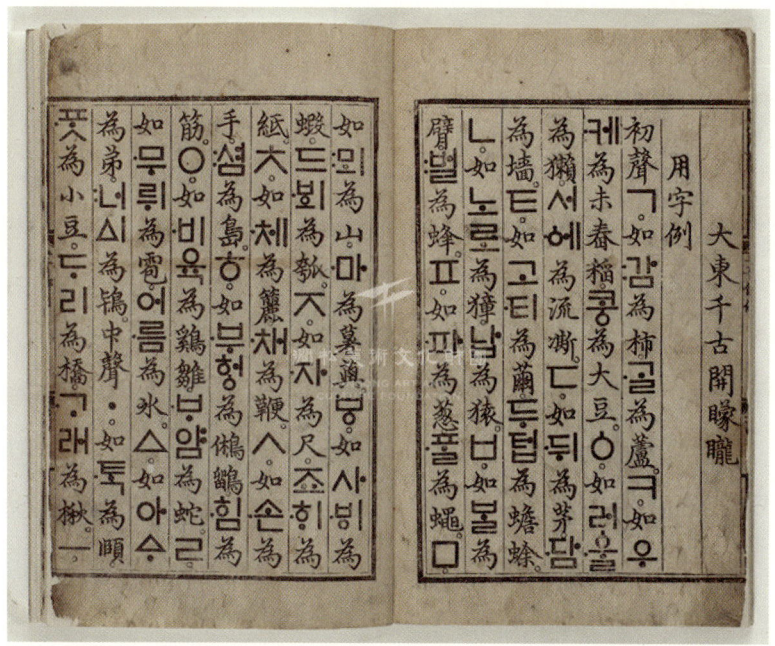

출처 : 간송미술관 훈민정음혜례본

2 | 상징성

어떤 자산이 가치를 가지려면 특별한 상징성을 내포하고 있어야 한다. 상징성은 아우라 같은 것이고 의미를 말한다. 아우라는 예술 작품에서 개성을 구성하는 요소로 예술 작품이 지니고 있는 미묘하고도 개성적인 고유한 본질 같은 것을 의미한다. 벤야민의 논문〈기술복제시대의 예술작품 Das Kunstwerk im Zeitalter seiner technischen Reproduzierbarkeit〉으로 유명해진 개념이다. 이 논문은 유물론적 예술 이론을 표방하는 논문이다. 벤야민은 기술복제시대의 예술작품에 일어난 결정적 변화를 아우라의 붕괴라는 현상으로 설명했다. 아우라는 유일무이하게 존재하는 대상에서만 나타나기 때문에 사진이나 영화와 같이 복제되는 작품과 아우라는 결합될 수 없다고 주장했다.

NFT가 거래의 대상으로 주목받는 것은 희소성과 함께 상징성을 가지고 있기 때문이다. NFT의 상징성은 NFT를 바라보는 구매자들에게 특별한 의미가 되어야 한다. NFT의 상징성은 '스토리와 히스토리로' 구성된다. 해당 NFT가 희소하다는 것만으로는 부족하다. 역사적으로 특정한 시점을 기준으로 어떤 의미가 있어야 하고 동시에 그것이 사람들에게 관심을 받고 기억이 되고 계속해서 회자될만한 스토리를 담고 있어야 한다. NFT 작품 거래에서 상징성은 갈수록 더 중요해지고 있는 속성이다. NFT 산업이 마케팅 시장으로 진입한 것은 각 작품의 상징성을 어떻게 잘 표현하고 전달할 것인가에 대한 산업계의 노력이라고 볼 수 있다.

비플의 'Everyday: The First 5000 Days'는 5000일 동안의 작품을 모자이크 방식으로 모은 작품이다. 그라임스는 일론 머스크의 아내라는 스토리가 있으며 '워 님프War Nymph'에는 화성을 수호하는 아기 천사의 이미지가 등장하여 일론 머스크의 화성 프로젝트와 스토리 연결을 가진다. 팀 버너스리의 'This Changes Everything'은 30년 된 1만여 줄의 웹 소스 코드를 입력하는 동영상, 소스 원본 파일, 버너스리의 편지를 담은 NFT다. 희소성 있는 NFT가 구매자들의 소유욕망을 자극할 수 있는 스토리와 역사적으로 가치 있는 의미가 담겨져 있지 않으면 NFT로서의 가치를 나타내기 어렵다.

3 | 소유욕망

NFT는 희소성을 가진 디지털 자산에 대한 구매자의 소유욕망을 만족시킬 수 있다. 해당 디지털 자산이 자신의 것이라는 것을 마음껏 자랑할 수 있다. NFT는 디지털 자산에 대한 소유증명을 보장한다. 투명하고 완전한 소유증명 기술 덕분에 NFT 구매자는 자신의 소유권을 공개적으로 자랑할 수 있다. 디지털 아티스트 비플Beeple은 "지난 20년 동안 하드웨어와 소프트웨어를 사용해 예술 작품을 만들어 인터넷에 배포했지만 작품을 소유하고 수집할 수 있는 진정한 방법은 없었다. NFT를 통해 위조에 대한 위협 없이 작품을 수집할 수 있는 방안이 마련됐다"고 말했다.

기존 디지털 생태계에서 사용자는 이미지, 음원, 게임 아이템 등을 실제로 소유하기보다 해당 디지털 자산에 대한 접근 권한만 제공 받는다. 자산을 발행한 플랫폼이 사라지면 플랫폼에서 제공하던 아이템과 해당 아이템이 가진 디지털 가치와 효용도 함께 사라지는 위험을 내포하고 있다.

NFT는 디지털 자산에 대한 가치와 소유권에 대한 메타 정보를 담고 있다. NFT 소유자는 NFT를 발행한 플랫폼에 종속되지 않고 디지털 자산에 대한 진정한 소유권을 가질 수 있다. 발행 플랫폼이 아닌 다른 플랫폼에서도 호환이 가능하기 때문에 NFT 유통 시장을 통해 자유롭게 소유하고 있는 NFT를 거래할 수 있다. NFT에 기록된 실제 디지털 자산은 분산저장기술을 통해 NFT 발행 플랫폼에 종속되지 않고 저장된다.

명품 기업들이 앞다투어 NFT 시장에 뛰어들고 있다. 버버리는 시그니처 코드인 '버버리 애니멀 킹덤'에서 영감을 받아 샤키 B라는 NFT 캐릭터를 발표했다. 상어 캐릭터인 샤키 B는 버버리의 모노그램 패턴으로 장식된 제트팩, 풀 슈즈, 암 밴드 등의 한정판 디지털 캡슐 콜렉션을 착용하고 런던, LA, 도쿄, 서울, 홍콩 등 오프라인에도 등장할 예정이다. 750개 한정판으로 선보인 샤키 B는 '블랭코스 블록파티'에서 299달러 상당의 NFT로 소유할 수 있으며 제트팩, 풀 슈즈, 암밴드 등 게임 속 액세서리로 캐릭터를 업그레이드 시킬 수 있다.

아디다스는 BAYC 등과 제휴해 '메타버스 속으로'라는 NFT 3만 개를 개당 0.2ETH에 한정 판매하는 아디다스 오리지널 프로젝트를 실행했다. NFT 프로젝트를 메타버스와 연계한다는 것과 디지털 상품과 실물 상품을 연계한 점에서 주목할 만한 사례다. '메타버스 속으로' NFT를 구매하면 디지털 상품뿐만 아니라 실물 상품도 받을 수 있다. 아디다스 오리지널 상품에는 BAYC 아바타 '인디고 허츠'가 입고 있는 형광 노란색 파이어버드 트랙수트, 펑크스 코믹의 만화 인물이 입고 있는 후드티, 지머니의 오렌지색 비니 등이 포함되어 있다.

| 그림 4-10 |

출처 : 버버리 NFT 캐릭터 샤키 B

4 | 불변성

NFT는 창작자의 권리를 보장할 수 있다. 자신의 창작물을 NFT로 발행한다는 것은 상표권이나 특허를 등록하는 것과 같은 개념으로 이해할 수 있다. NFT는 블록체인에 자산에 대한 메타데이터를 저장하기 때문에 위변조가 불가능하고 최초 발행자부터 현재 소유자까지 모든 거래 내역을 추적할 수 있다. 제3자 전문 기관의 검증을 거치지 않고도 자산의 가치와 진위를 보장할 수 있다. 자산의 유통과 검증 절차를 간소화, 효율화하고 부정 유통과 사기를 막을 수 있는 것이다.

블록체인 기술 고유의 불변성을 활용하여 저작권을 포함한 원본 증명과 거래를 통한 소유증명이 가능하다는 점에서 디지털 자산 거래 시장을 획기적으로 확장했다. NFT 상품 거래의 불변성, 스마트 컨트랙트를 활용한 고도의 신뢰 거래를 할 수 있다는 점에서 NFT는 전자상거래 시장과 핀테크 시장을 융합하며 폭발적으로 성장할 것으로 기대된다.

4절

NFT 핫이슈

　NFT의 적용은 미술, 예술 분야를 넘어 게임 분야, 디지털 부동산, 메타버스 등과 연계하며 제품 판매 영역으로 확대되고 있다. 글로벌 스포츠 기업인 나이키, 아디다스 등이 자사의 신상 제품과 NFT 플랫폼을 연동시키는 프로젝트를 시작했다. 업비트는 2021년 말 NFT 마켓플레이스인 '업비트 NFT'를 출시하며 NFT 시장 진출을 시작했다. 'BTS' 소속사 하이브와 협력하며 글로벌 시장까지 NFT 사업을 확장하려고 한다. 코빗은 만화·웹툰 전문기업인 미스터블루와 협력하여 NFT 사업에 뛰어들었으며, 2022년에는 이스트게임즈와 게임 IP 기반 NFT 사업에 진출할 예정이다.

　신한카드는 NFT 발급과 관리서비스를 제공하는 'My NFT'를 '신한 pLay'에 출시했다. My NFT는 출시 4일 만에 1만5000개의 NFT를 발행했고 가입 회원도 2,000명을 돌파했다. 중고거래 서비스인 번개장터와 NFT 분야에서 협업하는 등 사업 영역을 넓혀 가고 있다.

우리은행은 오픈소스 네트워크 기반 '블록체인 플랫폼'을 구축했고 이를 기반으로 NFT 발행에 적용할 계획이다.

KB국민은행은 클레이튼 기반으로 가상자산, 지역화폐, NFT, CBDC 등 다양한 디지털 자산의 충전, 송금, 결제 등을 지원하는 '멀티에셋 디지털 월렛'을 개발했다.

1 | 게임을 하며 돈을 버는 P2E 시장

P2E란 블록체인 기술과 게임을 접목해 게임 아이템으로 수익을 창출할 수 있는 새로운 비즈니스 모델이다. 메타버스, 가상자산, NFT와 연계한 가상 경제 서비스가 급성장하며 글로벌 게임 시장에서도 P2E에 대한 관심이 커지고 있다. 그동안 P2W(Play-to-Win, 이기기 위한 게임 플레이) 방식에서 최근에는 P2E를 도입하는 게임이 많아지고 있다. 사이버머니, 아이템 등 게임 서비스 고유의 게임 재화와 블록체인 기술간의 연계성이 좋고, NFT 기술을 통해 거래의 투명성을 확보할 수 있다. 글로벌 데이터 분석 플랫폼 댑레이더에 따르면 2021년 3분기 P2E 게임과 관련된 고유 활성 지갑 숫자가 75만4000개를 기록했다고 한다.

게임업계는 2022년 NFT와 P2E 게임 시장에 대한 본격적인 진출을 선언했다. 2021년 11월 '무한돌파삼국지 리버스'는 전형적인 모바일 RPG(롤플레잉게임)에 P2E를 적용한 게임으로 매일 게임에서 특정 임무를 수행하면 무돌코인을 받는다. 획득한 무돌코인은 클레이 스왑으로 빗썸 등에 상장되어 있는 클레이로 교환하고 거래소에서 원화로 환전도 가능하다. 무돌삼국지가 출시된 직후에 국내 P2E 게임으로 알려지면서 앱마켓에서 게임 1위에 오르기도 했다.

　게임물관리위원회는 국내 P2E 게임에 대해서는 사행성을 이유로 출시를 원칙적으로 금지하고 있다. 무돌삼국지는 자체적으로 게임 등급 지정이 가능한 자체등급분류사업자로 분류되어 있어 출시가 가능했다. 출시 이후 게임위는 무돌삼국지에 대해 등급분류결정 취소처분을 내렸고 이후에 무돌삼국지 게임은 앱마켓에서 삭제되고 서비스도 중단되었다. 이후 개발사인 나트리스가 '무한돌파삼국지 리버스'를 글로벌 아시아 지역을 대상으로 2022년 7월 정식 출시하였다.

| 그림 4-11 |

출처 : 나트리스

(1) NFT와 P2E 시장

P2E 시장에 국내 주요 게임사들이 적극적으로 진출하고 있다. 위메이드는 블록체인 자회사인 위메이드트리를 합병하였고 미르4를 시작으로 앞으로 자사의 모든 게임을 P2E 방식으로 전환하겠다고 밝혔다.

컴투스는 블록체인 게임 업체인 '애니모카 브랜즈'와 NFT 전문 기업인 '캔디디지털'에 투자하며 P2E 사업에 진출했다. 또한 공격적인 M&A로 가상자산 거래소 코인원의 2대 주주가 되면서 2022년 이내에 다수의 P2E 게임을 출시할 예정이다.

플레이댑은 2021년 10월 27일 NFT를 적용한 P2E 게임 '신과함께'를 출시했다. 중국과 한국을 제외한 세계 170여개국에서 NFT 스테이킹 서비스를 제공한다.

모바일 게임사 111%도 블록체인 기반 P2E 게임 시장에 진출했다.

(2) 위메이드, 미르4

미르4에서는 게임 내 광물인 흑철을 채굴하면 '드레이코'라는 유틸리티 코인을 얻을 수 있다. 드레이코 코인은 위메이드의 암호화폐 '위믹스'와 교환하여 현금화 할 수 있다. 사실상 게임을 통해 암호화폐를 채굴하는 방식이다. 2021년 11월부터는 NFT를 적용한 아이템도 미르4 게임에서 유통된다. 2021년 10월 28일에는 동시 접속자가 100만명을 돌파했다. 위메이드 장현국 대표는 위믹스가 글로벌 게이밍 블록체인이면서 게임의 기축통화가 될 수 있다고 말하며 2022년 말까지 100개 이상의 게임을 위믹스 블록체인에 올린다는 계획을 밝혔다.

| 그림 4-12 |

출처 : 위메이드

위메이드는 두 가지 방식으로 P2E 게임에서 수익을 낸다. 첫 번째는 게임 내 아이템을 판매하는 일반적인 방식의 매출이다. 아이템 파밍(사냥과 수집 등으로 아이템을 얻는 행위)으로 수익을 내려는 이용자들도 더 많은 파밍을 위해 레벨을 높이거나 공성전에서 승리하여 타 이용자들에게 세금을 걷기 위해서는 게임 내 아이템 구매가 필요하다.

두 번째 방식은 수수료 수익이다. 위메이드는 드레이코 등 게임의 유틸리티 코인을 위믹스 월렛에서 거래할 때 0.9%의 수수료를 위믹스로 받는다. NFT 거래소에서 거래되는 아이템에 대해서는 2.5%의 수수료를 받는다. 위믹스 플랫폼을 이용하는 게임사들이 발행한 코인이 흑철로 전환될 때도 수수료를 받는다. 위메이드는 수수료로 받은 위믹스를 가상자산 거래소에서 판매하여 현금화 한다.

위메이드는 개별 게임에 별도의 유틸리티 토큰을 발행하고 이를 위믹스 토큰으로 교환하는 구조를 제공한다. 게임별 성과에 따른 코인 가격의 변동이 위믹스 토큰의 가격에 크게 영향을 미치지 않고자 한다. 개별 게임의 수명이 다해도 위믹스와 연동하는 새로운 게임의 지속적인 출시를 통해 위믹스 코인의 수요를 안정적으로 유지한다는 계획이다.

| 그림 4-13 | 위믹스 블록체인 플랫폼

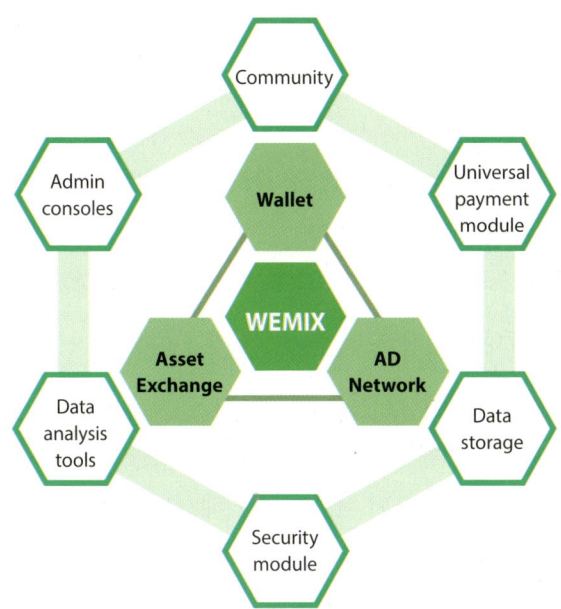

출처 : 위메이드

(3) P2E 시장과 코인 시장의 관계

　기존 온라인 게임에서도 게임 내 재화를 실제 현금으로 거래하여 돈을 버는 사례는 이미 있었다. 리니지의 경우 게임 내 재화인 아데나 나 집행검 등 아이템, 게임 계정 자체를 개인간 거래 하거나 사설 아이템 거래소를 통해 파는 방식으로 수익을 창출하고 있다. 이 경우 게임 내 아이템의 가치는 아이템과 게이머의 공급과 수요 곡선에 의해 결정된다. 충성도 높은 이용자가 많은 게임은 게임 재화도 높은 가격에 거래된다. 전체 게임 시장의 규모는 게이머들이 지출하는 금액으로 결정된다.

　가상화폐와 연계된 P2E 게임의 규모는 게이머들의 수요와 가상화폐 시장에 참여한 투자자들의 투자금의 합으로 결정된다. 게임을 하지 않아도 투자자들은 코인 거래소에서 게임과 연계된 코인을 구매할 수 있고 시세 차익을 노린 투자 수요도 있다. 이러한 투자는 코인의 가격을 올리고 상승한 코인 가격은 게임 아이템 파밍에 대한 보상을 더욱 늘려 더 많은 게임 이용자를 유입시키는 선순환 생태계를 만들 수 있다. 이런 선순환이 유지되기 위해서는 코인의 희소성을 유지시킬 수 있도록 유통량의 적절한 통제와 유입된 게이머를 지속시킬 수 있는 게임 재미 요소의 제공이 필요하다.

(4) P2E 시장 관련 규제

　한국에서 게임을 출시하려면 등급 분류가 필요하다. 게임산업법은 게임 내 재화를 현금으로 바꿀 수 있는 환금성 게임을 규제하고 있기 때문에 등급 분류가 거부되는 경우가 많다. 업계에서는 환금성 관련 규제가 빠르게 변화하는 글로벌 시장으로 사업을 확장하는데 발목을 잡고 있다고 말한다. 등급분류를 받지 않은 게임을 국내에 유통하거나 운영할 경우에는 '게임산업법' 위반으로 처벌받을 수 있다.

'바다 이야기'의 영향 아래에 있는 한국 게임 산업의 규제 시스템 재검토가 없다면 한국에서 P2E 관련 게임이 출시될 가능성은 낮다.

국내에서 P2E 게임을 할 수 있는 방법은 글로벌 P2E 게임을 VPN(가상사설망)으로 IP를 우회하여 접속하는 것이다. 국내 출시 게임이 아니라 게임위의 제재를 받지 않지만 VPN을 사용할 경우 실행이 번거롭기도 하고 인터넷 속도가 떨어져 게임 퀄리티가 떨어진다. 유료 VPN을 사용하면 요금도 발생한다.

글로벌 P2E 게임을 즐기는 국내 이용자들은 P2E 게임 이용이 불편한 상황이고 많은 국내 게임사들이 2022년부터 P2E 게임을 글로벌로 출시하면 국내 P2E 게임 이용자들의 불만이 더욱 커질 것이다.

2 | 최근 폭발적인 관심을 받는 PFP

(1) 최근 폭발적인 관심을 받는 PFP

PFP는 'Profile Picture'의 약자로 NFT 산업에서 최근 폭발적인 관심을 받고 있는 영역이다. PFP는 사용자들이 SNS 프로필 사진으로 사용이 가능한 NFT 유형이다. NFT 초기에 일부 NFT 커뮤니티와 NFT 투자자들이 자신의 소셜미디어 프로필 사진을 NFT 이미지로 사용하는 것에서 시작되었다. 트위터, 페이스북 프로필 사진에서 자주 볼 수 있다.

트위터는 본인 소유의 NFT를 프로필에 연동할 수 있는 기능을 유료로 제공하고 있다. 이렇게 되면 실제 자신이 구매한 PFP NFT를 바로 트위터 프로필로 사용하며 NFT 소유를 과시할 수 있을 것이다. 트위터는 메타마스크, 코인베이스 월렛, 트러스트 월렛 등 주요 가상자산 지갑 서비스를 '트위터 블루'와 연동했다. NFT가 담긴 지갑을 연동한 후 NFT를 트위터 프로필 사진으로 설정할 수 있다.

PFP가 갑자기 유행을 한 것은 아니다. 블록체인과 크립토 이코노미를 지지하는 사람들은 이미 그전부터 자신의 프로필 사진을 '레이저 아이Laser Eyes'라는 형태로 바꿔서 활용하고 있었다. 트위터나 페이스북 프로필 사진을 눈에서 레이저 빛이 나가는 사진으로 설정한 경우를 자주 볼 수 있다. 일론 머스크나 엘살바도르 대통령 나이브 부켈레 등 유명인들도 자신의 프로필 사진을 레이저 아이로 바꾸기도 했다. 레이저 아이는 '비트코인을 지지한다'라는 협의의 의미부터 크립토 이코노미를 지지한다는 광의의 의미까지 포함한다. 구글에서 'bitcoin laser eyes'로 검색하면 다양한 레이저 아이 프로필 사진을 확인할 수 있다.

| 그림 4-14 |

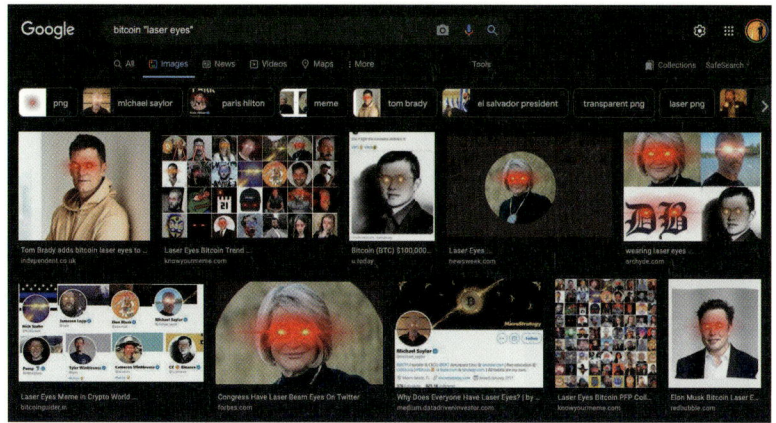

출처 : 구글 검색, bitcoin laser eyes

(2) 집시Zipcy, 수퍼노멀Supernormal 프로젝트

집시 작가는 2021년 9월 그라운드X의 NFT 플랫폼 '클립 드롭스'에서 처음으로 NFT를 거래했다. 그의 작품 '두 연인'과 'Eyes In Love'는 각각 500KLAY와 250KLAY에 100개, 155개 판매됐다. (클립 드롭스 인스타그램: https://www.instagram.com/p/CTf8ry7pN7G/)

집시 작가는 코인베이스 수석 개발자 앤드류 최(Andrew Choi)와 함께 팀을 이뤄 제너레이티브 아트 프로젝트 수퍼노멀Supernormal을 진행했다. 슈퍼노멀 프로젝트는 배경색, 머리카락, 피부, 이목구비, 장신구, 의상 등 1,000가지 속성을 서로 다르게 섞어서 조합하는 제너레이티브 아트 작품으로 'ZIPS NFT' 8,888개를 이더리움에서 발행했다.

| 그림 4-15 |

출처 : 코인데스크코리아, https://www.coindeskkorea.com/news/articleView.html?idxno=77298

2022년 1월에 프리세일을 진행한 집시 작가의 NFT를 얻을 수 있는 방법을 알아보자. 대상은 화이트리스트 보유자만 참여가능하다.

화이트리스트 대상이 되려면 어떻게 해야 할까? 수퍼노멀 디스코드방 친구 20명 초대 및 트위터 인스타 팔로우 시키기, 디스코드 채널의 게임에 참여하여 우승하기, 디스코드·인스타그램·트위터 등 각종 채널에서 열리는 Giveaway 참여하여 당첨되기, 디스코드방 랭킹 222위 안에 들기 등이 있다.

집시 작가가 2021년도 클립 드롭스에서 판매한 NFT와 수퍼노멀 NFT를 모두 보유한 소유자들에게 미공개 작품을 에어드롭 하겠다고 발표하자 클립 드롭스 발행 NFT의 2차 시장 거래가가 크게 올랐다.

(3) 사이버콩즈

| 그림 4-16 |

출처 : https://www.cyberkongz.com/

2021년 3월에 발행된 사이버콩즈Cyberkongz는 34x34 크기 JPG 형식의 유인원 이미지 세트로 발행된 NFT다. 사이버콩즈는 대대적인 캠페인이 없었는데도 NFT 투자자들에게 관심을 받으며 짧은 시간 안에 커뮤니티가 크게 확장되었다. 최초 발행된 후 NFT 마켓플레이스인 오픈씨Opensea에서 0.01ETH(당시 약 23달러)에 거래되었다. 이후 커뮤니티의 폭발적인 성장과 함께 가격이 급등하며 2021년 8월에는 21.33ETH까지 올랐다. 이후 가장 비싼 거래는 최고가 215ETH에 거래되었다.

| 그림 4-17

출처 : https://www.cyberkongz.com

초기에는 프로필 사진용PFP으로 활용되었고 시간이 지나면서 사이버콩즈 프로젝트로 발전했다. 사이버콩즈는 3가지 종류가 있다. 최초 유인원인 제네시스콩즈, 제네시스콩즈의 교배로 태어난 베이비콩즈, 메타버스에서 사용되는 사이버콩즈VX가 있다.

사이버콩즈 VX는 메타버스 플랫폼 샌드박스와 협력하여 3D 캐릭터로 출시되었다. 사이버콩즈는 샌드박스에 12x12 크기의 땅에 '네오 콩즈 시티Neo Kongz City'와 24x24 크기의 땅에 '콩즈 아일랜드Kongz Island'를 건설했다.

| 그림 4-18 | 샌드박스에 건설된 콩즈의 성지(Shirne of Kongz)

출처 : 더 샌드박스

제네시스콩즈는 총 1,000개가 있으며 10년 동안 하루에 10개의 바나나 토큰을 생성할 수 있다. 제네시스콩즈 2마리 교배로 태어나는 베이비콩즈는 총 600개의 바나나 토큰이 사용된다. 바나나 토큰은 사이버콩즈 이름을 변경하거나 유틸리티 토큰으로 사용된다. 사이버콩즈의 바나나 토큰은 원하는 기능이나 물건을 교환하는데 사용되며 자체적으로 경제적 가치를 가지는 것은 아니다. 사이버콩즈는 바나나 토큰의 가치를 유지하기 위해 샌드박스의 콩즈 아일랜드에 바나나 상점을 운영한다.

2021년 12월 2일 사이버콩즈 커뮤니티는 3D 콩즈를 소유할 수 있도록 사이버콩즈 3D 설계 파일을 다운로드 할 수 있도록 했다. 사이버콩즈 프로젝트가 복셀로 쌓은 사이버콩즈VX를 3D로 프린팅해 소장할 수 있게 한 시도는 매우 흥미롭다. 자신이 NFT로 구매한 사이버콩즈를 실제로 소장할 수 있는 방법을 제공한 것이다. 구매자가 직접 인쇄해도 되고 3D 프린팅을 위탁한 후 나중에 3D 출력물을 받아볼 수도 있다. 3D 프린팅을 원하는 사이버콩즈를 선택한 뒤 원하는 소재로 주문하면 된다. 3D 프린팅을 위탁하면 비용은 약 400달러가 소요되는 것으로 알려졌다.

| 그림 4-19 | 왼쪽 : 웹사이트에서 주문할 수 있는 3D 사이버콩즈VX
오른쪽 : 3D프린팅으로 완성된 사이버콩즈 myoo

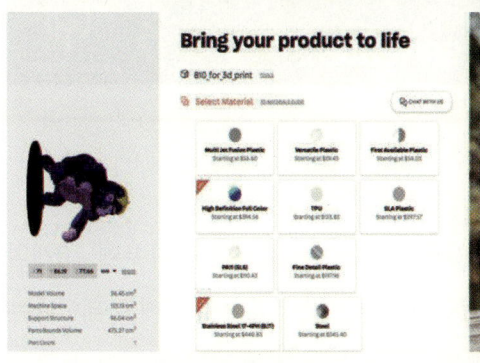

출처 : 사이버콩즈 공식 미디엄 포스팅

| 그림 4-20 |

출처 : 치코미디어 한국 블로그

    치코미디어가 사이버콩즈 프로젝트에 대해 다음과 같이 평가한 내용은 NFT 프로젝트 출시를 준비하고 있는 팀들에게 많은 시사점을 안겨 준다. "사이버콩즈는 사용자 경험을 극대화한 프로젝트라고 볼 수 있다. 사이버콩즈는 커뮤니티 기반 프로젝트로 최초의 jpg 그림 파일의 평범한 NFT 형식에서 3개월 만에 유틸리티 토큰 BANANA를 발행했으며 동시에 베이비 콩즈를 인큐베이팅 하는 설계를 성공적으로 마쳤다. 이 모든 것은 커뮤니티 참여자들의 자원으로 이뤄진 성과였다. 여기서 그치지 않고 복셀 아바타를 만들어 가상세계에서 사이버콩즈 아바타로 플레이할 수 있도록 설계했다. 발 빠르게 샌드박스에 토지를 구매하고 콩즈 도시를 세우면서 커뮤니티의 유대감을 극대화했다."

    이와 같은 단기간 빠른 성장은 참여자들로 하여금 해당 프로젝트에 더욱 애정을 갖게 만들었으며 참여자들은 이를 기반으로 한 게임과 상품 개발 등에 적극적으로 뛰어들고 있다. 사이버콩즈는 단기적 관심에서 그치는 프로젝트가 아닌 앞으로 나올 새로운 파생적 서비스에 대한 기대감과 함께 이를 보장하는 실체가 있는 프로젝트로서 성장하게 되었다. 실체 있는 밈 프로젝트가 된 것이다."

(4) 메타콩즈

| 그림 4-21 | 출처: https://themetakongz.com/kongz

메타콩즈는 고릴라 이미지 세트의 NFT로 사이버콩즈CyberKongz에서 아이디어를 얻은 프로젝트로 볼 수 있다. 메타콩즈 NFT 프로젝트는 자체 스토리와 로드맵을 갖추고 있어 참여자들에게 독특한 재미를 제공한다. NFT의 흥행은 결국 커뮤니티를 형성할 수 있는 매력적인 스토리에서 결정된다. 메타콩즈 프로젝트가 시작된 배경을 아래와 같이 재미 있는 스토리로 시작하고 있다

| 그림 4-22 |

자체 세계관과 스토리를 형성하여 메타콩즈 고릴라들이 앞으로 어떻게 성장할지 방향을 제시하고 그 과정에서 지속적인 추가 거래의 가능성이 있다는 것을 제시한다. 메타콩즈는 그동안 암호화폐 프로젝트가 로드맵을 제시했던 것처럼 메타콩즈 NFT 프로젝트가 어떤 로드맵을 가지고 있는지 보여줌으로써 NFT 커뮤니티를 묶는 역할을 했다. 사이버콩즈는 커뮤니티가 해당 프로젝트와 함께 성장했다면 메타콩즈는 미리 커뮤니티에 로드맵을 제시하며 커뮤니티를 적극적으로 구축하는 전략을 채택했다. 앞으로 PFP NFT 프로젝트가 성공하기 위해서는 프로젝트의 로드맵과 실행력이 핵심 경쟁력이 될 것이다. 그동안 많은 암호화폐 프로젝트가 화려한 백서만 있고 실제 구현이 제대로 안된 경우가 많았기 때문에 NFT 프로젝트에서는 냉정한 평가를 받게 될 것이다.

사이버콩즈에 비교하면 무척 매력적인 그래픽의 메타콩즈는 1만개의 PFP 형태의 NFT가 발행되었다.

민팅된 콩즈 디자인은 랜덤이지만 각 부위별 어떤 디자인이 적용 됐는지에 따라 해당 콩즈의 레어 등급이 달라진다.

또한 게임의 랜덤 박스 뽑기 같은 방식으로 메타콩즈를 받는 것도 메타콩즈에 관심을 높이는 장치가 되었다. 향후 어떤 고릴라가 커뮤니티에서 관심을 받느냐에 따라 뜻하지 않는 행운의 결과를 가질 수 있기 때문이다. 메타콩즈가 시도한 랜덤 방식은 앞으로 등장할 PFP 프로젝트에 또 하나의 기획 아이디어를 제시한 것이다.

발행된 메타콩즈 NFT는 오픈씨를 통해 거래된다. 콩즈를 소유하고 싶은 사람은 오픈씨에서 구매하면 된다. 거래는 경매방식이며 판매자가 책정 가격을 올려두고 경매를 시작하면 구매 희망자들이 가격을 제시하는 방식이다.

PART 5

NFT 직접 만들고 민팅하기

1절

민팅Minting과
리스팅Listing이란?

 디지털 자산을 블록체인에서 NFT로 발행하는 절차를 '민팅Minting'이라고 한다. 일반적으로 스마트 컨트랙트 기능을 활용해서 NFT를 발행한다. NFT 발행은 주로 이더리움 블록체인 네트워크에서 이루어지며 발생 시 수수료Gas Fee가 발생한다. 정상적으로 민팅이 이루어진 경우 민팅된 NFT를 판매하기 위해서 리스팅Listing한다. '리스팅Linsting'은 민팅된 디지털 자산을 NFT 마켓플레이스에 게시하는 것을 말한다.

2절
NFT 구성요소 만들기

1 | NFT 거래 절차

디지털 자산의 최초 창작자는 해당 디지털 자산에 대한 저작권과 소유권을 가지게 된다. 이 창작자는 본인의 디지털 작품을 NFT 마켓플레이스에 등록하여 거래를 할 수 있다. 하지만 디지털 작품은 쉽게 복제가 되기 때문에 이를 방지하기 위해서 이 세상에 유일한 자산으로 관리되어져야 한다. 그것을 가능하게 한 기술이 NFT이기 때문에 NFT 거래 마켓플레이스에서 본인의 작품을 NFT로 만드는 민팅의 과정이 필요한 것이다. 민팅을 위해서 암호화폐가 필요하므로 창작자는 미리 암호화폐 지갑을 만들고, 암호화폐 거래소에서 암호화폐 이더ETH를 구매해 놓아야 한다.

준비가 완료되면 아래 그림과 같이 가장 먼저 NFT로 발행하는 민팅의 과정을 진행한다. 이 과정이 끝나면 마켓플레이스에 게시하는 리스팅 과정을 거치게 된다. 민팅과 리스팅의 과정에서 수수료가 발행하는데 이를 가스피Gas Fee라고 한다. 참고로 이 과정에서 작업이 실패하더라도 수수료(가스피)는 발생하므로 주의를 요해야 한다. (가스피의 발생 유무와 금액은 마켓플레이스의 정책에 따라 조금씩 다르다)

| 그림 5-1 | NFT 거래 절차

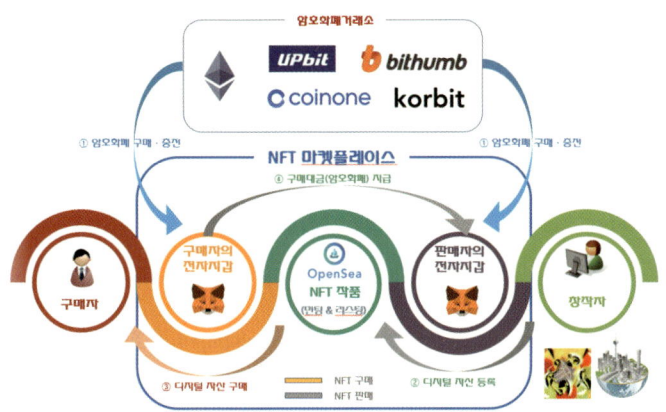

창작자의 디지털 작품이 NFT 마켓플레이스에 게시(리스팅)가 되어지면 구매자는 이 마켓플레이스에서 디지털 작품을 감상하며 구매를 결정할 수 있다. 일반적으로 거래는 경매의 과정을 거쳐서 거래가 되어진다. 때문에 작품이 언제부터 언제까지 경매를 진행하는지를 확인하고 경매에 참여해야 한다. 구매자도 마찬가지로 암호화폐인 이더ETH를 주로 사용해서 작품을 구매하기 때문에 암호화폐 지갑을 만들어야 한다. 그리고 이 지갑에 암호화폐 거래소에서 암호화폐를 미리 구매해서 본인의 지갑에 보관을 해 놓아야 거래가 가능하다.

경매를 통해서 거래가 성사되면 구매자의 암호화폐 지갑에서 거래 금액이 창작자(판매자)의 암호화폐 지갑으로 전송이 되어 해당 디지털 작품에 대한 소유권을 넘겨받게 된다.

2 | 암호화폐 거래소

암호화폐 거래소는 암호화폐를 일반 화폐로 환전해 주는 거래소를 말한다. 달러나 엔화와 같은 외화를 환전해 주는 외환 거래소와 같다고 생각하면 된다. 현재 수많은 암호화폐 거래소가 운영 중에 있으며 신중히 선택하여 이용하는 게 필요하다. 암호화폐는 블록체인에 보관되기 때문에 해킹이 어렵지만 이 암호화폐가 해킹되어 소실되는 거의 대부분이 이 거래소에서 정보가 해킹되어 일어나기 때문이다. 따라서 거래량이 많고 인지도가 높은 거래소를 선택해서 이용하는 것이 피해를 최소화하는 한 방법이 될 수 있다.

3 | 암호화폐 지갑

암호화폐 지갑은 두 가지로 구성되어 있는데 그 첫 번째는 지갑 주소이며 나머지는 암호로 구성되어 있다. 사람들이 암호화폐를 지갑으로 전송할 수 있도록 지갑의 주소가 공개될 수 있다.
하지만 개인 암호는 지갑 소유자 본인만 알고 있어야 한다. 암호화폐 지갑은 비트코인 지갑, 이더리움 지갑 등 본인이 소유한 각각의 암호화폐 종류별로 별도로 가지고 있어야 한다. 지갑은 크게 콜드월렛 Cold Wallet과 핫월렛Hot Wallet으로 구분되어진다.

(1) 콜드월렛

콜드월렛은 평상시 온라인에 연결되어 있지 않다. 오프라인 상태에 있기 때문에 오프라인 지갑, 하드웨어 지갑이라고 부르며 거래가 아예 되지 않는다. 이 지갑은 보통 코인을 안전하게 보관하거나 고액 투자자를 위한 목적으로 쓰인다. 그리고 이 지갑은 해킹 위협에서 벗어날 수 있는 큰 장점이 있다.

(2) 핫월렛

핫월렛은 온라인 상태에서만 거래를 할 수 있고 실시간으로 거래 정보를 주고 받을 수 있다. 일반적으로 사람들이 사용하는 지갑이고 소액, 예금 계좌, 단기 투자용으로 주로 사용된다. 핫월렛은 실시간으로 편리하게 사용할 수 있지만 보안 위험, 해킹 등에 노출될 가능성이 높다는 단점이 있다.

| 그림 5-2 | 암호화폐 지갑 종류

출처 : 해시넷

3절

암호화폐 메타마스크
지갑 만들기

가장 대중적으로 많이 이용되는 "메타마스크MetaMask" 암호화폐 지갑 만들기를 해보겠다. 메타마스크는 크롬Chrome에서 최적화되어 있다. 그래서 크롬 브라우저를 사용하기를 권장한다.

크롬 브라우저를 오픈 후,

Ⓐ 검색창(구글 또는 네이버 검색 등 사용)에서 "크롬 웹스토어 메타마스크" 검색 후 PC에서 "크롬에 추가" 버튼 클릭으로 설치한다.

| 그림 5-3 | 크롬에서 확장 프로그램 설치

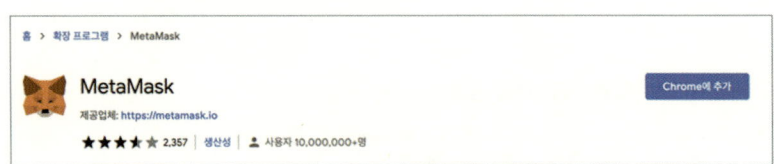

Ⓑ "확장프로그램 추가" 버튼 클릭

| 그림 5-4 | **크롬에서 확장 프로그램 추가**

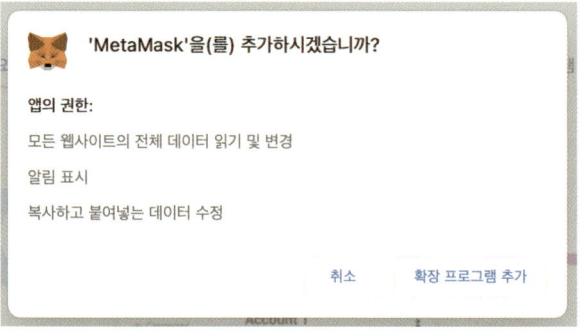

Ⓒ "시작하기" 버튼 클릭

| 그림 5-5 | **메타마스크 "시작하기"**

Ⓓ 메타마스크 지갑이 있으면 "지갑 가져오기" 클릭, 지갑이 없으면 "지갑 생성" 클릭해서 신규로 지갑을 생성한다

| 그림 5-6 | 지갑 보유 여부 확인

Ⓔ MetaMask 개선에 참여할 지 여부를 선택한다.

| 그림 5-7 | MetaMask 개선에 참여 여부 선택

"동의함" 버튼을 클릭 후 다음 단계를 진행한다.

Ⓕ 암호 생성하기 : 이용할 암호를 입력하고 이용약관에 동의 체크 후 "생성" 버튼을 클릭한다.

| 그림 5-8 | **암호 생성하기**

Ⓖ 동영상 시청하기 : 지갑을 보호하기 위한 가이드 영상 시청 후 "다음" 버튼을 클릭한다.

| 그림 5-9 | 지갑 보호하기 동영상 시청

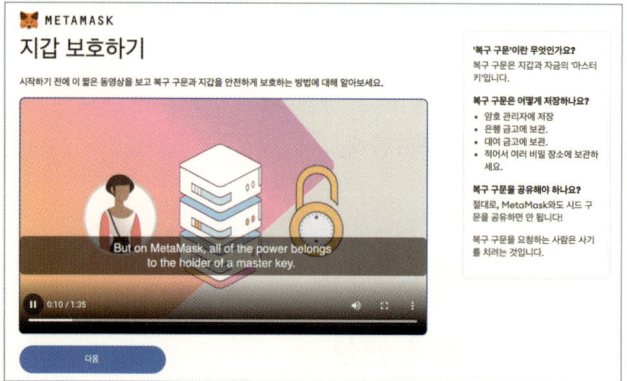

본인의 암호화폐 지갑이 해킹당하지 않기 위해서 동영상 시청을 통해서 주의 사항을 확인하는 것이 중요하기 때문에 반드시 시청하기를 권고한다.

Ⓗ 비밀 백업 구문 확인하기

| 그림 5-10 | Secret Recovery Phrase

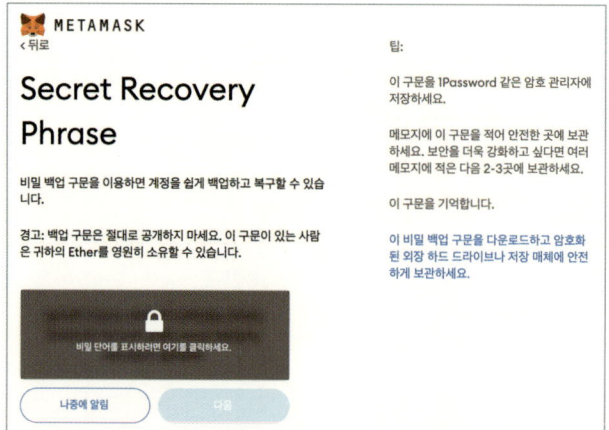

Ⓘ 비밀 백업 구문 입력 : 이전 화면에서 나타난 백업 구문 배열대
로 배치한다.

이 구문은 보안을 위해서 본인만 알아야 하는 것이기 때문에 안전한 장소에 메모하여 보관해야 한다.

| 그림 5-11 | 비밀 백업 구문 확인

Ⓙ 백업 구문 통과 확인 후 "모두 완료" 버튼 클릭

| 그림 5-12 | 백업 구문 통과 확인 메시지

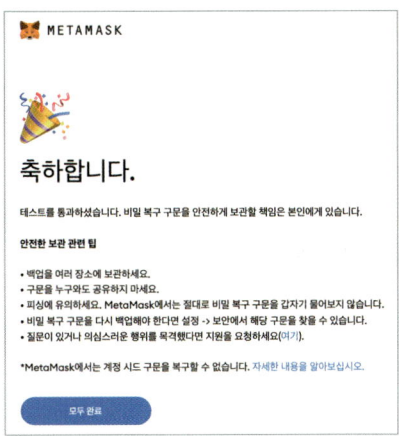

Part 5. NFT 직접 만들고 민팅하기

Ⓚ 내 암호화폐지갑 잔고를 확인한다.

| 그림 5-13 | 내 암호화폐지갑 잔고 확인

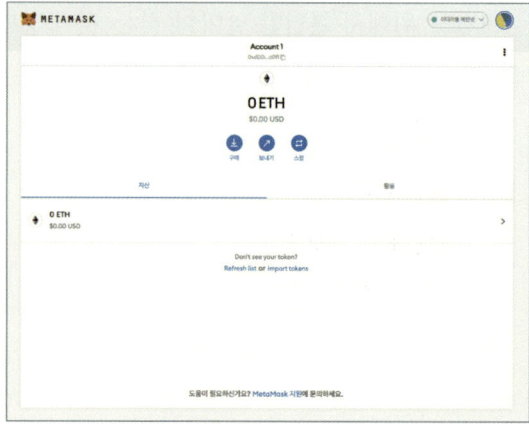

Ⓛ 이더 예치

본인의 암호화폐지갑(메타마스크인 경우)에 이더가 있어야 거래가 가능하기 때문에 아래 화면의 다양한 경로 중 한 곳으로부터 이더를 구매하여 본인의 지갑에 이더를 예치하도록 한다.

| 그림 5-14 | Ether 예치

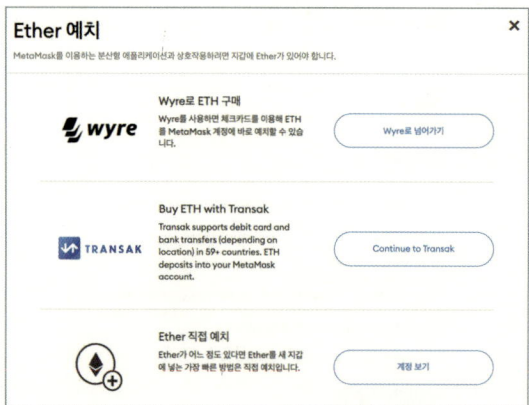

Ⓜ Case 1 : Ether 직접 예치

| 그림 5-15 | Ether에 직접 예치

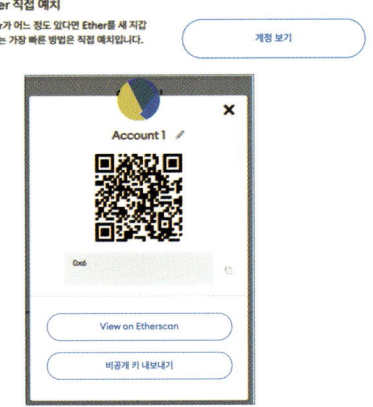

Ⓝ Case 2 : Wyre로 Ether 구매하기

| 그림 5-16 | Wyre로 ETH 구매

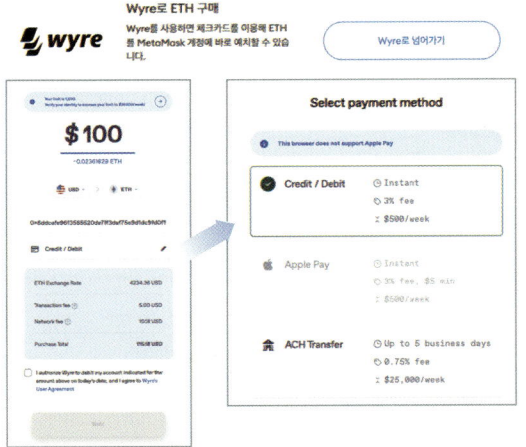

본인의 체크카드를 이용하여 $100어치의 이더를 구매 후 본인의 지갑으로 예치할 수 있다.

≫ Select payment method 중 택일 시 "ACH Transfer"에서 "Verify Identity" 선택

| 그림 5-17 | Select payment method

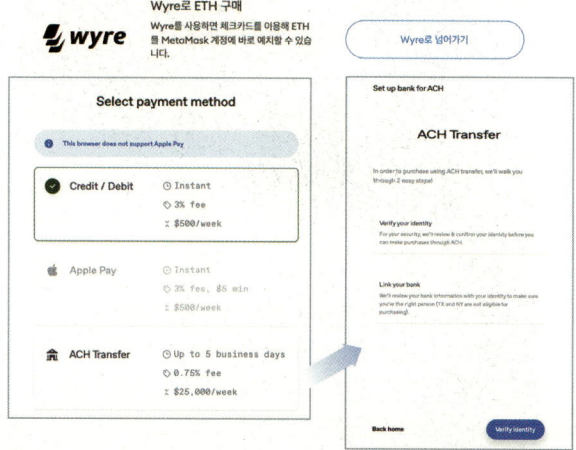

≫ Higher Limits Verified 화면에서 "next" 버튼을 선택한다.

| 그림 5-18 | Higher Limits Verification

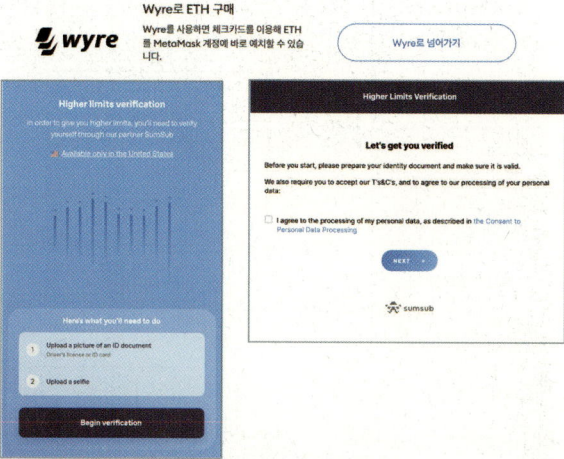

≫ Choose your document type 화면에서 본인 여부를 증명하기 위한 증명서 종류(운전면허증 또는 주민등록증) 중 하나를 선택 후 "Next" 버튼을 클릭한다.

| 그림 5-19 | Choose your document type

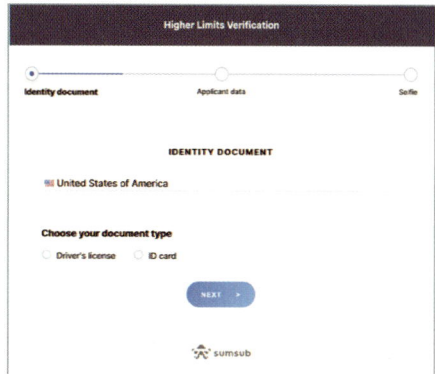

≫ 증명서의 앞면과 뒷면을 촬영 후 업로드 후 "Next" 버튼을 클릭한다.

| 그림 5-20 | Upload Document

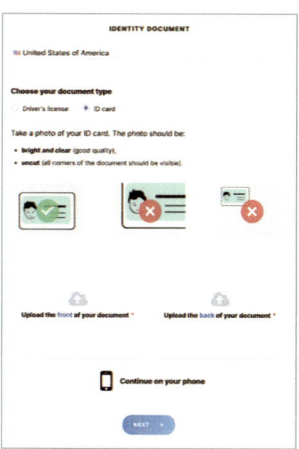

◎ Case 3 : Buy ETH with Transak

Transak을 통해서 이더를 구매할 경우 "Continue to Transak" 버튼을 클릭한다.

| 그림 5-21 | Buy ETH with Transak

》》 Buy Crypto to your wallet 화면에서 한화 15만원이 자동 표시 되고 15만원 어치의 이더량이 화면에 표시된다. 추가로 더 많은 이더를 구매할 경우 한화 금액을 조정 후 "Buy Now" 버튼을 클릭한다.

| 그림 5-22 | Buy Crypto to your wallet

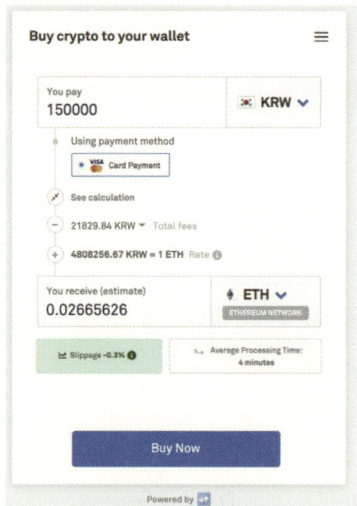

≫ Buy ETH to your wallet 화면에서 구매한 이더를 예치할 본인의 암호화폐지갑 주소가 나타나며 구매한 이더량이 화면에 표시되어 진다 "Buy ETH" 버튼을 클릭하면 이더 구매가 이루어진다.

| 그림 5-23 | Buy ETH to your wallet

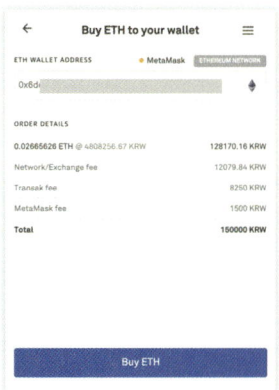

≫ Enter your email 화면에서 본인의 이메일 입력 후 "Continue" 버튼을 클릭한다.

| 그림 5-24 | 이메일 입력

≫ Verify Your Email 화면에서 본인의 이메일로 전송되어진 검증코드를 확인 후 Verification Code 영역에 입력하고 "Continue" 버튼을 클릭한다.

| 그림 5-25 | 검증코드 입력

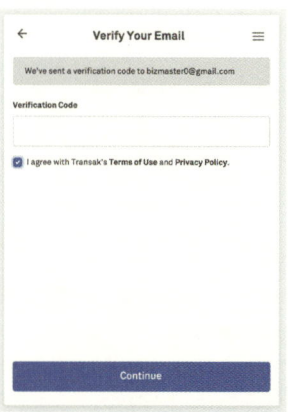

≫ Personal Details : 본인의 개인정보인 이름, 전화번호, 생년월일 입력 후 "Continue" 버튼을 클릭한다.

| 그림 5-26 | Personal Details

≫ Address(주소) 정보 입력 후 "Continue" 버튼을 클릭한다.

| 그림 5-27 | **Address 입력**

≫ Address Proof : 신분증 촬영 이미지를 업로드 후 "Continue" 버튼을 클릭한다.

| 그림 5-28 | **Address Proof**

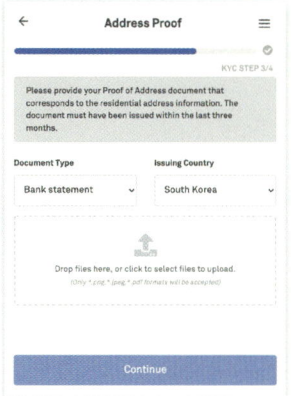

≫ 신분증 이미지 업로드 후 "Continue" 버튼을 클릭한다.

신분증 앞면인 경우 "Front"버튼을 클릭 후 이미지를 업로드 하고 뒷면인 경우 "Back" 버튼을 클릭 후 이미지를 업로드 한다. 이미지를 잘못 업로드 한 경우 "Delete"버튼을 클릭 후 다시 업로드 할 수 있다.

| 그림 5-29 | 신분증 이미지 업로드

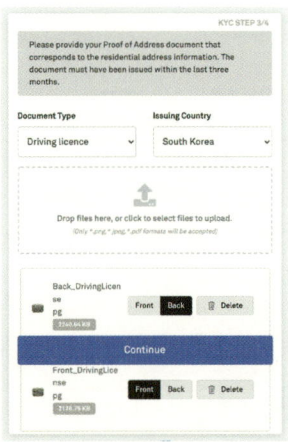

≫ Select ID Type : 업로드 한 이미지의 유형을 선택한다. 운전면허증인 경우 "Driver's License"를 선택한다.

| 그림 5-30 | Select ID Type

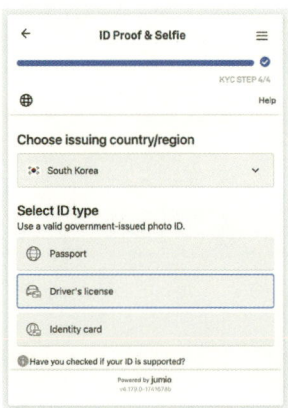

- ≫ ID Proof & Selfie : "Continue on mobile" 버튼을 클릭한다.

| 그림 5-31 | ID Proof & Selfie

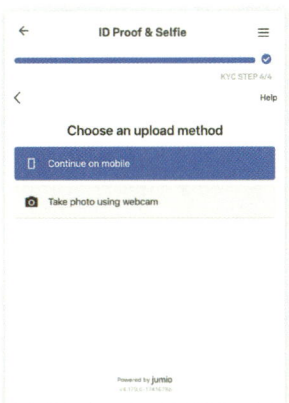

- ≫ Send a link to your mobile : email 입력창에서 본인의 이메일 정보를 입력 후 "Send" 버튼을 클릭한다.

| 그림 5-32 | Send a link to your email

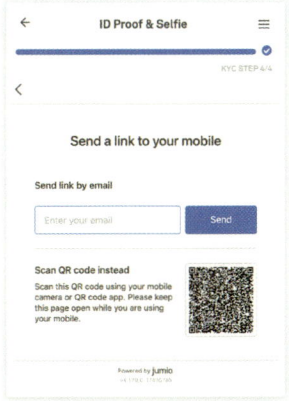

≫ QR 촬영 시 스마트폰에서 본인 인증서 촬영(전/후면) 및 사용자 얼굴 스캔 과정 거친다. 정상 처리 시 아래와 같은 메시지 나타난다. 확인 후 "OK"버튼을 클릭한다.

| 그림 5-33 | 정보 메시지

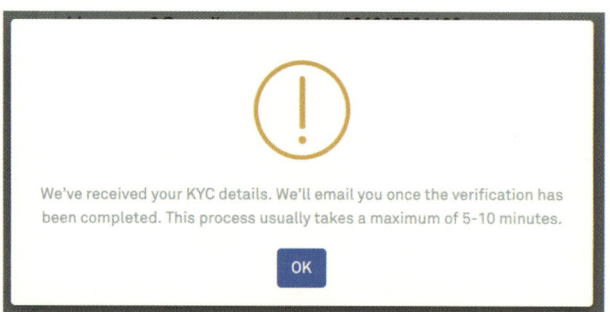

≫ My Profile Verify : 본인이 입력한 정보가 정확하게 입력 되었는지 여부를 확인한다.

| 그림 5-34 | My Profile Verify

≫ Profile Verified 확인 후 "Order Now" 버튼을 클릭한다.

| 그림 5-35 | Profile Verified

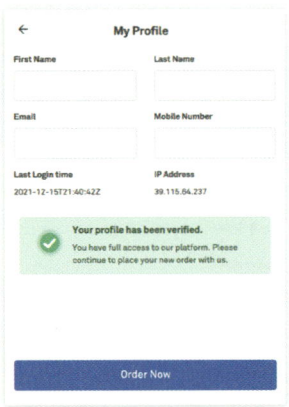

≫ Billing Address 정보 입력 후 "Continue" 버튼을 클릭한다.

| 그림 5-36 | Billing Address

>>> Confirm your order : 주문금액 확인 후 ETH 구매 Confirm 여부를 체크버튼에서 체크한다.

| 그림 5-37 | Confirm your order

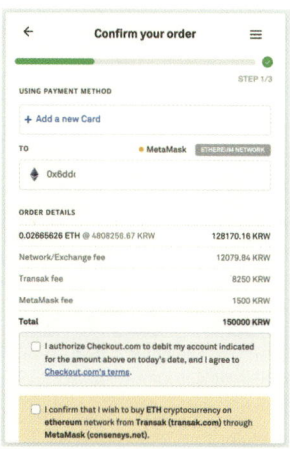

>>> 신용카드 정보 추가 : 본인 소유의 신용카드 정보를 입력 후 "Continue" 버튼을 클릭한다.

| 그림 5-38 | Add a Credit/Debit Card

>> Confirm Your Order : "Confirm" 버튼을 클릭하여 이더 구매를 확정한다.

| 그림 5-39 | Confirm your order

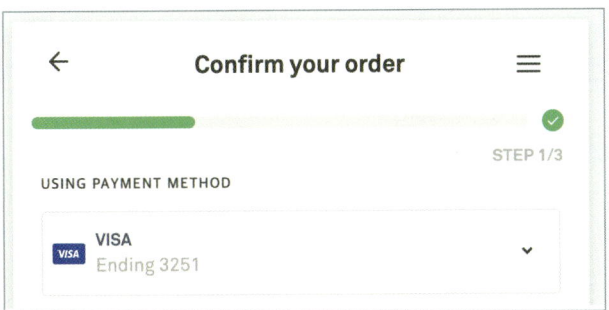

| 그림 5-40 | Confirm your order

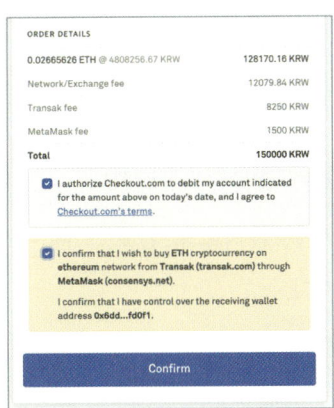

Part 5. NFT 직접 만들고 민팅하기

NFT 민팅하기

4절

1 | KrafterSpace 민팅하기

크래프트스페이스KraftSpace에 로그인이 되어 있다는 가정 하에 절차를 설명한다.

Ⓐ 메뉴 : "발행하기" 버튼을 클릭한다.
Ⓑ "파일 선택" 버튼 클릭으로 업로드 할 디지털 작품이 저장된 경로에서 선택한다.

| 그림 5-41 | 새로운 NFT 발행하기

ⓒ 배경색 선택하기 : 디지털 작품의 배경색을 선택한 후 작품의 "이름"을 입력한다.

| 그림 5-42 | 파일 업로드

Part 5. NFT 직접 만들고 민팅하기

Ⓓ 약관에 동의 후 "NFT발행하기" 버튼을 클릭한다.

| 그림 5-43 | 약관 동의하기

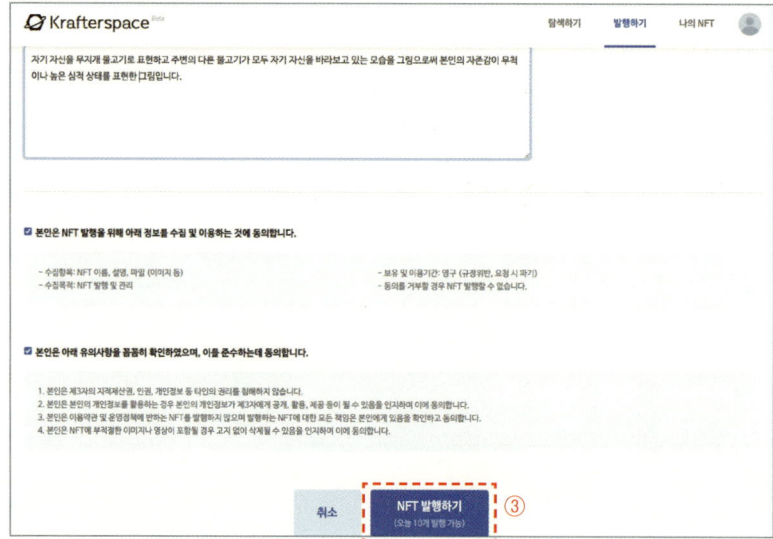

Ⓔ "NFT를 발행하시겠습니까?" 란 물음에 "예"를 선택하면 NFT 민팅이 시작된다.

| 그림 5-44 | NFT 발행 여부 확인

ⓕ NFT 발행(민팅)이 완료되고 나면 "소유한 NFT", "발행한 NFT" 탭을 선택하여 방금 등록한 디지털 작품을 확인할 수 있다.

| 그림 5-45 | 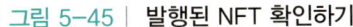 발행된 NFT 확인하기

2 | 오픈씨 OpenSea 민팅하기

① Account 선택

| 그림 5-46 | 오픈씨 초기화면

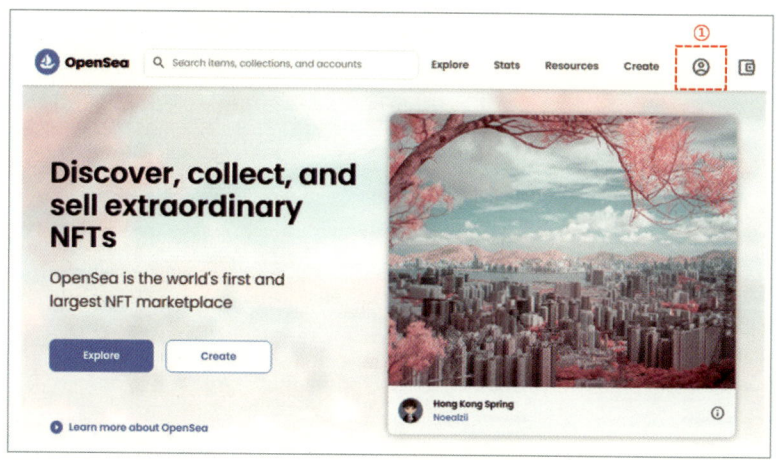

② 지갑 연결 : MetaMask or Kaikas

| 그림 5-47 | Connect your wallet

③ Kaikas 지갑 연결

비밀번호 입력 후 "생성" 버튼을 클릭한다 계정명 생성 후 "생성" 버튼을 클릭한다

| 그림 5-48 | 비밀번호 입력 | 그림 5-49 | 계정이름 입력

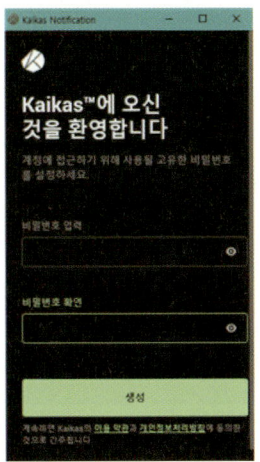

시드구문 보관 안내 확인 후 "다음" 버튼   내 시드 구문 확인 후 "확인" 버튼 클릭

| 그림 5-50 | 시드구문 안내 | 그림 5-51 | 시드구문 보관 안내

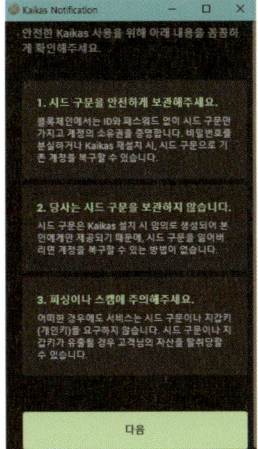
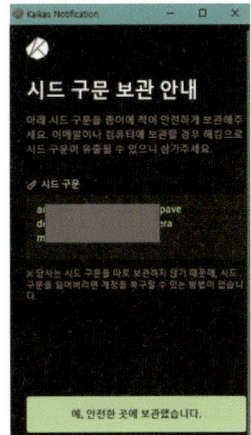

시드 구문 12 단어 입력 후 "확인" 버튼   "Kaikas 시작하기" 버튼 클릭

| 그림 5-52 | 시드구문 확인 | 그림 5-53 | 시드구문 확인 완료

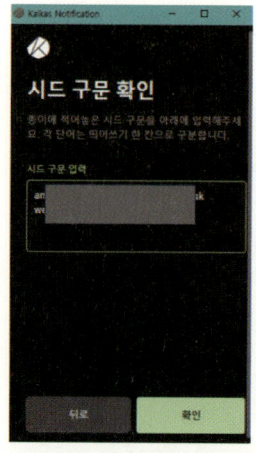

서비스 연결 요청 : OpenSea 확인 후 "연결" 버튼을 클릭한다

| 그림 5-54 | 서비스 연결 요청

Kaikas 지갑이 정상적으로 연결이 되었으면 OpenSea에 자동 연결된 것을 확인할 수 있다.

| 그림 5-55 | 오픈씨 연결 화면

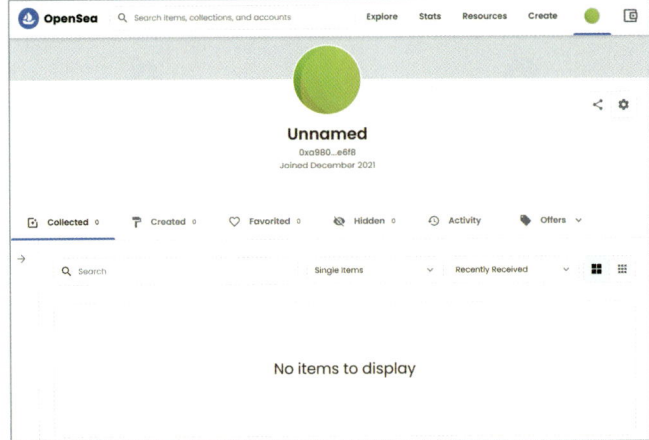

④ 메타마스크MetaMask 지갑 연결하기

화면 오른쪽 상단의 Account(계정) 아이콘을 클릭한다.

>> Connect your wallet 화면에서 "메타마스크"를 선택한다. 다른 암호화폐지갑을 보유한 경우 해당 암호화폐지갑을 선택하면 된다.

| 그림 5-56 | 오픈씨 계정연결

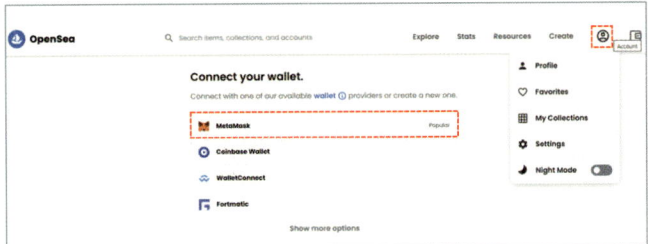

Part 5. NFT 직접 만들고 민팅하기

≫ 메타마스크 연결

계정 선택 후 "다음" 버튼을 클릭한다.   계정 확인 후 "연결" 버튼을 클릭한다.

| 그림 5-57 | MetaMask에 연결 | 그림 5-58 | 계정에 연결

≫ 메타마스크 연결이 되어지면 오픈씨 화면이 나타난다.

| 그림 5-59 | 오픈씨에 연결 초기화면

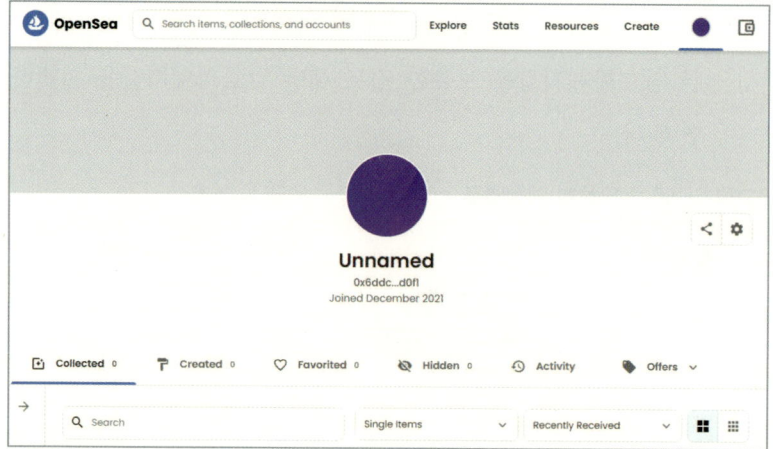

⑤ 오픈씨OpenSea에서 NFT 민팅하기

≫ 오픈씨 초기화면에서 "Create" 버튼을 클릭한다.

| 그림 5-60 | 오픈씨 초기화면 - "Create"

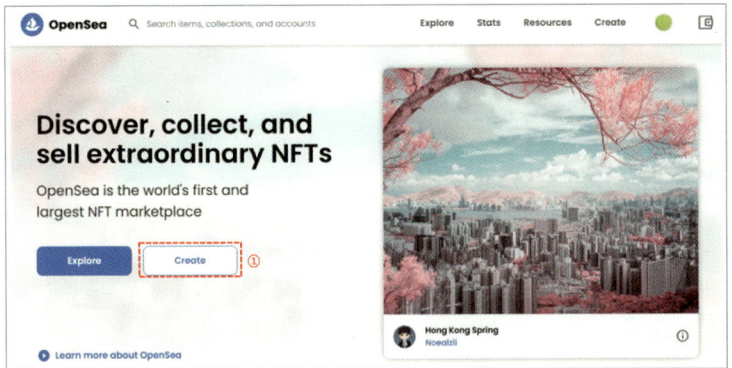

≫ 암호화폐지갑 선택 : MetaMask 또는 Kaikas 선택 후 다음 단계 진행

| 그림 5-61 | 암호화폐지갑연결

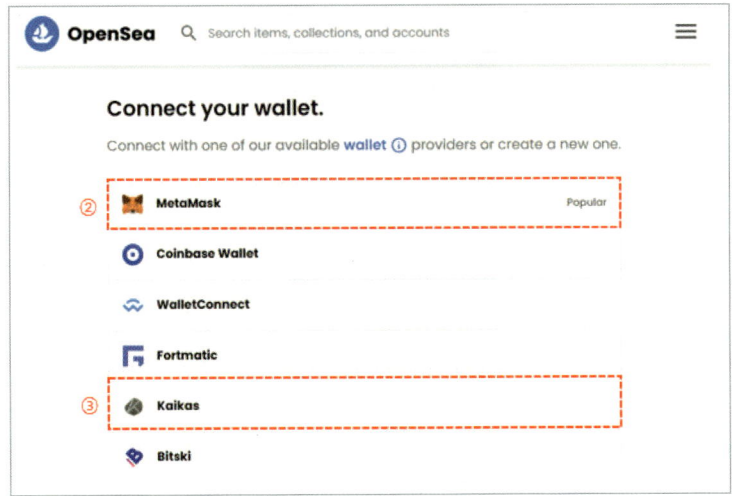

≫ Kaikas 지갑 선택시 : 패스워드 입력 후 OpenSea 연결

패스워드 입력 후 "잠금 해제" 버튼 클릭

| 그림 5-62 | 비밀번호 입력

OpenSea 확인 후 "연결" 버튼 클릭

| 그림 5-63 | 서비스 연결 요청

메시지 확인 후 "서명" 버튼 클릭

| 그림 5-64 | 메시지 서명

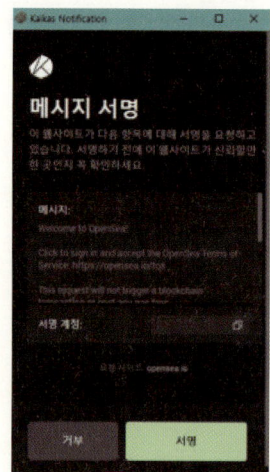

≫ 민팅하기 : Create New Item

| 그림 5-65 | Create New Item

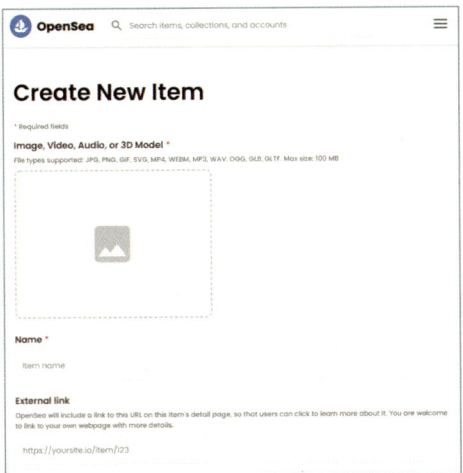

≫ 민팅하기 : 작품 등록 예시

| 그림 5-66 | Create New Item - Name & Description 입력

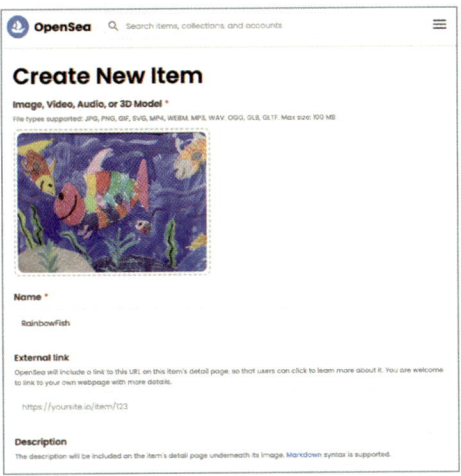

≫ 민팅하기 : 디지털 작품에 대한 속성 지정하기

| 그림 5-67 | 속성지정

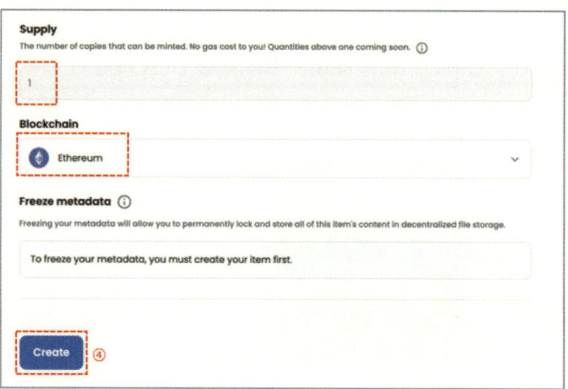

≫ 민팅하기 : 수량 등록 및 블록체인 선택

| 그림 5-68 | 민팅 수량 입력 및 블록체인 선택

민팅 수량은 작품을 판매할 때 에디션을 몇개를 만들지를 판단하여 입력한다. 1개만 만들어 판매할 경우에는 "1"을 입력한다.

≫ 민팅 완료

| 그림 5-69 | 민팅 완료 화면

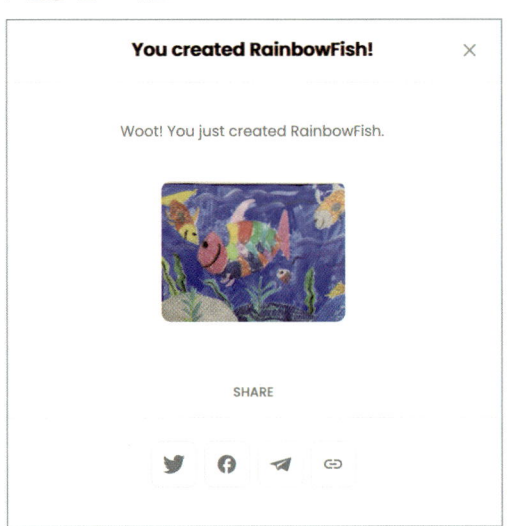

　민팅이 완료된 경우 본인의 작품이 NFT 마켓플레이스에 리스팅 되어 있음을 지인이나 본인의 커뮤니티에 홍보할 수 있어야 한다. 그래서 기 등록된 SNS (트위터, 페이스북, 텔레그램 등)에 공유하기를 진행한다. 이로써 창작자 본인의 지인이나 커뮤니티에 속한 사람들이 이 작품을 감상하고 경매나 구매에 참여할 수 있게 된다.

⑥ 오픈씨에서 리스팅Listing 하기

》》 마켓플레이스에서 민팅한 내 작품을 판매할 경우 "Sell" 버튼을 클릭한다.

| 그림 5-70 | 오픈씨에서 리스팅하기 – Sell

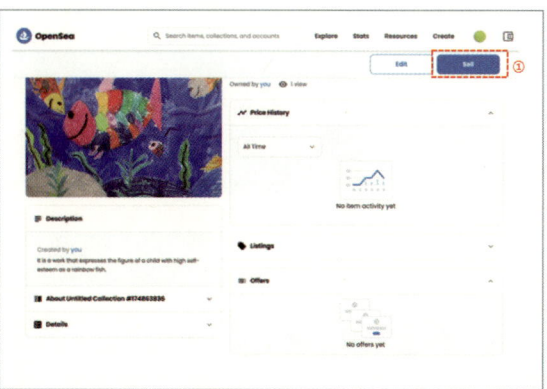

》》 지갑 연결 : "Connect Wallet" 선택 후 암호화폐지갑을 선택하면 연결된다.

| 그림 5-71 | 암호화폐지갑 연결

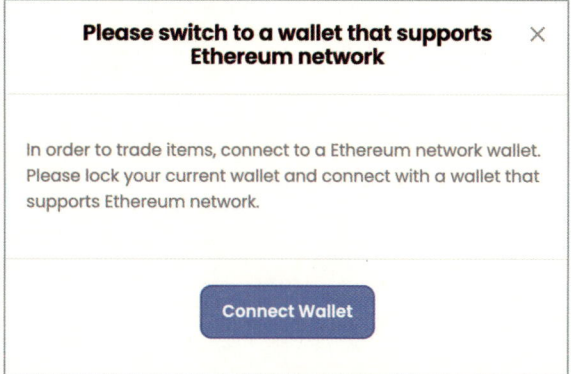

리스팅된 창작자의 디지털 작품이 거래가 성사된 경우 거래 금액이 창작자의 암호화폐지갑으로 자동 송금이 되어야 하기 때문에 이를 위해 반드시 필요한 절차이다.

≫ 리스팅된 내 디지털 작품 확인하기

| 그림 5-72 | 내 디지털 작품 확인하기

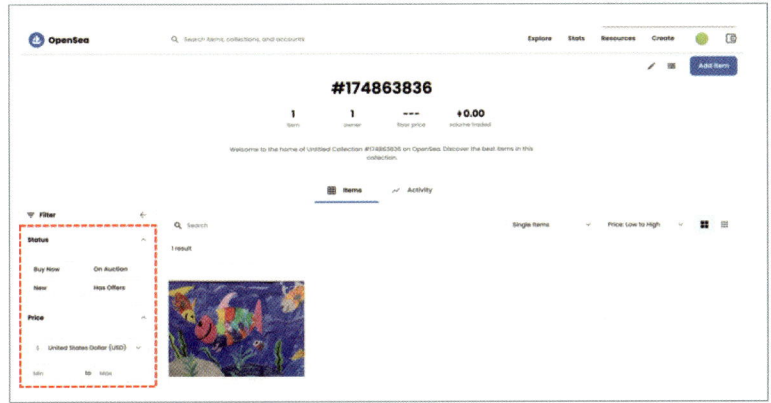

3 | 라리블Rarible 민팅하기

라리블 마켓플레이스에서 민팅하기 위해서는 아래의 URL로 접속할 수 있다.

라리블 URL : https://rarible.com/

① 라리블 초기화면

이 마켓플레이스에 접속하기 위해서는 "Sign In" 버튼을 클릭하여 로그인 할 수 있다.

| 그림 5-73 | 라리블 초기화면

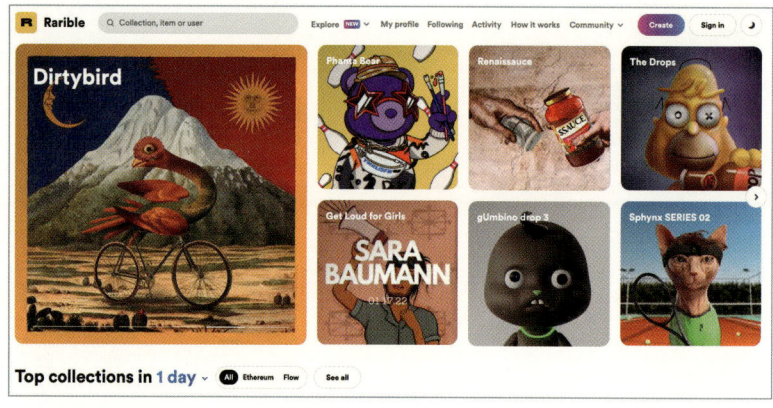

② 로그인Sign in하기

라리블의 로그인은 별도의 회원가입 절차가 필요하지 않다. 대신에 본인이 소유한 암호화폐지갑 연결을 통해서 접속이 가능하다. 지원이 가능한 대표적인 암호화폐지갑은 MetaMask, Torus, Beacon, Blocto, Mobile Wallet 등이 있다. 추가로 다른 암호화폐지갑을 조회하려면 "Show more options" 버튼을 클릭하면 확인이 가능하다.

| 그림 5-74 | 라리블 로그인을 위한 암호화폐지갑 연결

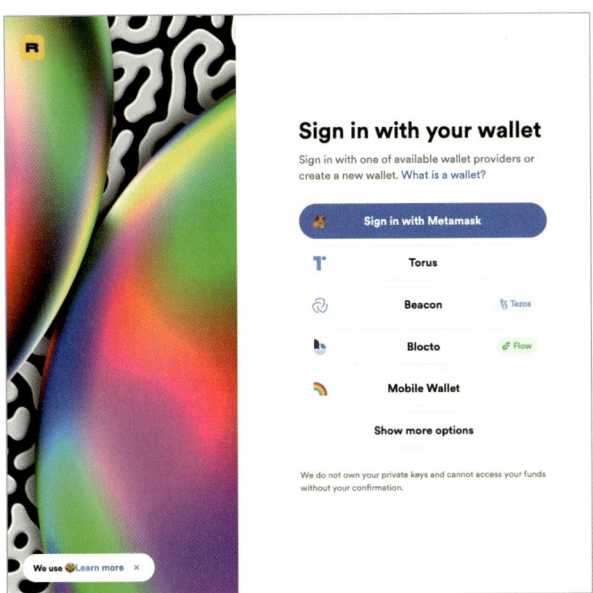

일반적으로 많이 사용되는 메타마스크MetaMask 지갑으로 연결을 하기로 한다.

암호화폐지갑이 이미 만들어져 있는 경우라면 바로 암호화폐지갑의 로그인 창이 나타나며 패스워드 입력을 요구한다.

| 그림 5-75 | 메타마스크 암호화폐지갑 연결

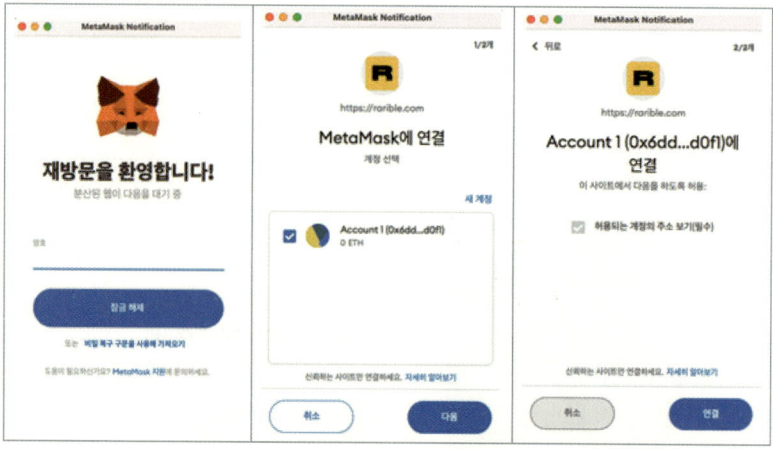

- 암호화폐지갑의 패스워드를 입력 후 "잠금해제" 버튼을 클릭한다.
- MetaMask에 연결을 위해서 본인 Account를 확인 후 "다음" 버튼을 클릭한다.
- 본인의 Account에 연결을 위해 "연결" 버튼을 클릭한다.

| 그림 5-76 | 라리블 서비스 약관 동의

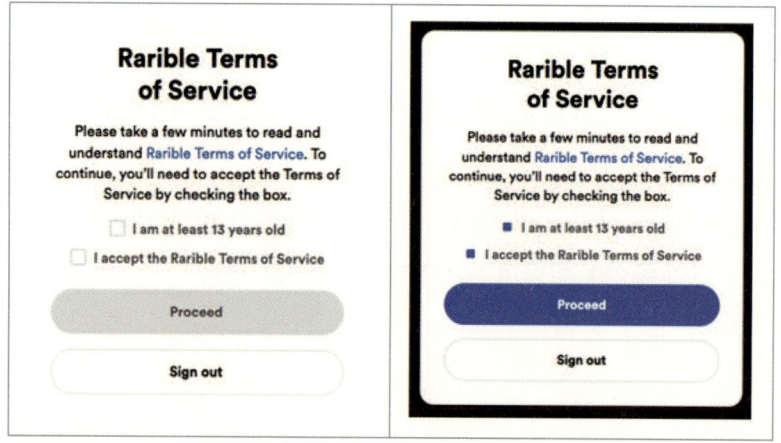

- 라리블Rarible 서비스 약관을 확인하고 체크 사항을 체크하면 "Proceed" 버튼이 활성화된다.
- "Proceed" 버튼을 클릭 후 다음 화면으로 이동한다.

③ 라리블에서 민팅Minting 하기

암호화폐지갑이 연결되면 다시 라리블의 초기화면이 나타난다.
- 화면 우측 상단의 "Create" 버튼을 클릭한다.

| 그림 5-77 | 라리블 초기화면 - Create

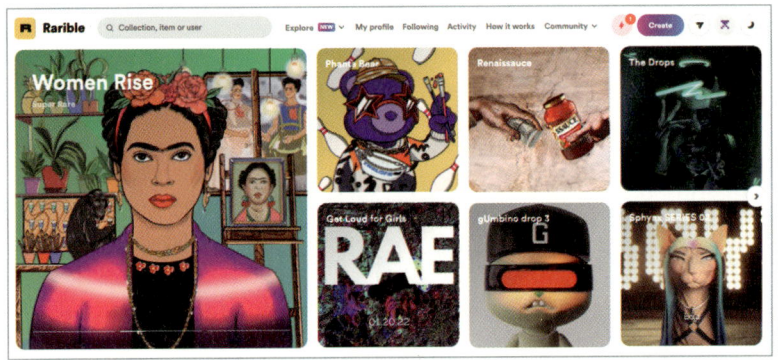

- 민팅을 할 블록체인을 선택한다.

라리블에서는 "Ethereum", "Flow", "Tezos" 3가지 블록체인 중 하나를 선택하여 민팅이 가능하다. 본인이 선호하는 블록체인을 선택하여 민팅을 진행하면 된다.

여기에서는 가장 대중적으로 많이 이용되는 "Ethereum"을 선택하여 진행한다.

| 그림 5-78 | 라리블 민팅하기 – 블록체인 선택

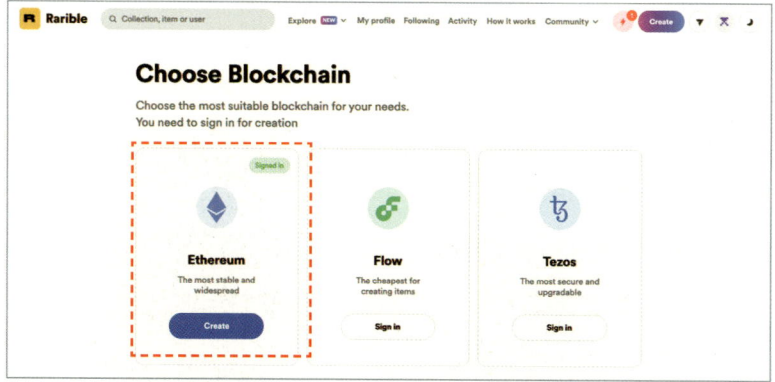

- 민팅할 디지털 작품이 하나인 경우 "Single" 선택한다.
- 민팅할 디지털 작품이 여러개인 경우 "Multiple"을 선택한다.

　디지털 작품을 민팅 할 때마다 수수료가 발생하기 때문에 수수료를 줄이기 위해서 한꺼번에 다수의 디지털 작품을 민팅할 경우 "Multiple"로 선택하여 등록할 수 있다.

| 그림 5-79 | 라리블 민팅하기 – Single or Multiple 선택

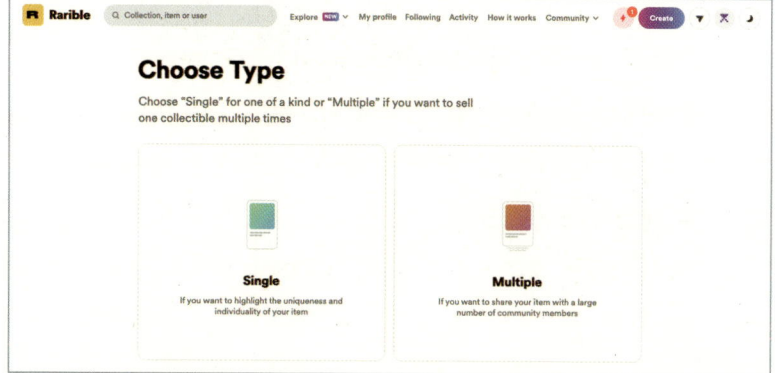

■ "Single" 또는 "Multiple" 선택인 경우

본인의 창작물인 디지털 작품을 업로드 할 경우 라리블에서는 디지털 파일에 대한 제약이 존재한다. 업로드가 가능한 이미지 파일 포맷은 PNG, GIF, WEBP이며 동영상은 MP4만 지원한다. 음원인 경우 MP3만 지원한다. 이들 각 디지털 파일의 최대 크기는 'Single'인 경우 100MB 이내로 제한된다.

| 그림 5-80 | 라리블 민팅하기 – 업로드 파일 선택

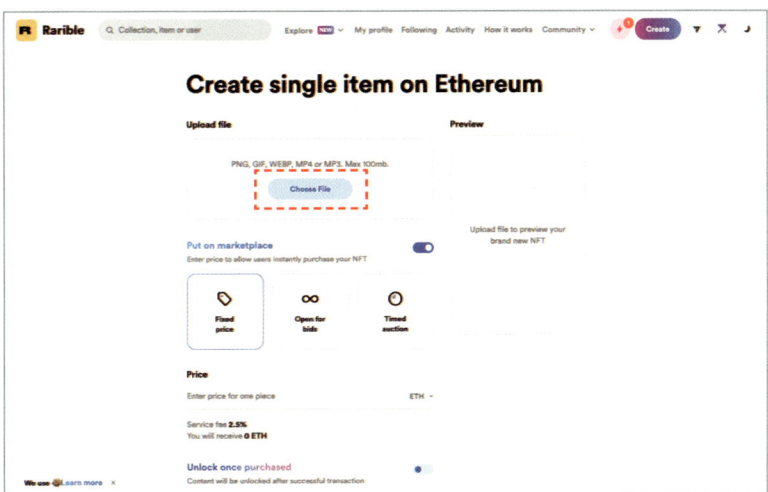

- "Choose File" 버튼 클릭으로 민팅할 디지털 작품 파일을 선택하여 업로드 한다.

업로드 된 이미지(디지털 작품)를 확인할 수 있으며 이 작품에 대한 거래 방식을 선택할 수 있다.

거래 방식은 "고정가격Fixed Price, 입찰Open for Bids, 시간 제한 경매 Timed auction 중 선택할 수 있다. 원하는 방식을 결정하면 된다.

| 그림 5-81 | 라리블 민팅하기 - 거래방식 선택

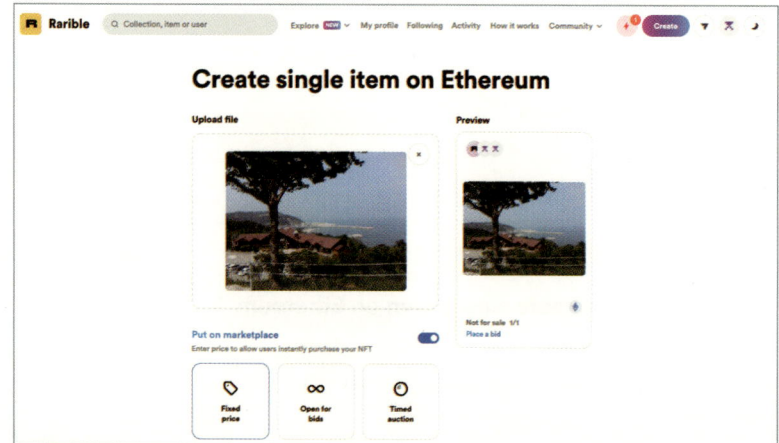

"Put on marketplace"를 해제하면 마켓플레이스에 바로 등록이 되지 않게 된다. 디지털 작품을 마켓플레이스에 바로 게시Listing하지 않을 경우 이 부분을 해제한다.

- 게시할 작품의 가격을 등록한다.

| 그림 5-82 | 라리블 민팅하기 - 가격 입력/화폐종류 선택/Collection 선택

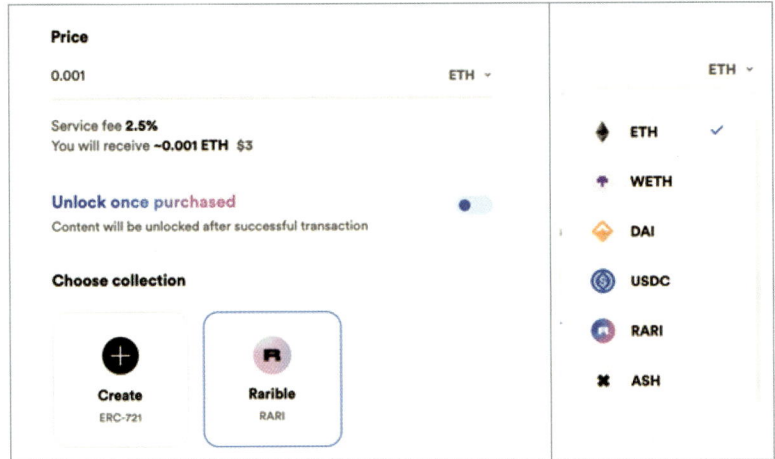

이더ETH외에 다른 화폐로 거래를 원할 경우 "ETH"를 클릭하면 나타나는 리스트에서 선택할 수 있다. 본인이 소유한 암호화폐지갑에 보유한 암호화폐 종류에 따라 선택하면 된다.

판매할 가격이 결정되면 그 금액의 2.5%가 수수료로 지급되게 된다.

다음으로 Collection을 선택해야 한다. 민팅할 작품이 1개인 경우 아니면 여러개를 동시에 업로드해서 민팅할 경우에 따라 컬렉션을 선택할 수 있다.

콜렉션의 차이점은 아래 표와 같다.

》》 Collection 선택시 차이점 비교

Collection Type의 선택에 따라 디지털 작품을 담는 토큰의 규격이 달라진다.

| 표 5-1 | Choose collection

민팅할 작품의 이름과 상세 설명을 입력하고 작품 거래 시마다 저작자가 받을 로열티 비율을 입력한다. 일반적으로 10%이며 최고 50%까지 입력이 가능하다.

| 그림 5-83 | 라리블 민팅하기 – 작품명 및 로열티 비율 입력

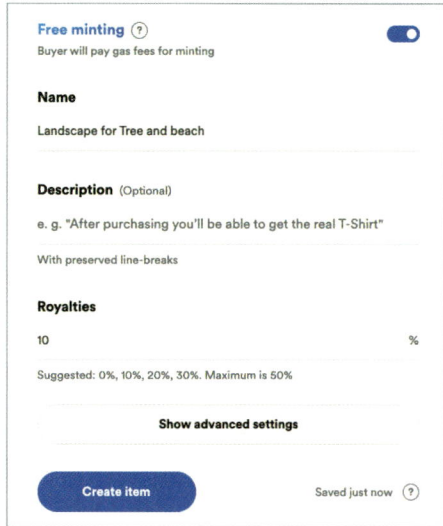

>> "Show Advanced settings" 버튼 클릭시

업로드 하는 작품에 대한 추가적인 속성(작품의 크기 등)과 상세 설명을 입력할 수 있다.

| 그림 5-84 | 라리블 민팅하기 – 추가적인 속성과 상세설명 입력

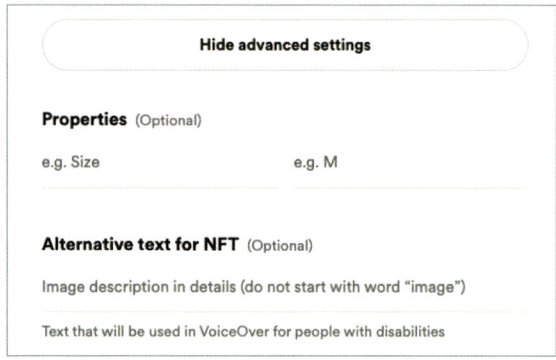

≫ 민팅 실행

"Create Item" 버튼을 클릭하면 민팅 절차를 진행한다.

| 그림 5-85 | 라리블 민팅하기 - 단계별 진행

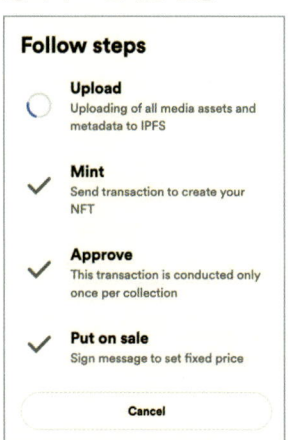

- 서명 요청 화면을 확인하고 "서명" 버튼을 클릭한다.

| 그림 5-86 | 라리블 민팅하기 - 서명요청

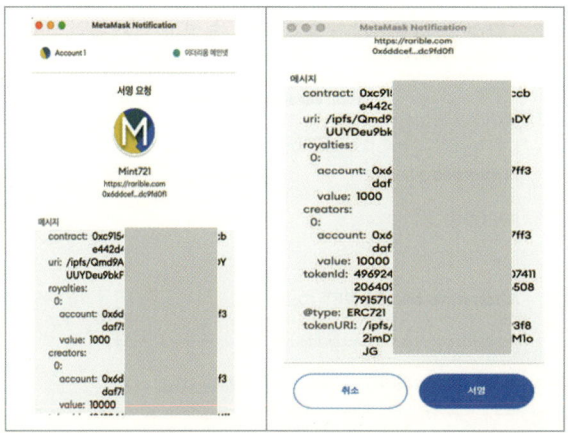

| 그림 5-87 | 라리블 민팅하기 – 서명 및 민팅 완료

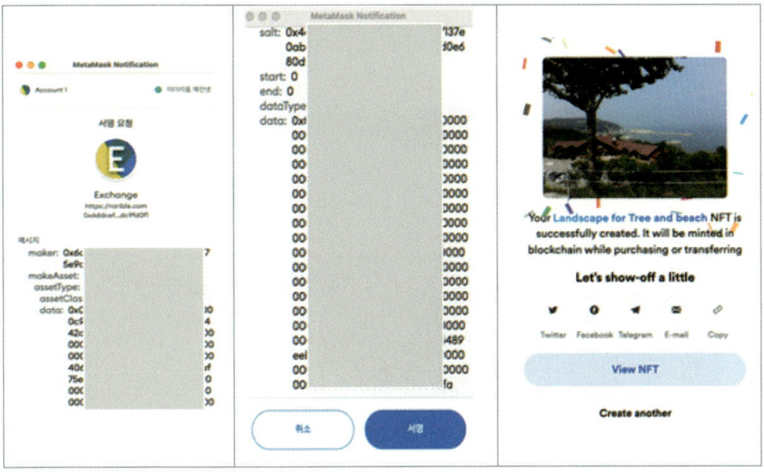

두 번째 서명 요청 화면에서 "서명" 버튼을 클릭하면 최종 민팅이 완료된다.

"View NFT" 버튼을 클릭해서 상세 내역을 확인할 수 있다.

≫ 민팅이 완료된 결과 화면

성공적으로 민팅이 완료된 경우 아래 화면과 같이 업로드한 디지털 작품과 상세 내역을 확인할 수 있다.

| 그림 5-88 | 라리블 민팅하기 – 완료된 결과화면

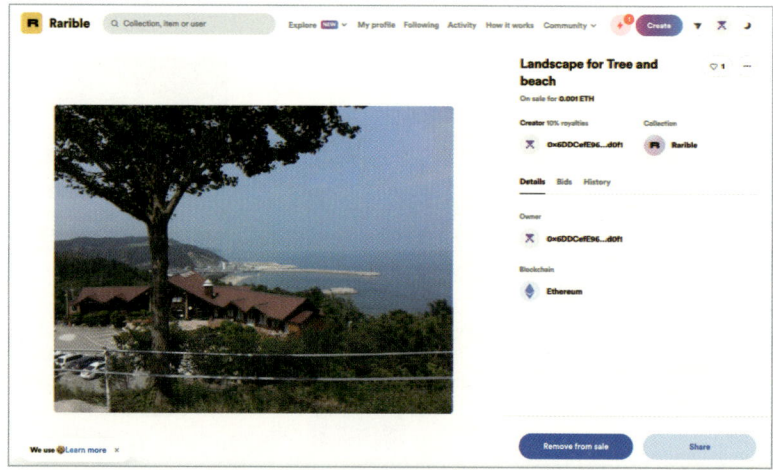

 업로드 한 작품을 내리고 싶은 경우 "Remove from sale" 버튼을 클릭하면 된다.

 내 디지털 작품을 지인들에게 소개하고자 할 경우 "Share" 버튼을 클릭하여 페이스북이나 트위터, 텔레그램, 이메일 등을 통해 공유가 가능하다.

 라리블에서는 민팅과 동시에 마켓플레이스에 바로 리스팅Listing이 되어진다.

PART 6

NFT 판매 방법

1절

주요 NFT 거래 마켓플레이스

NFT가 세간의 주목을 끌면서 다양한 형태의 NFT 거래 마켓플레이스가 출현하고 있다. 기존의 마켓플레이스들은 각자의 차별성을 강조하며 시장에서 치열한 점유율 전쟁을 치르고 있다.

아래의 DappRadar 사이트(https://dappradar.com/nft/marketplaces)를 활용하면 실시간으로 NFT 마켓의 거래량과 순위를 확인할 수 있다. 지금까지는 압도적으로 OpenSea가 1위 마켓이었지만, 2022년 1월 신규마켓 LooksRare가 오픈하면서 OpenSea보다 많은 거래량을 기록한 적이 있다.

DappRadar 사이트에서 마켓 이름 바로 아래에는 지원하는 암호화폐를 보여 주고 있다. 사이트 상단의 메뉴창을 통해서 현재 가장 많이 팔리고 있는 NFT 작품 콜렉션 'Top Collections'를 볼 수 있으며, 'Top Sales'를 통해 현재 판매되는 NFT 개별작품의 순위를 확인할 수 있다.

| 그림 6-1 | NFT Marketplaces

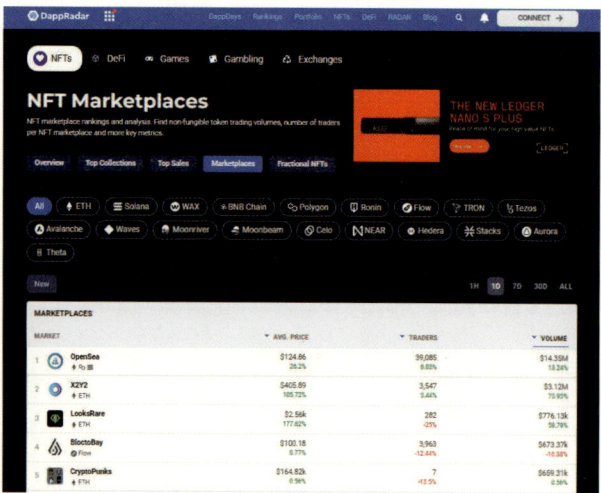

출처 : https://dappradar.com/nft/marketplaces

    누구나 본인의 디지털 자산을 이러한 마켓플레이스에 게시하여 판매할 수 있다. 하지만 디지털 자산을 등록할 때마다 만만치 않은 수수료를 지불해야 한다는 점에 유의해야 한다. 마켓플레이스가 이더리움 기반인 경우 이 등록과정에서 수수료Gas Fee가 발생한다. 하지만 유의할 점은 이 과정에서 등록이 될 수도 있고 실패할 수도 있다라는 점이다. 등록에 성공해도 가스피가 발생하고 등록에 실패해도 가스피가 지불되기 때문에 창작자는 늘 이점에 유의해서 등록을 진행해야 한다. 앞서 나열된 마켓플레이스들에서 거래시 수수료는 약간씩 다 다르게 책정되어 있다.

    NFT 마켓플레이스는 각각의 특징들을 가지고 있으며 그 특징에 따라 분류를 할 수 있다.

마켓플레이스의 운영 방식에 따라 분류하면 아래 표와 같이 정리할 수 있다.

| 표 6-1 | NFT 거래 마켓플레이스 분류 요약표

유형	종류	마켓플레이스 명
창작자형 NFT 마켓플레이스	• 개방형 마켓플레이스	OpenSea, Rarible, Zora, Korbit, KrafterSpace, NFT Mania
	• 초대형 마켓플레이스	Foundation, BlockParty
	• 선발형 마켓플레이스	Crypto.com, SuperRare, NiftyGateway, KnownOrigin, Makersplace
공급자형 NFT 마켓플레이스	• 수집품 거래 마켓플레이스	CryptoPunk, CryptoKitties, Meebits, Avastars
	• 게임 아이템 거래 마켓플레이스	GodsUnchained, Axie Infinity, F1 Delta Time, PlayToEarn
	• 스포츠 아이템 거래 마켓플레이스	NBA TopShot, Sorare
VR형 NFT 마켓플레이스	• 가상 부동산 거래 마켓플레이스	Decentraland, Cryptovoxels, SomniumSpace, THE SANDBOX

1 | 창작자형 NFT 마켓플레이스

창작자형 NFT 마켓플레이스는 마켓플레이스에서 거래되는 콘텐츠의 생성자가 등록자 본인인 경우를 말한다. 즉, 디지털 작품을 만드는 작가 스스로가 콘텐츠를 제공하고 등록하여 거래의 주체가 되는 셈이다. 이 마켓플레이스에서는 예술 작품, 음악 음원, 사진, 비디오 동영상, 스포츠 카드나 스포츠 하이라이트 장면, 도메인 명, 디지털 수집품, 가상 토지, 게임 아이템 등의 디지털 자산이 등록되고 거래되어지고 있다. 창작자형 NFT 마켓플레이스는 크게 3가지로 구분할 수 있다. 개방형 마켓플레이스, 초대형 마켓플레이스, 선발형 마켓플레이스로 세분화할 수 있다.

이렇게 크게 3가지로 구분하는 데에는 이유가 있다. NFT 작품 거래가 활성화 되면서 간간이 부작용이 나타나고 있는데, 디지털 작품에 대한 저작권을 가지지 않은 사람이 다른 사람의 디지털 작품을 마켓플레이스에 올리면서 법적인 분쟁이 일어나고 있기 때문이다. 이러한 이유로 NFT 작품을 거래하는 마켓플레이스 소유자나 운영자 측면에서도 이런 현상을 방치할 수 없기 때문에 대안을 찾은 결과로 3가지 유형의 마켓플레이스가 생겨나게 된 것이다.

NFT 작품 구매자 입장에서는 거래를 할 마켓플레이스 선택 시 여러가지를 고려하여 선택할 필요가 있다. 최근에 성공적인 거래 사례가 어떤 것들이 있었는지를 살펴보는 것도 필요하다. 이러한 인지도뿐만 아니라 마켓플레이스에서의 작품 거래량과 거래 금액도 중요한 판단 기준이 된다. 위에서 이미 언급한 DappRadar 사이트에서의 각종 통계자료를 참고하는 게 중요한 이유이다.

(1) 개방형 마켓플레이스

개방형 마켓플레이스는 창작자의 제한 없이 누구나 이 마켓플레이스에서 본인의 창작품을 등록해서 거래를 할 수 있다. 가장 대표적인 곳이 오픈씨OpenSea이다. '듄 애널리틱스' 데이터에 따르면 2022년

1월 기준 ETH의 월간 거래량이 사상 처음으로 35억 달러를 초과했으며, 그 외에도 룩스레어LooksRare, 라리블Rarible이나 조라Zora와 같은 마켓플레이스가 운영되고 있다. 이들 마켓플레이스는 아무나 들어와서 그들의 창작품을 거래할 수 있다라는 점에서 장점이 있지만 그만큼 저작권 관련한 분쟁이 가장 많이 발생할 수 있는 마켓플레이스이기도 하다. 저작권을 보유하고 있지 않은 사람이 마치 본인의 창작품인 것처럼 등록해서 거래를 함으로써 구매자나 저작권 보유자에게 피해를 입히는 사례가 점점 더 많아지고 있기 때문이다. 하지만 누구나 본인의 창작품을 등록해서 거래를 할 수 있다라는 순기능이 더 많기 때문에 이들 마켓플레이스가 계속적인 인기를 얻고 있다.

참고로 이들 마켓플레이스는 ERC-721, ERC-1155 형태의 토큰으로 손쉽게 작품을 발행(민팅)할 수 있게 해준다.

(2) 초대형 마켓플레이스

초대형 마켓플레이스는 누군가로부터 초대를 받거나 허가가 있어야 작품을 게시할 수 있는 곳을 말한다. NFT 마켓플레이스에 참여하는 작가(창작자)를 일일이 검증할 수 없기 때문에 이미 검증된 작가로부터 소개를 받아 어느 정도 걸러진 작가만 이 마켓플레이스에서 활동하도록 제한하겠다라는 것이다. 이를 통해서 저작권을 가진 본인 소유의 창작물만 이 마켓플레이스에서 등록하고 판매함으로써 저작권 문제로 인한 법적 분쟁을 최소화하기 위한 한 방편으로 보여진다. 파운데이션Foundation이나 블록파티BlockParty와 같은 마켓플레이스가 이런 유형에 속한다.

  파운데이션의 경우 이미 본인의 창작품을 거래한 경험이 있는 창작자가 타인을 초대할 수 있는 초대코드를 받게 되고 이를 통해서 작가의 풀Pool을 넓혀가고 있다. 블록파티의 경우는 작가들이 자신만의 온라인 상점을 만들어서 이 상점에서 직접 본인들의 창작품을 거래할 수 있게 하는 방식을 사용하고 있다. 이 방식은 작가 본인들을 잘 알고 있고 이미 관계를 가지고 있는 팬들을 가진 경우에 유용한 운영 방식이다. 서로를 잘 알기 때문에 불법적인 거래가 일어날 확률이 상대적으로 적기 때문이다.

  이러한 방식은 마켓플레이스에 참여하는 작가의 수가 제한되지만 구매자 입장에서는 어느 정도 걸러진 작가의 퀄리티 있는 작품을 감상하고 구매할 수 있다라는 측면에서 역기능보다 순기능이 더 많은 방식으로 여겨진다.

(3) 선발형 마켓플레이스

  선발형 마켓플레이스는 기존 미술시장의 아트 갤러리와 유사하다. 별도의 기준을 가지고 선발된 작가만이 이 마켓플레이스에서 작품을 게시할 수 있기 때문이다. 작가를 별도로 선발하는 방식이기 때문에 이 마켓플레이스의 접근성이 떨어지는 단점이 있지만, 검증되어진 작가의 수준 높은 작품을 거래할 수 있다라는 측면에서는 타 마켓플렛이스에 비해서 차별화가 되어지고 있다. 구매자 입장에서도 작품성 있는 예술품을 믿고 거래할 수 있다라는 측면에서 타 마켓플레이스에 비해서 안정성과 신뢰성이 높은 마켓플레이스라고 할 수 있다. 선발형 마켓플레이스로는 Crypto.com, SuperRare, NiftyGateway, KnownOrigin, Makersplace와 같은 회사가 있다.

| 그림 6-2 | 창작자형 NFT 마켓플레이스

2 | 공급자형 NFT 마켓플레이스

공급자형 NFT 마켓플레이스는 공급자인 게임 플랫폼사나 각종 콘텐츠 제공 플랫폼사에서 직접 NFT로 발행한 디지털 자산만을 이용자가 구매할 수 있는 마켓플레이스를 말한다. 게임 캐릭터 같은 경우 NFT 개수가 한정되어 있는 경우가 많고, 각 NFT 작품마다의 개성과 특성이 서로 달라 가치가 다르게 평가되는 특성을 가진다.

NFT 특성 중 하나인 희귀성을 보장할 수 있는 기능 때문에 개별적 가치를 지닌 수집품이나 게임 캐릭터 같은 디지털 자산을 거래하는 용도로 이런 류의 마켓플레이스가 많이 이용되어진다. 크립토핑크CryptoPunk나 크립토키티CryptoKitties, 미비츠Meebits, 아바스타AbaStars와 같은 회사가 수집품 거래 마켓플레이스에 속한다.

요즘 각종 메타버스 플랫폼이 등장하면서 메타버스 안에서 활동하는 아바타를 위한 아이템들이 NFT로 거래되는 사례를 종종 발견한다. 아바타를 통해서 본인을 표현하는 도구로 활용되기 때문에 아바타가 입는 옷이나 신발, 모자, 각종 악세서리, 가방 등이 현실세계에서처럼 활발하게 거래가 이루어지고 있다. 심지어는 명품 회사인 구찌나 나이키와 같은 신발 제조사에서 만든 아이템들이 완판되고 있는 현상을 목격하기도 한다. 게임 아이템 거래 마켓플레이스로는 GodsUnchained, Axie Infinity, F1 Delta Time 같은 회사가 있다.

다음으로 미국 농구 경기의 하이라이트 10초~15초 미만의 영상을 판매하는 NBA TopShot과 같은 스포츠 아이템 거래 마켓플레이스를 들 수 있다. 스포츠 카드를 주로 거래하는 소래어Sorare와 같은 회사도 이에 속한다.

| 그림 6-3 | 공급자형 NFT 마켓플레이스

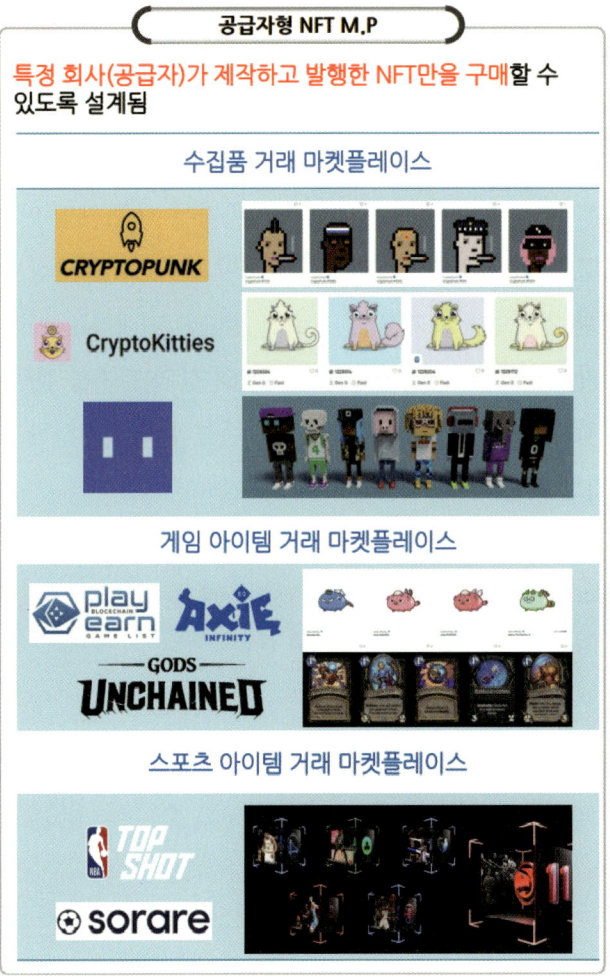

3 | VR형 NFT 마켓플레이스

요즘 여러 메타버스 플랫폼들이 등장하면서 가상세계VR 안에서 이루어지는 디지털 경제에 대한 관심이 높아졌다. 이 디지털 경제의 핵심이 되는 기술이 NFT이기 때문에 메타버스와 NFT는 따로 분리하여 이야기할 수 없는, 마치 실과 바늘과 같은 존재가 되어버린 것을 확인할 수 있다.

가상세계에서 활동의 주체가 되는 아바타는 각종 게임 아이템이나 아바타를 꾸미기 위한 아이템을 구매해야 한다. 또한 가상세계 내에서 구축한 건물이나 토지를 NFT로 발행하여 거래하는 사례가 점점 늘고 있다. 아직까지는 가상세계 안에서 가상의 토지를 분양하는 서비스가 각광을 받고 있으며 국내에서도 이를 참조한 유사한 서비스가 나타나기도 했다.

Decentraland, THE SANDBOX, SomniumSpace, Cryptovoxels 와 같은 회사를 VR형 NFT 마켓플레이스로 분류할 수 있다.

| 그림 6-4 | VR형 NFT 마켓플레이스

2 절

암호화폐 거래소
빗썸Bithumb 계정 만들기

암호화폐를 현실 화폐로 환전하거나 반대로 현실 화폐로 암호화폐를 구매하기 위해서는 필수 불가결하게 암호화폐 거래소를 이용해야 한다. 현재 가장 많이 이용되는 국내 암호화폐 거래소는 빗썸bithumb과 업비트UPbit 이다. 먼저 빗썸에서 계정을 만드는 절차를 설명하기로 한다.

빗썸bithumb의 URL인 "https://www.bithumb.com/" 로 접속한다.

① "회원가입" 버튼을 클릭한다.

| 그림 6-5 | 빗썸 회원가입

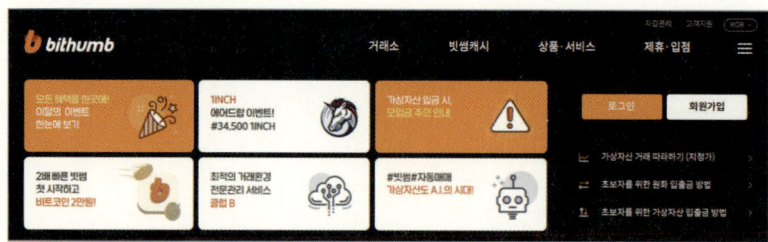

② "휴대폰 본인확인" 버튼을 클릭 한다.

| 그림 6-6 | 휴대폰 본인확인

③ 일반적인 휴대폰 본인 인증 절차를 따른다.

| 그림 6-7 | 휴대폰 본인인증 – 통신사 선택 | 그림 6-8 | 휴대폰 본인인증 – PASS 인증하기

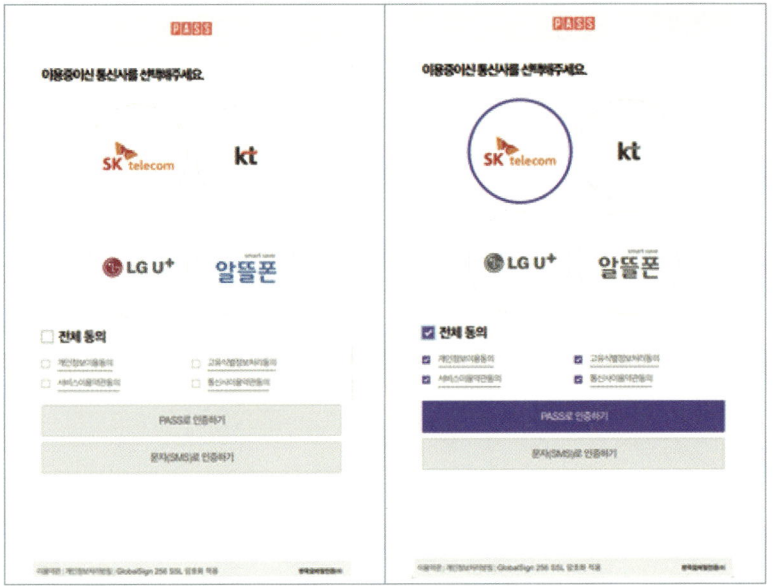

Part 6. NFT 판매 방법

현재 본인이 서비스를 받고 있는 통신사를 선택 후 "전체 동의" 체크박스를 선택한다.

본인 인증을 위해서 "PASS 인증하기" 또는 "문자(SMS)로 인증하기" 버튼을 클릭한다.

| 그림 6-9 | 휴대폰 본인인증 - PASS 인증하기 | 그림 6-10 | 휴대폰 본인인증 - 문자로 인증하기

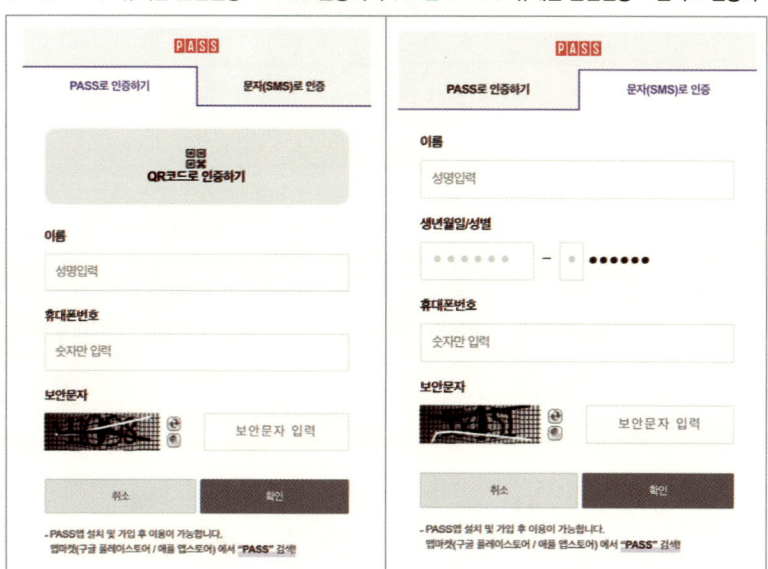

인증 방법은 본인이 편한 방법으로 둘 중 하나를 선택하여 인증을 실행한다.

④ 이용 약관에 동의 후 "다음" 버튼을 클릭한다.

| 그림 6-11 | 이용약관에 동의

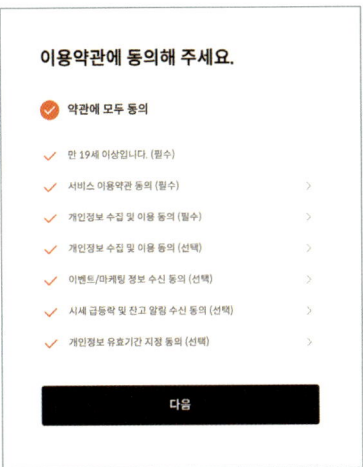

⑤ 본인의 이메일을 등록 후 인증요청을 한다.

| 그림 6-12 | 이메일 등록

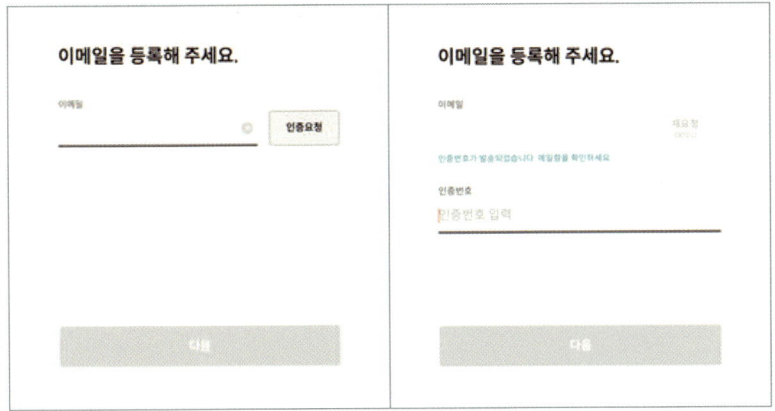

방금 등록한 이메일로 전송된 본인 확인 번호를 확인 후 화면에 인증번호를 입력한다.

"다음" 버튼을 클릭한다. 다음 단계로 이동 후,

- 비밀번호 입력 시 영문 대소문자, 숫자, 특수문자(~!@#$%^*), 8자 이상의 조합으로 만들어야 한다.
- 비밀번호를 규칙에 맞게 잘 만든 경우 "다음" 버튼이 자동으로 활성화 된다.

| 그림 6-13 | 비밀번호 입력

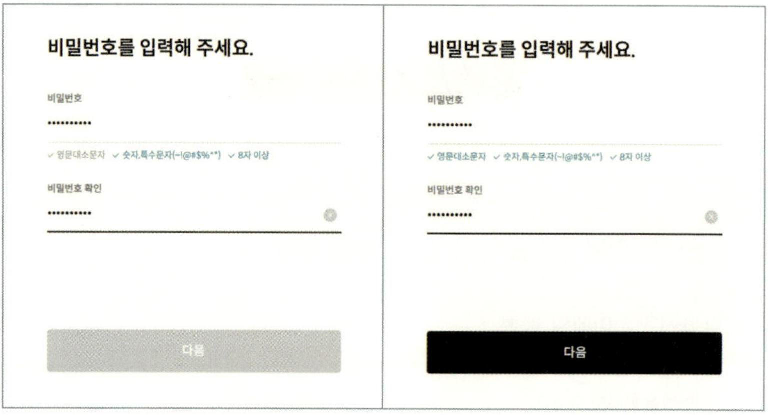

- "다음" 버튼을 클릭하여 다음 화면으로 이동한다.
- 보안비밀번호 4자리를 입력한다. 입력 후 "확인" 버튼을 클릭한다.

| 그림 6-14 | 보안비밀번호 설정

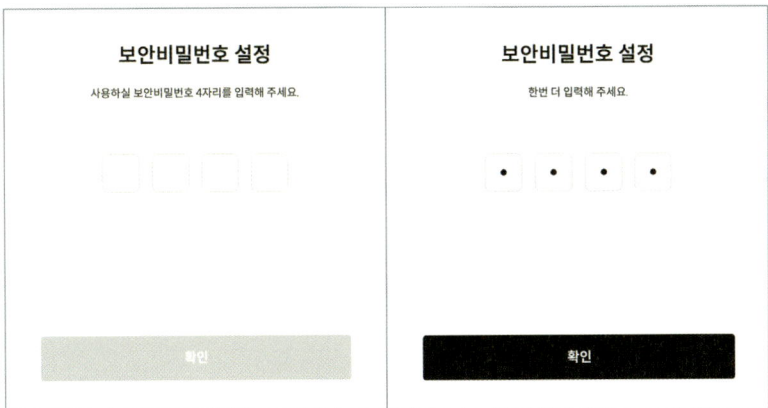

⑥ "회원가입 완료" 메시지가 나타난다.

| 그림 6-15 | 회원가입 완료

"로그인" 버튼을 클릭하면 로그인을 위해 한번 더 로그인 등록 정보를 확인 후 로그인을 할 수 있다.
- 패스워드를 입력한다.
- 보안비밀번호를 입력한다.

| 그림 6-16 | 로그인 및 보안비밀번호 입력

⑦ 고객 확인 절차 진행

| 그림 6-17 | 고객 확인

- QR코드를 스마트폰으로 촬영하면 빗썸 어플 설치화면으로 이동하게 된다.
- 어플을 설치하고 PC에서 등록한 이메일과 패스워드 및 보안비밀번호를 입력한다.

| 그림 6-18 | 빗썸 어플 설치

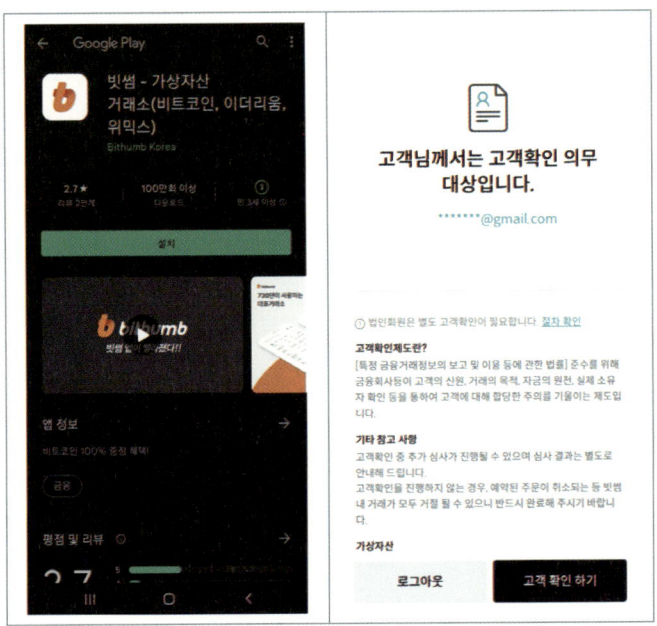

- "고객 확인하기" 버튼을 클릭한다.
- 고객 확인을 위해 본인의 신분증과 본인 명의의 계좌 정보를 준비한다.
- 준비가 되었으면 개인정보 수집 등과 관련하여 "모두 동의"에 체크 후 "고객확인 등록" 버튼을 클릭한다.

| 그림 6-19 | 고객 확인

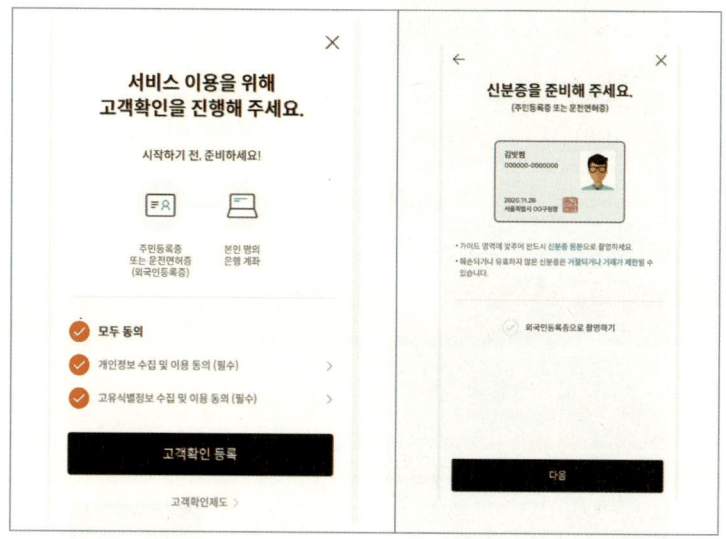

- 본인의 신분증을 화면의 테두리 안에 위치하면 자동으로 신분증이 촬영된다.

| 그림 6-20 | 신분증 촬영

정상적으로 촬영이 진행된 경우

- 본인의 이름과 주민등록번호, 발급일자를 자동식별한다.

- 화면에 나타난 정보를 확인하고 주민등록번호 뒷자리를 입력 후 "다음" 버튼을 클릭한다.

- 다음 화면에서 "고객정보"를 입력한다.

- 이미 입력된 정보를 확인하고 "영문 성"과 "영문 이름"을 입력한다.

- 마지막으로 "주소" 정보를 입력하면 "다음" 버튼이 활성화된다.

- "다음" 버튼을 클릭하여 다음 화면으로 이동한다.

- 추가 정보를 입력한다.

| 그림 6-21 | 추가정보 입력 | 그림 6-22 | 계좌번호 입력

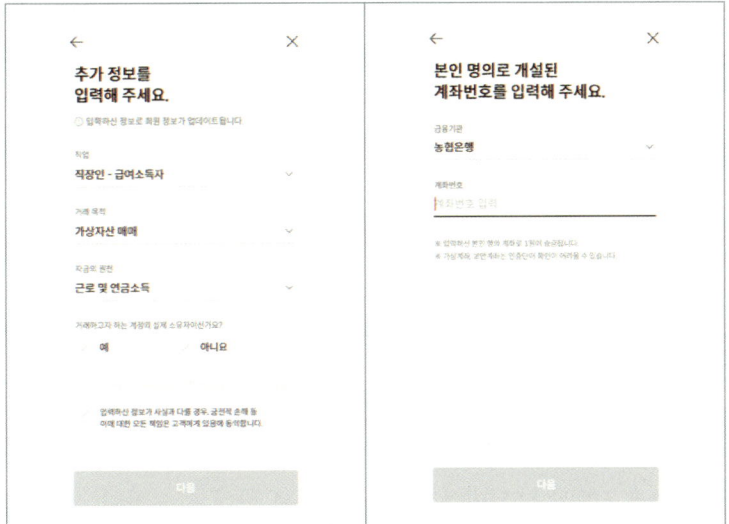

Part 6. NFT 판매 방법

- 본인 명의의 계좌번호를 입력한다.
- 빗썸에서 이용 가능한 계좌번호는 "NH 농협은행"만 가능하다.
- 정확한 계좌번호가 입력되었는지 확인을 위해 "1원" 입력과 함께 인증단어 4글자 확인을 요구한다.

| 그림 6-23 | 추계좌번호 확인 | 그림 6-24 | 고객 확인 완료

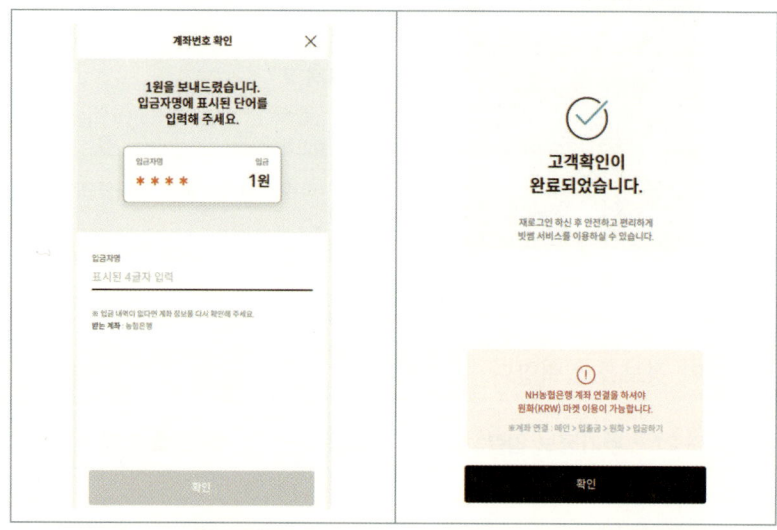

- 1원을 입금한 입금자명 4자리를 입력 후 "확인" 버튼을 클릭한다. 이로써 본인 확인 절차가 완료된다.
- NH 농협은행 계좌를 연결해야 원화 마켓 이용이 가능하다는 메시지가 나타난다. 농협은행과 단위농협은 다르기 때문에 반드시 농협 중앙은행의 계좌를 이용해야 한다.
- "확인" 버튼을 클릭하여 과정을 종료한다.
- 스마트폰에서 로그인을 시도하면 다시 한번 사용자의 정보 입력을 요구한다.

- 추가로 본인의 농협은행 계좌와 빗썸 계좌 연결을 위한 계좌를 신청하는 화면이 나타난다.
- 연결계좌를 신청하고, 이어 나타난 농협 연결계좌 번호를 따로 메모해 놓는다.
- 농협 계좌에서 빗썸 연계계좌로 원화를 입금해 놓아야 빗썸 연결계좌를 통해서 암호화폐를 구매할 수 있다.

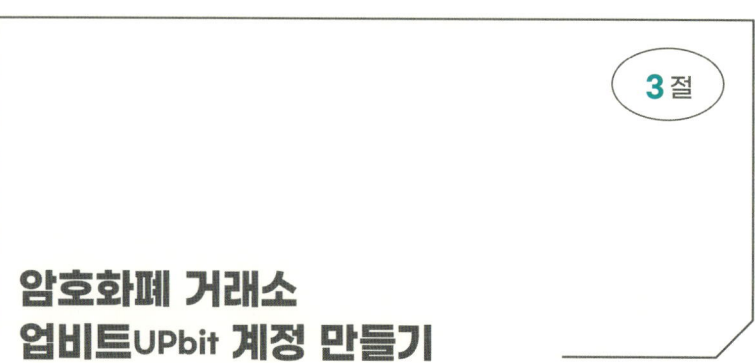

암호화폐 거래소
업비트UPbit 계정 만들기

다음은 업비트UPbit 암호화폐 거래소에서의 계정 만드는 절차를 설명하기로 한다. 계정을 만드는 절차는 PC에서 진행하기로 한다.

업비트의 URL인 "https://upbit.com/home"으로 접속 한다.

① 업비트의 초기화면에서 화면 우측 상단의 "회원가입" 메뉴를 클릭한다.

| 그림 6-25 | 업비트 초기화면

② 업비트는 본인의 카카오계정으로 로그인을 한다.

| 그림 6-26 | 업비트 로그인 - 카카오계정으로 로그인

③ 카카오계정 화면에서 본인의 카카오 로그인 아이디와 패스워드를 입력 후 "로그인" 버튼을 클릭한다.

| 그림 6-27 | 카카오로그인 | 그림 6-28 | 업비트 전체동의하기

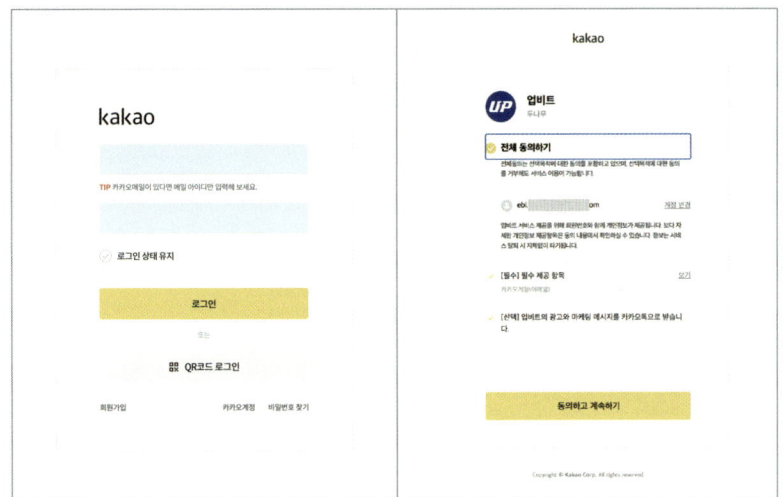

"전체 동의하기" 체크박스를 선택 후 "동의하고 계속하기" 버튼을 클릭한다.

- 사용할 닉네임을 입력하고 "모두 동의합니다." 체크 박스에 체크한다.

| 그림 6-29 | 닉네임 입력

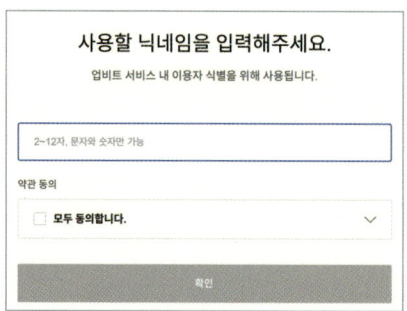

체크박스에 체크를 하면 업비트 이용약관 화면이 나타난다. "동의" 버튼을 클릭 후 다음 화면으로 이동한다.

| 그림 6-30 | 업비트 이용약관 동의 | 그림 6-31 | 닉네임 입력

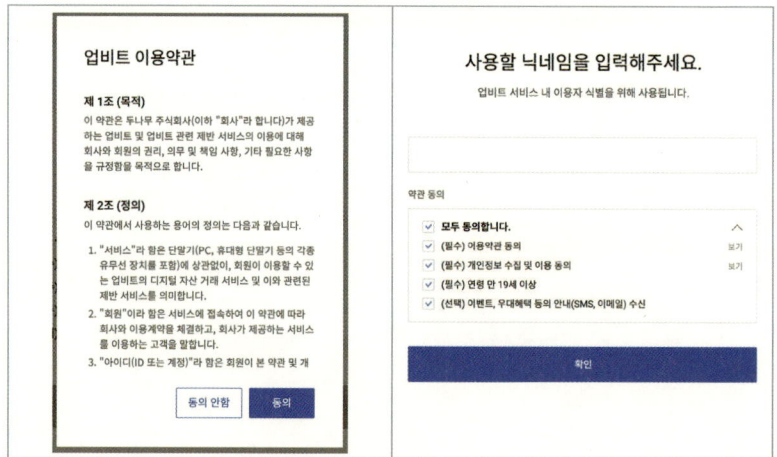

- 휴대폰 본인 인증 절차를 진행한다.
- "(필수)개인정보 수집 및 이용동의" 항목을 체크 후 "확인" 버튼을 클릭한다.

| 그림 6-32 | 휴대폰 본인인증 | 그림 6-33 | 이동통신사 선택

- 본인 휴대폰 통신사를 선택하고 "전체동의"를 체크 후, 일반적인 본인 인증 절차를 진행한다.

④ 고객확인 절차를 진행한다. 미리 신분증과 본인 명의의 계좌를 준비해야 한다.

- 고객확인 화면에서 "모두 동의합니다." 체크박스를 선택 후 "고객확인 시작" 버튼을 클릭한다.

| 그림 6-34 | 고객확인

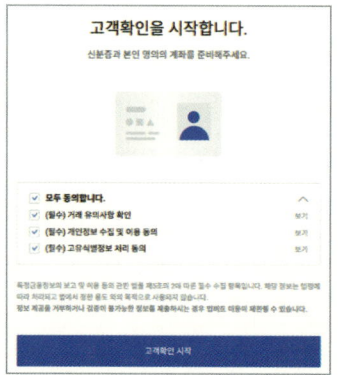

- 고객확인 절차는 총 4단계를 진행하게 된다.
1. 기본정보 입력
2. 필수정보 입력
3. 신분증 인증
4. 계좌 인증

- 본인의 기본정보를 입력하고 "확인" 버튼을 클릭하여 다음 단계로 이동한다.

| 그림 6-35 | 기본정보 입력

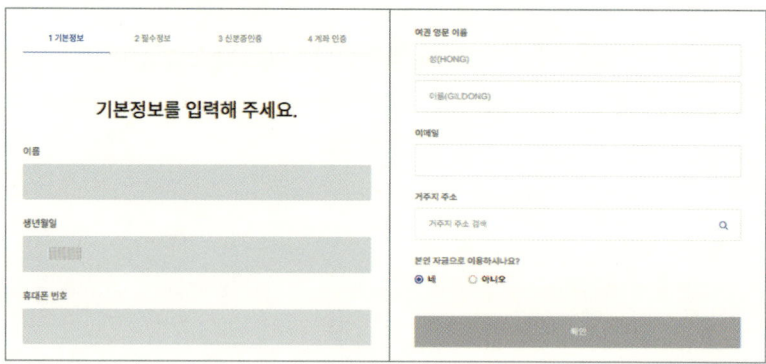

- 필수정보를 입력한다. 본인에게 해당되는 직업, 거래 목적, 자금 원천 정보를 선택 후 "확인" 버튼을 클릭한다.

| 그림 6-36 | 필수정보 입력

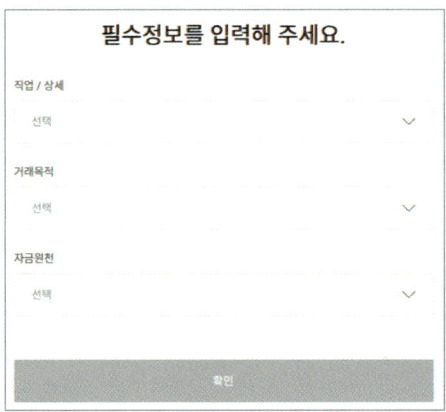

- 신분증 인증을 진행한다. "업비트 앱으로 진행" 버튼을 클릭한다.

| 그림 6-37 | 신분증 인증

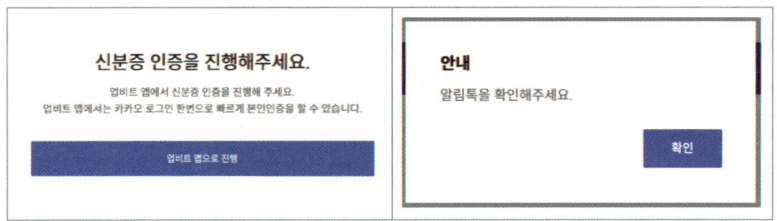

- 본인의 카카오톡으로 전달되어진 메시지를 확인하고 URL 링크를 클릭하여 신분증 인증절차를 진행한다.

| 그림 6-38 | 카카오에서 신분증 인증

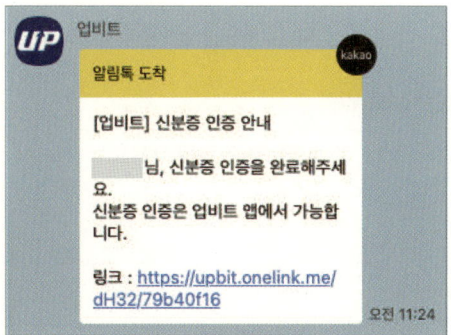

- 링크 클릭으로 업비트 어플을 본인의 스마트폰에 설치한다.
"설치" 버튼 클릭하면 설치가 진행된다.

| 그림 6-39 | 업비트 어플 설치

| 그림 6-40 | 업비트 카카오톡 인증번호 입력

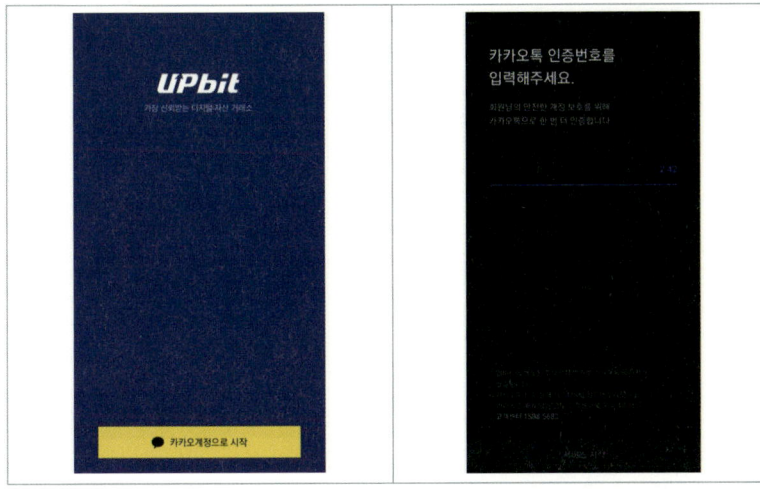

- "카카오계정으로 시작" 버튼을 클릭하면 카카오톡 인증 번호 입력을 요청한다.
- 업비트에서 전달되어진 인증번호를 확인 후 화면에 입력한다.
- 입력이 완료되면 업비트 초기화면이 나타난다.
- 업비트 거래소 화면에서 현재 암호화폐 거래 현황을 볼 수 있다.
- "고객확인 완료 후 거래하기" 버튼을 클릭하여 다음 단계를 진행한다.
- 신분증 인증을 진행하기 위해 신분증을 준비하고 "촬영" 버튼을 클릭한다.

| 그림 6-41 | 업비트 초기화면 | 그림 6-42 | 업비트 신분증 촬영

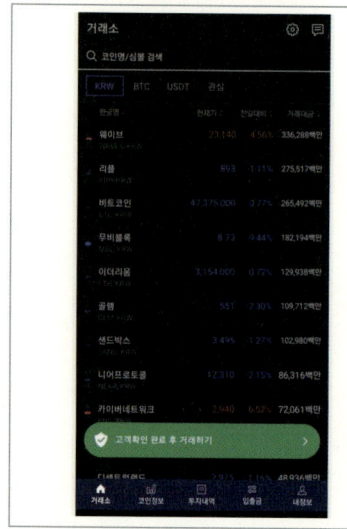

- 신분증 촬영이 정상적으로 완료되었으면 신분증의 정보가 정확하게 인식되었는지 여부를 확인하고 다음 단계를 진행한다.
- 원화거래를 위해서 "케이뱅크"를 선택한다. (업비트에서는 케이뱅크만 사용이 가능하다.)
- 계좌번호 등록을 위해서 미리 케이뱅크 어플에서 온라인으로 계좌를 개설해 놓아야 한다.
- 본인이 개설한 계좌번호를 등록하고 "전체 동의"를 체크 후 "계좌 인증번호 전송" 버튼을 클릭한다.

| 그림 6-43 | 은행 선택 | 그림 6-44 | 은행계좌 인증

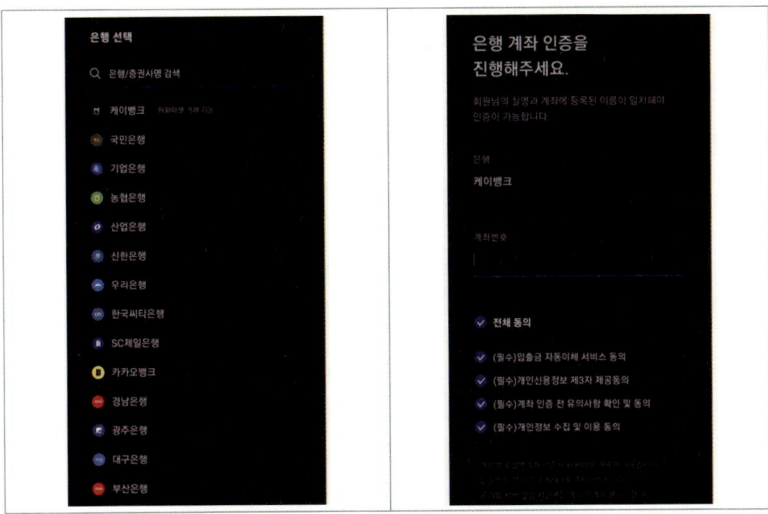

- 케이뱅크 계좌번호를 등록하면 업비트에서 1원을 기존에 사용하던 타 은행 계좌로 입금 후 송금자의 3자리 번호를 묻는 화면이 나타난다.

| 그림 6-45 | 입출금 계좌 인증 | 그림 6-46 | ARS인증

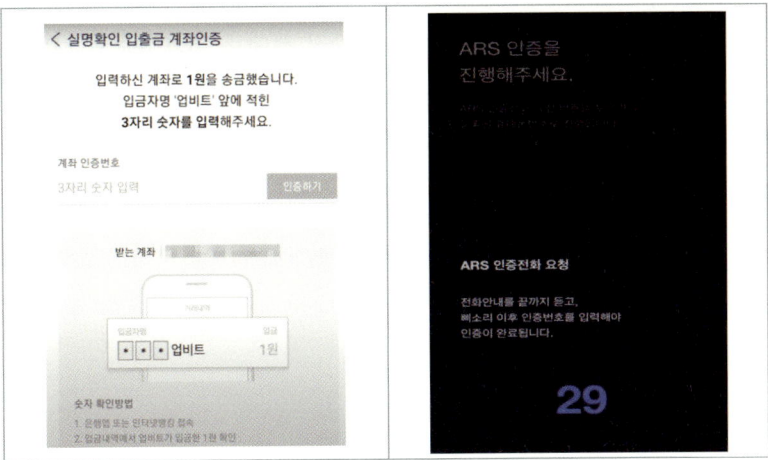

- 3자리 숫자를 입력 하고나면 ARS인증 절차를 진행한다.
- ARS 전화 안내를 듣고 화면에 나타난 숫자를 입력하면 인증이 완료된다.

| 그림 6-47 | 입출금 계좌인증

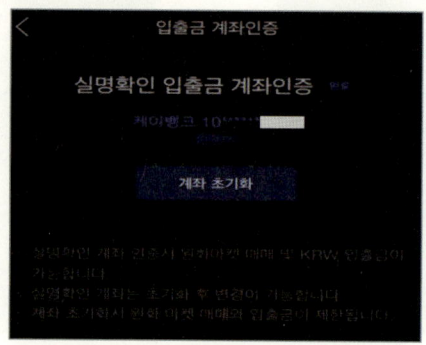

⑤ 계좌가 정상적으로 등록되었는지 여부 확인 절차

케이뱅크 계좌가 제대로 등록이 되었는지 여부를 확인하기 위해서는 업비트 어플에서 "내정보 〉 회원등급" 메뉴를 클릭하면 확인이 가능하다.

- 회원 등급이 "미등록" 상태이면 아직 제대로 계좌정보가 제대로 등록이 되지 않은 상태임을 뜻한다.
- "원화 입출금 가능"으로 나타난다면 정상적으로 계좌등록이 완료된 것이다.

| 그림 6-48 | 내정보 확인

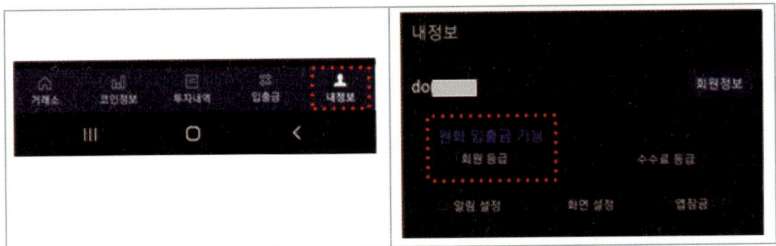

 이상으로 케이뱅크와 업비트와의 계좌 연동이 정상적으로 이루어졌음을 확인할 수 있다.

4절

업비트에서
암호화폐 구매하기

업비트에서 암호화폐를 구매하기 위해서는 메뉴 "입출금 > KRW 충전"에서 원화를 먼저 충전해야 한다.

① 원화KRW 충전

- 본인 소유의 케이뱅크의 계좌에서 업비트 계좌로 입금을 진행한다.
- 입금할 금액을 입력하고 "입금신청" 버튼을 클릭한다.

| 그림 6-49 | KRW 입금신청

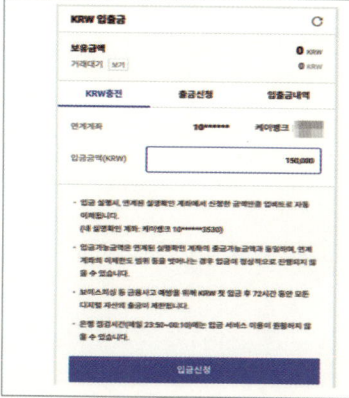

| 그림 6-50 | 카카오페이 인증하기

- "카카오페이 인증하기" 버튼을 클릭한다.

| 그림 6-51 | 입금신청 완료 확인 | 그림 6-52 | 입출금 내역 확인

입금 신청 완료 메시지 창에서 "확인" 버튼을 클릭하면 KRW 입출금 현황 화면에서 입금 진행 중인 상태를 확인할 수 있다. "입금 진행 중" 상태가 "입금완료" 상태로 바뀌면 입금이 완료된 것이다.

② 이더ETH 구매하기

- 메뉴 "거래소 〉 매수" 화면에서 이더를 구매할 수 있다.

즉시 구매를 위해서 주문 구분을 "시장가"로 선택하고 주문 총액 %를 선택한다. 통장에 입금된 금액 전체로 이더를 구매할 경우 100%를 선택하고, 일부의 금액으로 이더를 구매할 경우 원하는 만큼의 %를 선택하고 "매수" 버튼을 클릭한다.

예시와 같이 100,000원을 매수할 경우 수수료 0.05%를 제외하고 99,950원 만큼 매수가 되어진다.

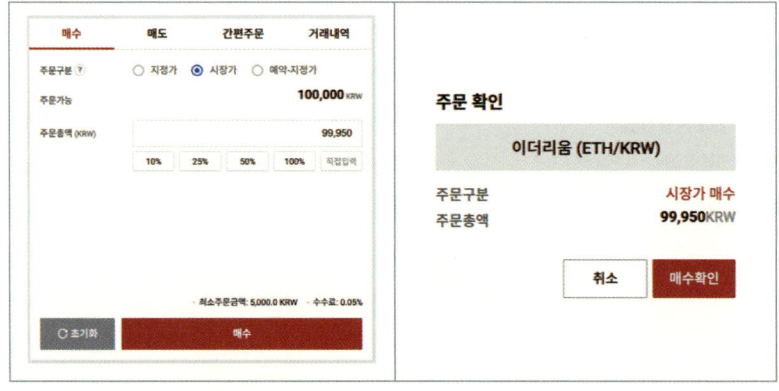

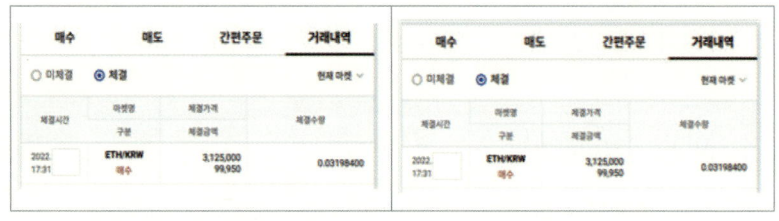

- "거래소 > 거래내역" 화면에서 구매한 이더 내역을 확인할 수 있다.

5절

업비트에서
메타마스크 지갑에 입금하기

이번 장에서는 업비트UPbit에서 구매한 이더ETH를 메타마스크 지갑으로 입금하는 방법을 설명한다.

- 메뉴 "입출금 〉 이더리움 (입출금)" 선택

| 그림 6-57 | 이더리움 "입출금"

- ETH 입금 주의 사항 안내를 확인 후 "확인" 버튼을 클릭한다.

Part 6. NFT 판매 방법

| 그림 6-58 | 이더 출금신청

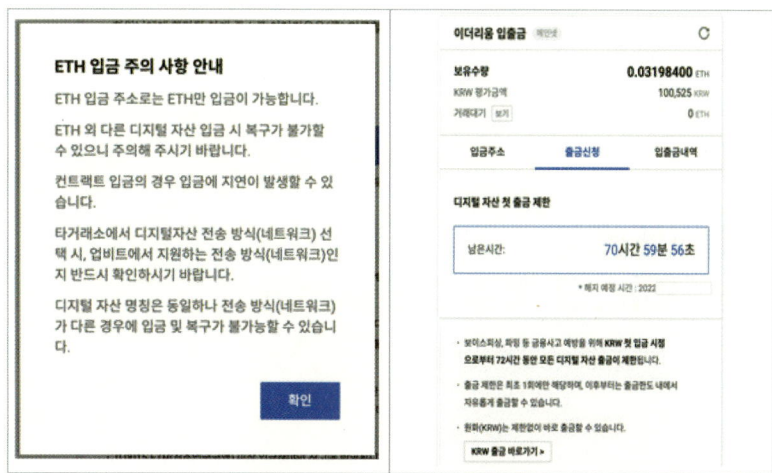

- "출금신청" 메뉴를 선택하여 이더를 전송할 메타마스크 주소를 입력한다. 현재 보유한 이더는 구매한 이후 3일이 경과해야 전송이 가능하다.
- "출금신청" 메뉴에서 "일반출금" 선택 후 출금하고자 하는 이더량을 입력한다.
- 출금 방식을 "일반 출금"으로 선택하는 것은 업비트가 아닌 다른 지갑으로 보낼 때 사용할 때 이용하는 방식이다.
- 출금 방식을 "바로 출금"을 선택하게 되면 업비트 내의 다른 지갑으로 출금할 때 사용한다.

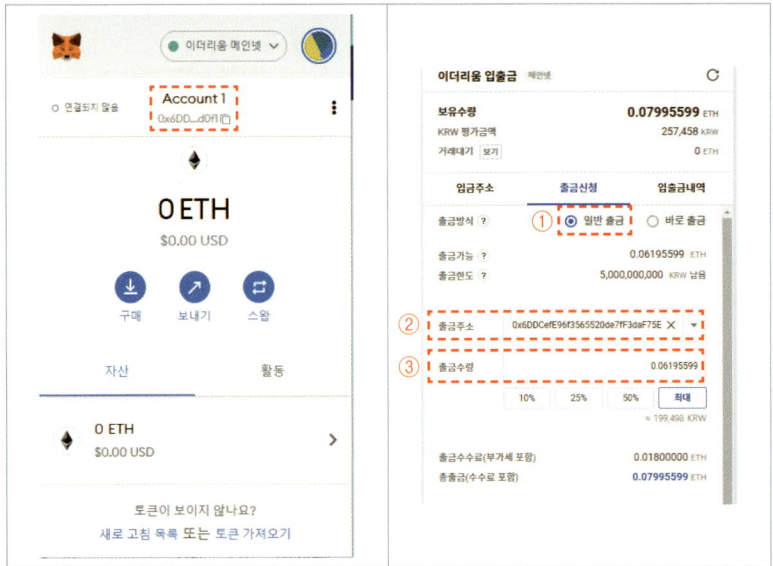

- 메타마스크 지갑의 내 지갑 주소를 복사한다. 복사하기 아이콘을 클릭하면 지갑 주소가 복사되어진다.
- 출금 주소 : 위에서 복사했던 메타마스크의 주소를 이 필드로 붙여넣기 한다.
- 출금 수량 : 출금할 이더량을 입력하거나 또는 본인이 소유한 이더량을 %로 선택하여 출금 수량을 결정한다.

| 그림 6-61 | 이더 출금 신청

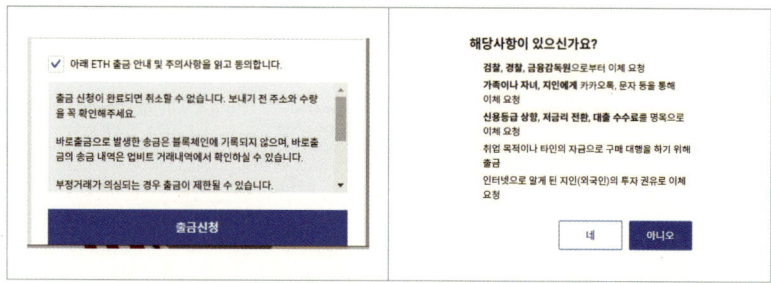

- 주의 사항 동의 여부를 체크하면 "출금신청" 버튼이 활성화된다.
- 보이스피싱 등이 아닌지 여부를 확인하는 메시지 창이 뜨면 "아니오"를 선택한다.
- "카카오페이 인증하기" 화면이 나타난다.

| 그림 6-62 | 카카오페이 인증하기

| 그림 6-63 | 카카오페이에서 인증하기

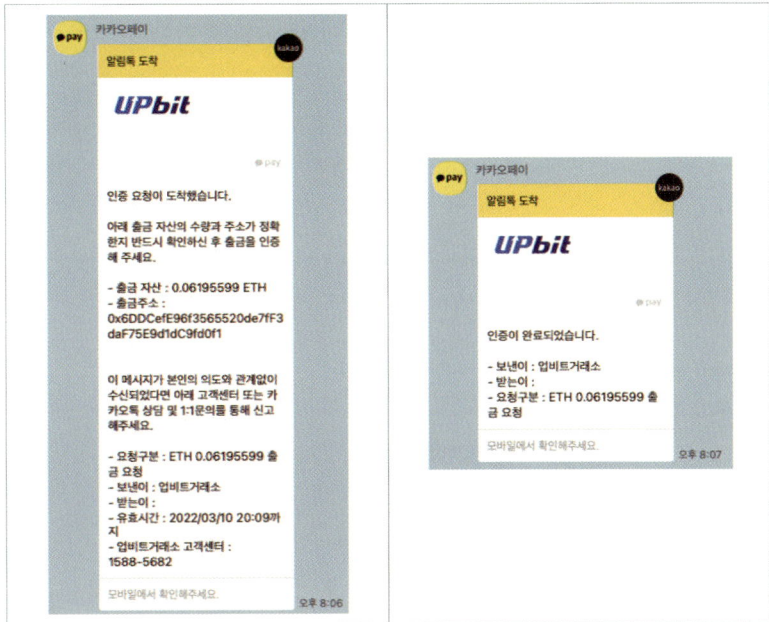

- "카카오페이 인증하기" 버튼을 클릭하면 카카오페이에서 본인 인증 절차를 진행하게 된다.
- 인증이 완료된 경우 "인증이 완료되었습니다" 라는 알림톡을 받게 된다.
- 카카오페이에서 인증이 완료된 경우 "ETH 출금 신청 완료" 메시지가 나타난다.

- "내역보기" 버튼을 클릭해서 출금 내역을 확인한다.
- 업비트에서 메타마스크로 송금된 이더ETH를 확인한다.

| 그림 6-64 | 이더 출금 신청-내역보기 | 그림 6-65 | 메타마스크 지갑 잔고확인

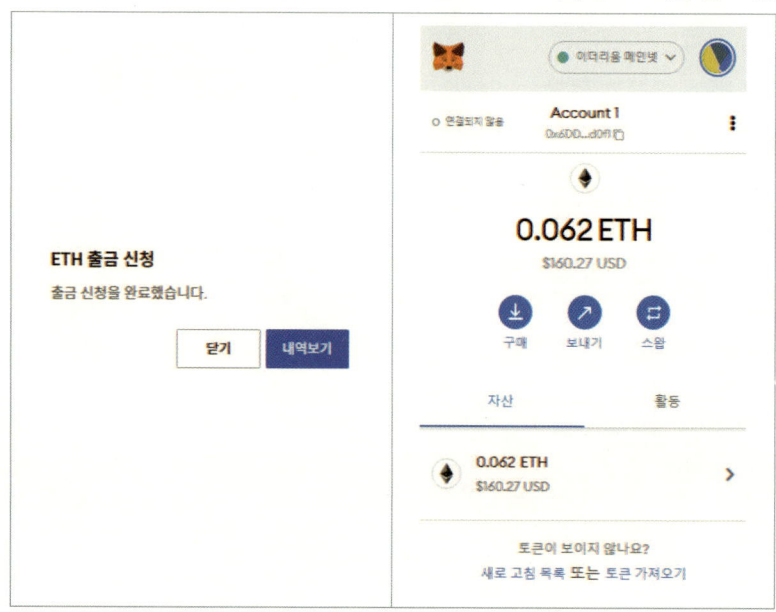

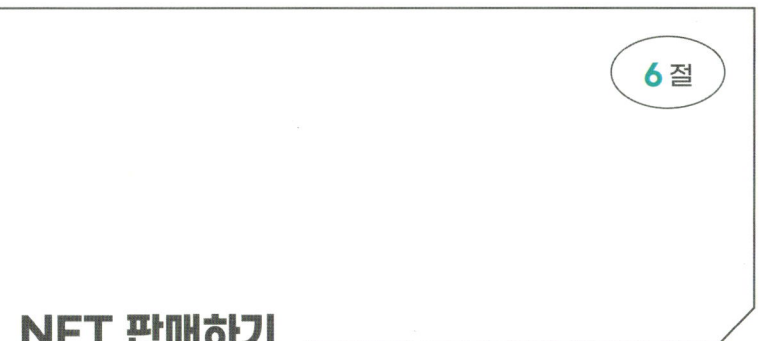

NFT 판매하기

　마켓플레이스에서 디지털 작품의 민팅이 완료가 되었으면 이제 팔 수 있는 상태가 된다. 일반적으로 거래가 가장 많은 오픈씨OpenSea에서 NFT를 판매하는 방법을 설명하기로 한다. 디지털 작품을 판매하기 위해 마켓플레이스에 게시하는 것을 리스팅Listing이라고 표현한다.

- 오픈씨(OpenSea)에서 Listing 하기

| 그림 6-66 | 오픈씨에서 리스팅하기

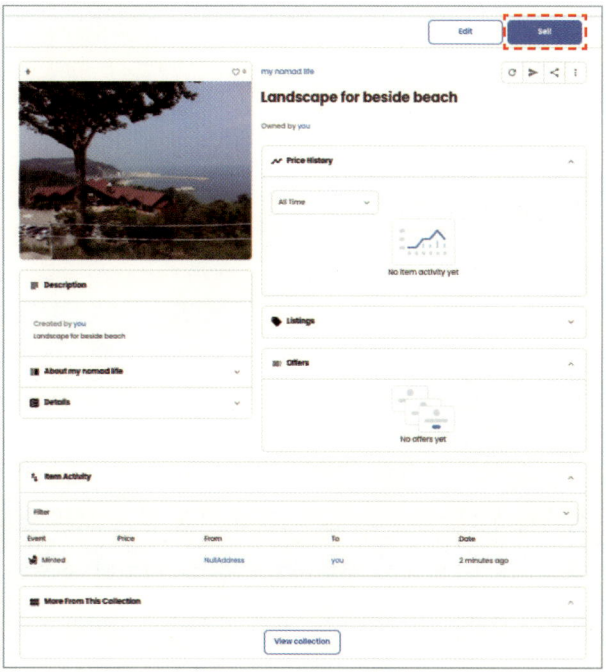

디지털 작품 민팅이 완료되고 나면 완료된 화면을 보여준다.
- 마켓플레이스에 리스팅하여 판매하고자 할 경우 화면 오른쪽 상단의 "Sell"버튼을 클릭한다.
- 디지털 작품을 판매하기 위해 필요한 정보를 입력하는 화면이 나타나는데, 판매할 방식과 판매 금액, 판매 기간 등을 입력한다.

| 그림 6-67 | 판매 입력사항 입력 화면

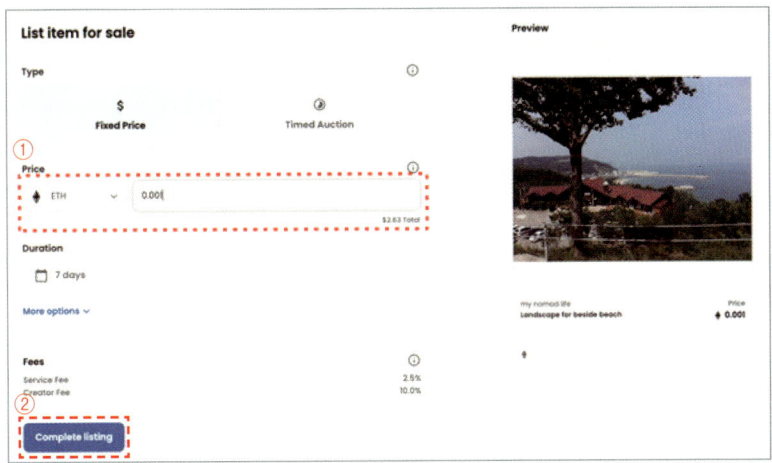

| 표 6-1 | 판매 입력사항 입력 내용

순번	필드	설명
1	Type	• 판매 방식을 선택한다. • "Fixed Price" : 창작자가 판매하고자 하는 금액으로 거래 • "Timed Auction" : 경매를 통해서 거래
2	Price	• 판매하고자 하는 금액을 이더 단위로 입력한다.
3	Duration	• 판매할 기간을 지정한다. (Default :7일)
4	Fees	• 거래시 발생하는 수수료에 대한 정보를 보여준다. • Service Fee : 2.5% • Creator Fee : 10%

- 입력이 완료되었으면 리스팅한다. "Complete listing" 버튼을 클릭한다.

7절

NFT 마케팅 성공 사례

　NFT가 시장에서 중요한 키워드가 되면서 많은 명품브랜드 회사들이 마케팅에 뛰어들고 있다. 해외 명품 브랜드에서 시작된 마케팅 적용 사례가 이제 국내 시장에서도 점점 활용되어지고 있는 것을 발견할 수 있다. 현재 NFT를 이용하여 성공적인 마케팅으로 활용하고 있는 몇가지 사례를 살펴보고자 한다.

(1) 버버리

　명품 패션 브랜드인 버버리가 미씨컬 게임즈Mythical Games 멀티플레이어 게임 "블랭코스 블록 파티Blankos Block Party"와 협업해서 재미있는 프로젝트를 진행했다. 블랭코스 블록 파티는 블록체인 기반의 온라인 게임이며 NFT와 게임 세계를 연결해 유저가 소유한 블랭코(캐릭터)를 스타일링 할 수 있도록 버버리 'B 시리즈' 디지털 아이템을 제공한다.

이 게임에서 가상의 캐릭터인 샤키 B가 LA, 런던, 서울, 도쿄, 홍콩 등에 실제로 등장한다. 샤키 B는 버버리 모노그램 패턴이 장식된 제트팩, 풀 슈즈, 암밴드 등으로 구성된 한정판 디지털 캡슐 컬렉션을 착용하고 있다.

이 프로젝트에서 패션과 게임의 첫 번째 콜라보레이션이란 점에서 의미가 깊다라고 할 수 있다.

| 그림 6-68 | Blankos Block Party

출처 : Blankos Block Party Twitter, hypebeast.kr

버버리는 이 콜라보레이션을 통해서 새로운 메타버스 캐릭터를 판매했는데 '샤키B', '제트백' 등 2,250개의 NFT가 30초만에 완판될 정도로 인기가 높았다.

(2) 돌체앤가바나

이탈리아 명품 브랜드인 돌체앤가바나가 디지털 럭셔리 큐레이팅 마켓플레이스인 UNXD 와 협력하여 NFT 독점 컬렉션 "콜레치오네 제네시"를 선보였다. 콜레치오네 제네시는 총 9개의 작품으로 구성되어졌으며 알타 모다, 알타 사토리아, 알타 조엘레리아 컬렉션의 일부였다.

이 경매는 이더리움으로 이루어졌으며 경매가 1885.73 ETH에 낙찰되어졌다.

| 그림 6-69 | Collezione Genesi

출처 : https://unxd.com/drops/collezione-genesi

이 컬렉션은 "디지털 작품과 실물 작품을 함께 다뤄 물리적 세계와 형이상학 세계의 연결을 꾀했다"라고 전하며, 현실판 진짜 옷과 NFT를 모두 소장한 고객에게는 돌체앤가바나의 차후 이벤트 독점 접속권이 제공된다.

(3) 루이비통

"LOUIS THE GAME"은 루이비통의 창업자인 루이의 탄생 200주년을 기념하여 출시된 모바일 게임이다. 루이가 자신의 고향에서 2년 동안 걸어서 파리에 도착했던 일화를 바탕으로 만들어진 게임이며 6개의 가공 세계에서의 다양한 장애물을 통과하는 액션 게임이다.

그림 6-70 Louis the game

출처 : https://appadvice.com/app/louis-the-game/1574401807

이 게임에는 NFT 아트가 약 30점이 포함되어 있고, 이중 10개의 작품은 비플Beeple이 직접 제작했다고 한다. 이 게임은 무료로 공개되어 있으며 MZ세대에게 어필하기 위한 목적으로 만들어진 게임이다. 그 이유는 젊은 MZ세대를 명품 소비자로 끌어들여 새로운 명품 소비 시장을 만들기 위한 목적이다.

(4) 구찌

2021년 6월 구찌는 메타버스 게임 플랫폼인 로블록스 안에 '구찌 가든'을 만들었다. 그 이유는 구찌 브랜드 홍보와 함께 구찌 브랜드의 한정판 게임 아이템을 제공하기 위함이었다.

구찌는 이 게임 내에서 한정판 핸드백을 판매했는데, 이 가상 핸드백 디오니소스는 355,300로벅스(약 4,115달러)에 팔렸다. 이 핸드백의 최초 판매가는 475로벅스(약 5.5달러)였다. 구매자가 한 달 뒤 로블록스 상점에서 '리셀Resell'하자 가격이 748배가 오른 것이다. 이 구찌 가든은 국내 메타버스 플랫폼인 제페토에서도 운영중이며 제페토의 아바타에게 이 구찌 아이템을 사용할 수 있다.

| 그림 6-71 | 구찌 가든

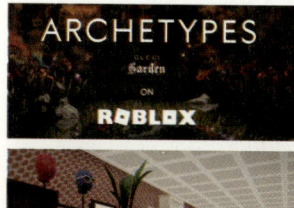

출처 : 구찌 공식 홈페이지

구찌는 로블록스 내에서 핸드백뿐만 아니라 모자, 안경, 기타케이스 등의 다양한 가상 아이템을 판매 중이며 로블록스 내에서 사용하는 로벅스Robux라는 가상화폐로 구매할 수 있다.

| 그림 6-72 | 구찌의 가상 핸드백 디오니소스와 구찌 아이템

 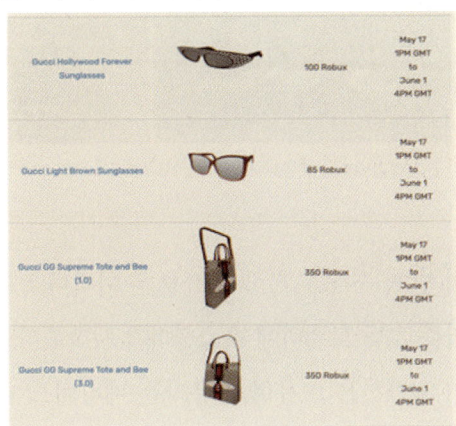

출처 : 로블록스 캡처

(5) 아디다스

2021년 12월 Adidas는 BAYC와 PUNKS Comic, 그리고 G머니와의 콜라보레이션을 발표했다.

인기 높은 컬렉션과 강력한 인플루언서가 Adidas와 만나 그들의 강력한 커뮤니티를 활용하여 Adidas는 마케팅 활동을 전개하기 시작한 것이다.

| 그림 6-73 | 아디다스 X BAYC

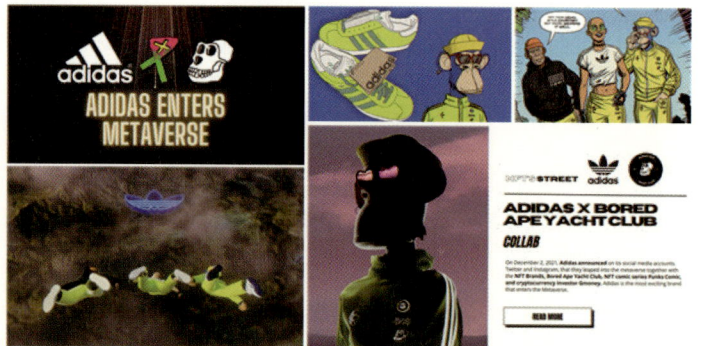

출처 : https://www.altcoinbuzz.io/nft/adidas-teases-bayc-x-punks-comic-collab/

    이 발표 후 BAYC 소유자들은 아디다스 운동복을 입은 유인원 이미지를 그들 트위터에 포스팅하기 시작했다.
    이 컬렉션을 소유한 소유자는 메타버스 내에서 사용할 수 있는 아디다스 운동복 디지털 버전을 받게 된다. 또한 같은 디자인의 현실 버전에 대해 의상 교환 쿠폰을 받을 수 있다.

| 그림 6-74 | 오픈씨 BAYC

(6) 코카콜라

코카콜라는 2021년 7월 30일, 유엔이 정한 '국제 우정의 날'을 기념하여 디센트럴랜드에서 코카콜라 NFT 컬렉션 출시 이벤트를 개최했다. 이 NFT 기념품 경매는 7월 30일부터 8월 2일까지 진행되어졌다. 오픈씨에서 경매에 부쳐진 NFT 묶음 기념품은 코카콜라 빈티지 냉장고, 코카콜라 버블재킷, 코카콜라 우정카드와 코카콜라 음료 동영상 이렇게 총 4종 세트가 출품되었다.

이 NFT 기념품 중 코카콜라 버블 재킷은 현물의 한정 재킷 이외에도 디센트럴랜드에서 사용이 가능한 아이템으로 만들어졌다.

| 그림 6-75 | CocaCola The Friendship box NFT

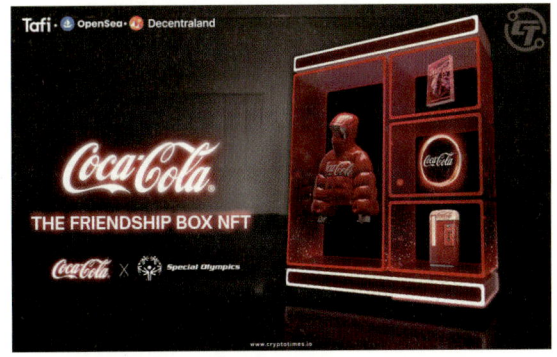

출처 : The Crypto Times

코카콜라는 언론 보도를 통해서 "각 NFT는 코카콜라 브랜드의 핵심 요소들을 기념하며 이를 가상세계에서 새롭고 흥미로운 방식으로 재해석하기 위해 제작되었다"라고 말했다. 코카콜라가 NFT 영역에 참여한 것에 대해서 NTWRK의 CEO 아론 레반트Aaron Levant는 "전통 브랜드가

NFT 영역에 진출하는 것은 이들이 완전히 새로운 브랜드 경험과 참여를 제공하기 때문"이라고 말했다. 또한 "NFT는 브랜드에 대한 진정성과 진정한 가치를 소비자들에게 전달할 수 있어야 한다. 어떤 매체로 브랜드 스토리를 전달하느냐와 상관없이, 신뢰와 진정성이 중요한 것"이라고 경고하기도 했다.

(7) 버드와이저

맥주회사인 버드와이저가 NFT 컬렉션을 선보였다. "버드버스 캔 헤리티지 에디션 Budverse Cans Heritage Edition"로 명명된 이 컬렉션은 1,936개로 이루어진 디지털 이미지로 버드와이저가 처음 맥주 캔을 출시한 '1936년'을 기리기 위해 만들어진 것이다.

| 그림 6-76 | Budwerse Heritage Can

출처 : us.budweiser.com/nft

이 컬렉션은 'Gold' 소유자와 'Core' 소유자로 나뉘어 각기 다른 혜택과 보상이 제공된다. 골드Gold는 총 1,936개의 NFT중 36개로 구성되어 있으며 버드와이저 브랜드에서 가장 상징적인 헤리티지가 녹아 있는 디자인의 NFT로 구성되어 있다. 나머지 NFT는 코어Core 라는 이름이 부여되었다.

이 두 가지 NFT를 모두 구입하면 메타버스 맥주 커뮤니티인 "버드버스Budverse"에 입장할 수 있는 혜택이 제공된다. 이들 NFT는 발매된 지 1시간 만에 완판 되었다.

이 버드와이저 사례를 통해 NFT가 단지 투자수단이 아닌 새로운 마케팅 수단으로 활용될 수 있다라는 가능성을 보여준 것이다.

(8) MBC

MBC는 지난 2021년 7월 국내 방송사 중 최초로 NFT 사업을 시작했다. MBC는 창사 60년 역사 중 의미 있는 순간을 담은 10여개의 NFT를 출시했으며 'MBC 개국', '뉴스데스크의 최초 컬러 방송'과 같은 의미 있는 순간들을 디지털 자산화 하여 '아카이브 by MBC'에서 판매를 시작했다.

| 그림 6-77 | 11년 전 무한도전 명장면

출처 : archivebymbc.com

MBC는 "사업초기에는 본사의 역사성 있는 콘텐츠를 선보이며 NFT 시장을 개척하고자 했고, 앞으로는 시청자들과 함께 웃고 울었던 추억을 간직할 수 있는 다양한 상품들을 선보일 예정"이라 밝혔다.

(9) 채널A - 도시어부

동아일보 2022년 2월 28일 기사에 따르면,

> 채널A 예능 프로그램 '나만 믿고 따라와, 도시어부'(이하 도시어부)의 NFT (대체불가토큰)가 발행 당일인 26일 완판됐다. 채널A와 트레져스클럽은 그동안 도시어부에 등장했던 낚시 스팟을 전체 지도 이미지로 제작한 후 5,401개로 쪼개어 NFT화 했다.
> 2022년 2월 28일 트레져스클럽에 따르면 5,401개 중 판매용은 3,800개로 1차 판매 수량인 1,500개는 29초 만에, 2차 판매 수량인 2,300개는 1분 만에 완판됐다. 도시어부 NFT는 컴퓨터 알고리즘을 바탕으로 자체적으로 생성되는 예술인 '제너러티브 아트'로, 5,401개 모두 각기 다른 이미지가 추출된다.

라고 이 기사는 전하고 있다.

| 그림 6-78 | **채널A와 샌드박스 협력**

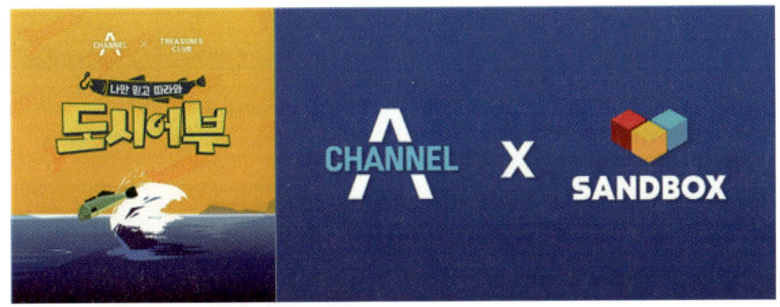

이와 더불어 채널A는 2022년 3월 1일, 국내방송사 가운데 최초로 디지털 엔터테인먼트 기업인 '샌드박스 네트워크'와 협력하여 NFT 및 메타버스 사업과 관련한 협력 사업을 추진하기로 했다.

채널A '도시어부' 제작팀이 이렇게 메타버스와 NFT의 접목을 시도하는 것은 그들 방송 콘텐츠를 NFT 발행을 통해서 시청자의 팬덤을 확장하는 용도로 활용하기 위함임을 확인할 수 있다.

(10) 국내 카드사

2022년 초부터 국내 카드사들이 NFT를 활용한 마케팅뿐만 아니라 관련 서비스를 직접 내놓고 있는 것을 확인할 수 있다. NFT 시장에서 새로운 비즈니스 모델을 적용함으로써 MZ세대와의 접점을 확충하겠다는 의도로 예상된다. 이러한 신규 사업에 가장 적극적인 카드사는 KB국민카드이다. 자사 플랫폼인 '리브메이트'에서 NFT를 지급하는 이벤트를 진행하고 있다. 이 이벤트는 고객이 마이데이터를 최초 연동 완료한 경우에 당첨자를 선발하여 NFT를 지급하는 것이다.

| 그림 6-79 | 국민카드 리브메이트 이벤트 | 그림 6-80 | 신한카드 My NFT서비스

신한카드는 신한플레이 애플리케이션 'My NFT'를 출시했다. 이 앱을 통해서 고객이 직접 NFT를 발행하고 조회할 수 있다. 이 서비스는 NFT에 관심이 높은 젊은 층들로부터 큰 인기를 모으고 있는데, 신한카드는 MZ세대 중심 특화 서비스로 안착했다고 자체 평가하고 있다.

BC카드는 업비트 운영사인 두나무와 제휴를 맺고 '두나무 BC카드'를 출시한다고 밝혔다. 신용카드사가 암호화폐 거래소 운영사와 손잡고 카드서비스를 내놓는 것은 업계 최초이다. '두나무 BC카드'는 오프라인에서 특정상품을 구매하면 해당상품이 NFT로 발행된다. 이 NFT는 두나무의 메타버스 플랫폼 '세컨블록'에서 아이템으로 활용할 수 있게 된다.

한편 현대카드는 프로그래밍 교육 스타트업 멋쟁이사자처럼과 손잡고 NFT 사업에 진출한다. 양측은 합작사 '모던라이언Modern Lion'을 설립하고, 2022년 하반기 NFT거래소를 개소하여 월렛서비스를 운영할 예정이다.

8절 수집가 커뮤니티 구축하기

요즘 전 세계적으로 인기를 얻고 있는 BTS가 인기가 있는 이유는 "G.T.S 전략"을 활용했기 때문이라는 이야기를 한다. 여기서 G.T.S란,
- G : 주 타겟 팬 층이 전 세계인을 대상으로 한 글로벌Global 전략
- T : 최적의 트레이닝Training 시스템
- S : SNS를 통한 강력한 팬덤 형성

이와 같이 이 3가지를 "G.T.S 전략"이라고 말한다.

아래의 통계에서 BTS에 호감이 가는 이유 중 하나가 "팬층이 글로벌하기 때문에"라는 항목이 36.9%를 차지하는 것만 봐도 SNS를 통한 강력한 팬덤이 BTS가 전 세계적으로 유명세를 떨치는데 지대한 영향을 미친 것임을 확인할 수 있다.

| 그림 6-81 | 방탄소년단이 호감이 가는 이유

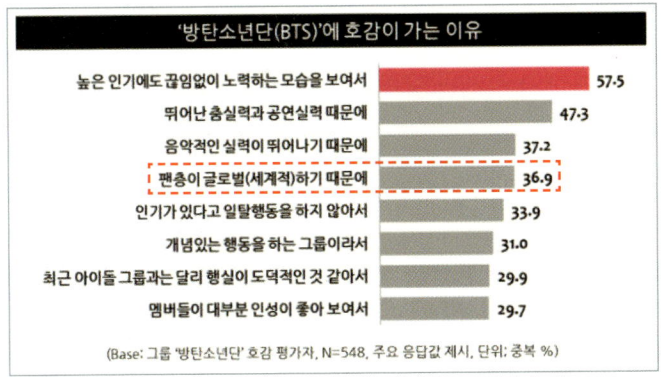

출처 : open.ads

    이러한 분석의 결과로 다른 많은 국내 아이돌 그룹들과 세계 유수의 가수들이 그들의 팬덤을 만들기 위해 분투하고 있는 모습들을 발견하곤 한다.

    NFT가 세간의 관심을 받으면서 여기저기서 NFT 커뮤니티를 만들고자 하는 시도가 이루어지고 있다. NFT 커뮤니티의 대표적인 성공사례는 "BAYC BORED APE YACHT CLUB"이라 할 수 있다. 국내에서는 NFT를 단지 자산의 가치로 여겨 투자의 수단으로 활용하고 있는 경우가 많은데, 이와는 다르게 NFT를 커뮤니티의 수단으로 활용한 사례가 바로 BAYC이기 때문이다.

    그렇다면 NFT를 왜 커뮤니티의 수단으로 활용되고 있는 것일까?

    BAYC는 코딩 아트라고 불리우는 제너레이티브 아트 Generative Art이며 10,000개의 Bored Ape NFT 모음으로 이더리움 블록체인에 있는 고유한 번호를 가지는 디지털 수집품이다. Bored Ape는 요트클럽 멤버십 카드의 역할을 하고 회원 전용 혜택에 대한 접근 권한을 부여한다. 이러한 회원 여부를 확인하기 위해서 이 디지털 수집품을 구매해야 한다. Bored Ape 최초 판매가는 0.08 ETH(당시 220달러)이지만 현재 NFT 시장에서 수십만 달러에서 수백만 달러에 거래되고 있다.

| 그림 6-82 | 오픈씨의 BAYC

할리우드 배우인 기네스 펠트로, 미국 랩퍼 스눕독 같은 스타들이 BAYC NFT를 구매하고 있으며 그들의 트위터 프로필 사진을 유인원 캐릭터로 바꾸고 있다. 뿐만 아니라 지미 팰런, 스테판 커리, 포스트 말론, 에미넴 등 유명 셀럽들이 이에 동참하고 있다.

최초의 제너레이티브 아트는 크립토펑크 CryptoPunk를 들 수 있다. 이 NFT가 큰 성공을 거둘 수 있었던 이유는 재화의 한정성과 은밀한 커뮤니티 운영 때문이었다.

BAYC는 크립토펑크 대비 후발주자였지만 성공할 수 있었던 몇가지 이유를 가지고 있다.

- 디스코드를 활용한 탈 중앙화 커뮤니티를 추구했다.
- 신뢰도를 높인 커뮤니티 운영으로 커뮤니티 활성화를 도모했다.
- BAYC 회원들을 대상으로 한 오프라인 행사 개최 및 다양한 콘텐츠 제공으로 소속감을 고취하였다.
- BAYC의 세계관과 스토리텔링을 무한대로 확장시키고 있다 : 광고 제작, 유튜브 제작, 애니메이션 시리즈 방영 등.
- 프로젝트를 지속적으로 지지해 주는 팬덤을 만들었다.
- 장기적인 로드맵을 제시하고 있다 : P2E게임 론칭, 메타버스용 3D NFT 제작 등.

이와 같은 BAYC의 성공으로 국내에서도 이와 유사한 커뮤니티를 만들기 위한 프로젝트들이 시도되고 있다. 하지만 아쉬운 것은 아직도 많은 프로젝트들이 회사 중심으로 매출의 관점에서 커뮤니티를 만들기 위해 시도되고 있다라는 점이다. NFT 프로젝트는 매출의 관점이 아닌 고객과의 소통의 채널로서 활용되어져야 함에도 그렇지 못한게 현실이다.

2021년 12월 13일 나이키NIKE는 RTFKT를 인수했다.

> 2020년에 Benoit Pagoto, Chris Le, Steven Vasilev에 의해 설립된 RTFKT는 물리적 가치와 디지털 가치의 경계를 재정의하여 광범위한 창작자 커뮤니티에 서비스를 제공하는 선구적이고 혁신적인 브랜드입니다. 이 전담 팀은 최신 게임 엔진, NFT, 블록체인 인증 및 증강 현실을 활용하여 독특한 가상 제품 및 경험을 만듭니다.
> RTFKT의 공동 설립자 중 한 명인 Benoit Pagoto는 "이것은 RTFKT 브랜드를 구축할 수 있는 특별한 기회이며 우리가 사랑하는 커뮤니티를 구축하기 위해 Nike의 기초적인 강점과 전문성을 활용하게 되어 매우 기쁩니다."라고 말했습니다."나이키는 혁신, 창의성, 커뮤니티에 대한 우리 모두의 깊은 열정을 공유하는 세계 유일의 브랜드이며 메타버스에서 완전히 형성된 우리 브랜드를 성장시키게 되어 매우 기쁩니다." - 나머지 생략 -

출처 : 나이키 뉴스 - https://news.nike.com/news/nike-acquires-rtfkt

이 사례를 보면 나이키는 RTFKT 회사를 인수했다기보다는 그들의 커뮤니티를 인수했다라고 표현하는게 더 적절한 표현이다. 이처럼 회사 또는 브랜드가 고객과 스토리를 나누는 장을 만들기 위해서 커뮤니티를 직접 만들 수도 있겠지만, RTFKT와 같은 회사를 인수함으로써 NFT 커뮤니티를 만들어가는 것도 좋은 방법 중 하나이다.

BTS가 전 세계적인 팬덤을 구축함으로 인해서 지속적인 인기를 유지할 수 있는 것처럼 회사나 브랜드도 NFT 커뮤니티 활성화를 통해서 그들의 팬덤을 만들어가고, 그러한 고객과의 끈끈한 유대감 속에서 함께 성장하고 발전해 나가는 것이 NFT 커뮤니티가 추구하는 본질이 될 것이다.

NFT 마케팅을 진행하는 이유

NFT 시장이 2021년 하반기에 폭발적으로 성장을 하자 글로벌 기업들과 국내 기업들이 발 빠르게 NFT를 활용한 다양한 마케팅 활동을 진행하는 모습을 보게 된다. 그렇다면 왜 이렇게 기업들이 NFT를 활용한 마케팅 활동에 집중하는 것일까?

| 그림 6-83 | 메타버스와 NFT를 활용한 마케팅

출처 : 구글 이미지

- 신기술을 접목함으로써 브랜드 이미지 제고

　메타버스와 NFT 신기술의 주 소비층인 MZ세대들은 시장 트렌드에 민감하고 그 트렌드를 따라가려는 경향이 높다.

　이러한 소비자의 속성을 간파한 기업들이 자사의 브랜드가 트랜디하다라는 이미지를 제공하기 위해서 자사의 브랜드에 메타버스나 NFT를 접목하여 마케팅 활동을 진행하고 있는 것이다.

　요즘 젊은 MZ세대에서 큰 인기를 얻고 있는 메타버스나 NFT를 접목한 마케팅 활동을 통해서 장래의 잠재 고객이 될 그들의 눈길을 사로 잡고, 또한 관심을 끌 수 있는 재미 요소와 개인 소유 욕구를 채워줄 수 있는 방법으로 메타버스와 NFT를 활용하기 때문이다.

　최근 신한라이프에서 TV광고에 출연하여 뛰어난 춤 실력으로 관심을 모은 가상 인간 모델 로지Rozy가 대표적인 사례이다. 그 이유는 진짜 사람이 출연하여 춤을 췄다고 생각했던 모델이 알고 보니 버추얼 인플루언서라는 것 때문에 화제가 되었기 때문이다.

　이처럼 마케팅 활동을 통해서 소비자의 눈길을 끌기 위해서는 시대 트렌드에 맞춰 신기술을 접목한 새로운 형태의 마케팅 소재 개발이 필요한 시대가 되었다. 그 결과로 일반 소비자에게는 생소할 수 있는 메타버스와 NFT가 코로나19 이후 각광을 받기 시작했고 다양한 형태로 마케팅의 도구로 활용되어지고 있는 것을 보게 된다.

| 그림 6-84

- 충성도 높은 고객 확보

앞서 버드와이저나 채널A의 도시어부 사례를 보면 역대 맥주 캔 디자인이나 낚시 스팟 지도를 NFT로 발행하고, 그 NFT를 고객들이 소유하게 함으로써 자사의 고객들을 충성 고객으로 만드는 하나의 방편으로 활용하고 있는 것을 알 수 있다.

명품 시계나, 명품 가방, 명품 신발 또는 골동품을 수집하는 수집가들을 보면 공통점이 있다.

그 제품 또는 브랜드에 대해서 누구보다 해박한 지식을 가지고 있고 히스토리를 꿰뚫고 있다라는 것이다. 결국 제품을 양산하는 브랜드사의 입장에서는 이러한 자사 제품의 매니아층을 많이 가지면 가질수록 충성 고객이 양산되기 때문에 이러한 활동을 적극적으로 지원하지 않을 수 없게 되는 것이다.

요즘 전 세계적으로 K-POP이 한류에 편승해서 큰 인기를 얻고 있는데, 그 정점에 도달해 있는 BTS나 블랙핑크를 보면 이들 그룹도 전

세계적인 팬덤을 형성하고 있는 것을 알 수 있다. 이들 팬덤들은 신곡이 발표되면 그들 음원 콘텐츠를 소비해 주고 그들끼리 바이럴 마케팅을 대신해준다. 그 결과로 음원 판매 뿐만 아니라 콘서트 입장권 판매, 굿즈 판매에 막대한 영향을 미치고 있는 것을 볼 수 있다.

회사의 제품 브랜드 이미지를 제고하고 관계를 지속할 수 있는 방법이 충성 고객을 많이 가지면 가질수록 탄탄해진다라는 사실을 그 누구도 부인할 수 없다. 그래서 이들 고객들을 지속적으로 붙잡기 위해서 이 세상에서 유일한 NFT를 발행하고 그 NFT를 소유한 고객들에게 다양한 혜택을 제공함으로써 충성도 높은 고객으로 육성이 가능하게 되기 때문에 점점 더 많은 기업들이 NFT 마케팅에 관심을 가지고 뛰어들고 있는 것이다. 앞으로도 더 많은 기업들이 더 다양한 아이디어를 접목한 마케팅 사례를 갖고 나타날 것으로 예상된다.

하지만 궁극적으로 NFT를 단발의 이벤트로 그치는 것이 아니라 BAYC와 같이 브랜드 충성도가 높은 고객들을 커뮤니티로 모으고, 그들에게 차별화된 혜택을 제공하는 방식으로 고객들이 스스로 브랜드 제품을 소비하고 활용해 가는 자생적인 그들만의 문화를 만들 수 있도록 지원하는 방향으로 발전되어져야 할 것이다.

앞으로 지속 성장할 수 있는 기업 및 브랜드가 되기 위해서는 팬덤 문화를 이해하고 이러한 팬덤 문화를 지원하는 쪽으로 마케팅이 진행될 수밖에 없기 때문이다.

10절

NFT 작품을 직접 NFT시장에 홍보하는 방법

  2021년 3월 크리스티 경매에서 JPG 이미지 하나가 6,934만 달러에 낙찰되었다라는 소식이 전해지며, 도대체 300MB 가량 용량을 가진 1개의 디지털 JPG 파일에 불과한 이 그림이 어떻게 이렇게 비싼 금액에 팔릴 수 있는가에 대해 전 세계적으로 큰 주목을 받았다.

  이 작품은 디지털아트 작가인 비플이라는 예명을 가진 마이크 윈켈만이 "EVERYDAYS: THE FIRST 5000 DAYS"의 제목으로 출시한 작품이다. 이 그림은 약 15년 전 마이크 윈켈만이 처음 디지털 아트를 시작한 날로부터 5,000일 동안 매일 작품을 하나씩 만들었고, 그 5,000개의 작품을 하나로 합쳐서 JPG 파일로 만들어 판매를 한 것이었다.

| 그림 6-85 | 마이크 윈켈만의 'EVERYDAYS: THE FIRST 5000 DAYS'

출처 : 크리스티 경매 홈페이지

    이 그림을 자세히 살펴보면 화면 왼쪽 상단에서부터 오른쪽 하단으로 내려 갈수록 그림의 색감이나 표현 정도가 달라지고 있다. 바탕이 거의 하얀 색이던 작품이 점점 다채로워지며 발전하고 있는 것을 확인할 수 있다. 그 이유는 15년 전 처음 디지털 아트를 시작했을 때 대비 매일 작품을 하나씩 만들면서 점진적으로 성장해 왔다라는 것을 이 그림을 통해 확인할 수 있는 것이다. 그리고 비플은 이 그림을 매일 한 장씩 만들고 트위터에 게시하면서 작가 본인을 지지해 주는 팬들에게 약속을 지켜왔다. 매일 트위터를 통해서 비플의 작품이 올라오는 것을 보고 그 작품의 퀄리티가 높아지고 성장하고 있는 모습을 지켜봐왔던 비플의 팬들이 비플의 작품을 인정해 주기 시작했다라는 것이다. 작품을 그리는 실력뿐만 아니라 그 작품의 내용이 그날그날 일어나는 매일의 사건을 풍자해 담고 트위터에 공유함으로써 그들 팬들의 공감을 이끌어내며 나날이 팬들을 넓혀간 것이다. 비플의 작품은 그를 지지하는 팬들에게 알음알음 팔려 나가기 시작했고, 그림뿐만 아니라 10초~15초 정도의 동영상도 팔려 나가며 그 인기가 점점 높아져 갔다. 트위터에서 비플을 팔로우 하는 사람들은 점점 더 많아져갔고, 그 결과로 매일 새로운 작품을 게시할 때마다 그 팔로워들이 비플의 작품을 감상하고 공감하면서 자연스럽게 그들만의 커뮤니티가 만들어졌던 것이다. 그 지난 15년간의 꾸준함과 성실함, 그리고 팬들에게 한 약속을 지켜가는 가운데 비플의 작품은 6,934만 달러에 팔리는 성과를 이루게 된 것이다.

| 그림 6-86 | 비플의 작품 크리스티 경매 결과

출처 : 유튜브

어쩌면 이 사건으로 인해서 전 세계적으로 NFT가 세간의 화두가 된 발화점이 되었다고 해도 과언이 아니다. 그 결과로 많은 사람들이

NFT에 관심을 가지게 되었고, NFT 작품을 만들어 보겠다는 시도가 생겨나며 NFT 시장이 폭발적으로 성장하기 시작했다.

비플이 지난 15년간 꾸준함 가운데에서 자신의 팬들에게 신뢰를 제공하며 자신의 지지기반을 만들어갈 수 있었던 방법은 다름 아닌 트위터였다.

| 그림 6-87 | 비플의 트윗

출처 : beeple's Twetter

비플은 자신의 작품을 트위터를 통해서 자신의 팬들과 공유하며 소통했다. 그리고 자신의 작품을 게시하며 작품에 대한 스토리를 나눴다.

2021년 연말부터 NFT시장이 과열되며 수많은 사람들이 NFT 작품을 만들어서 판매하기 위해 오픈씨나 라리블 같은 NFT 거래 마켓 플레이스에 게시를 했다. 하지만 그 중에 얼마나 많은 작품들이 기대에 부응한 거래가 이루어졌을까?

디지털 아트를 NFT로 거래를 하고자 하는 경우라면 가장 먼저 해야 할 일은 내 작품을 구매해 줄 팬덤을 만드는 게 우선이다.

자신의 작품을 감상해 주고 공감해 주며 본인의 작품에 가치를 부여하고 자신의 작품을 구매해줄 자기 팬이 필요한 것이다. 구매자 입장에서는 아무리 좋은 그림이라고 해도 이 작품을 누가 만든 것인지, 혹시 다른 사람의 작품을 본인의 작품으로 둔갑시켜서 판매하는 것은 아닌지 알 수가 없다. 온라인에서의 거래는 판매자와 구매자가 서로 만나 거래를 하는 것이 아니기 때문에 서로 간에 신뢰 기반의 거래가 이루어져야 한다. 그래서 NFT 작품을 만들어서 활동을 하고자 하는 경우라면 먼저 각종 SNS (카톡, 밴드, 페이스북, 인스타그램, 트위터, 텔레그램, 디스코드 등)를 통해서 자신의 팔로워를 많이 만들 수 있어야 한다. SNS를 통해서 자신의 작품 활동을 알리고 자신의 작품 세계를 공유할 수 있어야 한다. 그 가운데에서 꾸준히 자신의 작품 세계와 작품 철학을 나눌 때 자신의 팬들이 이에 공감하고 팬덤화 되어지는 것이다. 뛰어난 실력으로 좋은 작품을 잘 만들어 내는 사람은 수도 없이 많다. 하지만 본인의 작품을 사랑하고 공감해 줄 팬들을 만드는 것은 또 다른 차원의 일이다.

이제 막 개화하기 시작한 NFT 시장에서 디지털 아트 작가로서 성공적인 활동을 원한다면 먼저 SNS부터 시작해야 한다. 그리고 자신의 작품을 꾸준히 게시할 수 있어야 하며 일관된 자기만의 작품 세계를 만들어 갈 수 있어야 한다. 요즘은 SNS가 발달해 있기 때문에 이런 일이 비교적 쉽다. 위에서 언급한 비플의 사례와 같이 갤러리에 내 작품을 게시하는 것이 아닌 먼저 트위터에 본인의 작품을 게시해 보기 바란다. SNS 활동을 통해서 자신의 팬을 넓혀가는 것이 중요하다.

온라인에서 본인의 스토리를 팬들과 공유하고 자신의 작품에 대한 스토리를 공유해 보기 바란다. 그 가운데에서 본인의 작품이 인정받게 되고 탄탄한 신뢰가 구축되게 된다.

최근에 인도네시아의 모 대학에서 컴퓨터공학을 전공하는 고잘리라는 대학생이 2017년부터 2021년까지 타임랩스 영상을 만들기 위해서 꾸준히 셀카 사진을 찍어왔다. 무표정한 얼굴로 자신의 책상이나 방에서 무표정한 얼굴로 사진을 찍어온 그는 NFT에 자신의 사진을 담아 장당 3달러에 1,000장을 게시했다. 하지만 이 사진들은 굉장한 반응을 이끌어내며, 이 중 933장의 사진을 판매한 금액이 무려 317ETH에 달했다.

| 그림 6-88 | 대학생 고잘리의 NFT

NFT 작품을 제작해서 거래하고자 하는 많은 사람들이 위의 사례처럼 많은 시간과 노력을 통해서 내 작품이 인정을 받고 거래가 될 수 있다라는 사실에 혹 실망할지 모르겠다. 중요한 건 누군가가 나의 SNS 활동을 통한 내 스토리에 반응한다면 내가 게시하는 작품은 언젠가는 가치를 인정받을 수 있다라는 것이다.

PART 7

NFT 구매 방법

1절

NFT 트렌드가 중요하다.

    3차 산업혁명으로부터 시작된 디지털혁명은 Web2.0을 넘어 Web3.0 시대를 맞이하고 있다. 특정 전문가와 기관의 전유물이던 언론방송통신의 기능이 유튜브를 비롯한 SNS 활성화로 대중들에게 다양한 형태로 정보의 공유와 참여가 이루어지고 있다. 이로 인해 디지털 콘텐츠를 기반으로 하는 SNS 크리에이터라는 신규 직업이 생겨났다. 여기에 코로나19 팬데믹 영향으로 온택트On-Tact 및 메타버스의 시대를 맞이하여 현실세계와 연결된 가상세계 플랫폼과 콘텐츠의 확장, 그리고 온라인 참여자의 폭발적인 증가가 이어져 오고 있다.

    또 다른 측면에서 2009년을 기점으로 시작된 블록체인 기반 비트코인으로 세상을 뒤흔들었다. 코인, 토큰 등 암호화폐의 등장으로 디지털 경제는 지속적인 관심과 성장을 거듭하고 있다.

    블록체인 기반 서비스의 특징인 탈중앙화의 가속화와 디지털 자산의 가치재평가가 시작되면서 최근 NFT가 기업, 정부 그리고 대중의 관심도 증가와 디지털 산업 전반에 화두가 되고 있다.

이러한 현상들은 전반적인 최근 2년간 구글 트렌드 관심도 추이 (2020.1.1. ~ 2021.12.31.)를 보아도 쉽게 확인이 가능하다. 구글 트렌드의 관심도 추이는 일반 대중의 관심 및 (잠재)산업계에서의 관심을 나타내는 것으로 추정해 볼 수 있다. NFT 연관 기술 및 서비스 관련 구글 트렌드 관심도 추이는 한 눈에 봐도 지속적인 관심 또는 급속한 관심도 증가를 나타내고 있다. NFT의 가치 창출에 있어 필수불가결한 기반 플랫폼을 구성하는 핵심인 블록체인의 경우 2021년 3월 정점을 기준으로 지속적으로 높은 관심도를 보여주고 있다. 또한 블록체인과 불가분의 관계인 암호화폐Crypto Currency의 경우도 2021년 5월 정점을 기준으로 지속적인 관심도가 관찰된다.

NFT 경제 성장의 기반이 되는 메타버스도 지속적으로 관심이 증가하고 있다. 또한 2021년 하반기를 기점으로 일종의 게임과 경제활동을 동시에 할 수 있는 메타버스 게임 내의 P2E에 대한 관심이 폭발적으로 증가했으며, NFT 아트라는 새로운 분야가 생겨났고 급속하게 관심도가 증가하고 있다. 다양한 분야의 대중들의 관심에 더하여 예술, 특히 미술계의 관심이 두드러지고 있는 것이 최근의 트렌드임을 부인할 수 없다.

전반적으로 블록체인, 크립토커런시, 메타버스, P2E, NFT 아트 등 NFT 관련 기술 및 서비스에 대한 관심도의 지속적인 증가와 더불어 NFT 자체에 대한 관심도도 2021년을 기준으로 지속적이고 급속한 증가를 보이고 있다.

매일 쏟아지는 다양한 분야 기업들의 NFT 사업진출, 신규게임 출시, 콜렉터 시장의 최고가 기록, 탈중앙화 기반 신규 서비스의 등장 등 NFT에 대한 관심도는 상당히 높음을 알 수 있다. 이는 디지털 자산에 대한 인식과 가치변화에 대한 사회문화적 관점에서뿐만 아니라 디지털 크리에이터 경제의 확장과 투자 대상의 변화 등 경제적인 관점에서도 관심을 가져야 할 때임을 확인할 수 있다.

구글 트렌드 NFT와 관련 기술 및 서비스 관심도 추이(2020.1.1. ~ 2021.12.31.)

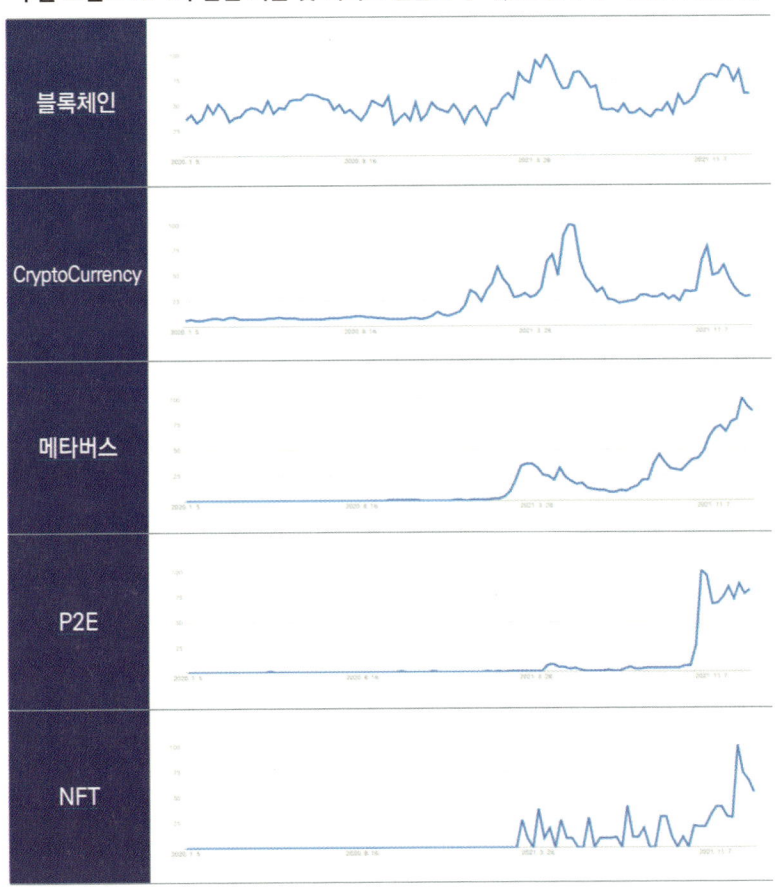

매년 기술 트렌드를 보고해오고 있는 가트너의 경우에도 NFT는 기술구현과 확산에 있어서 주요한 분야임을 알 수 있다. Hype Cycle for Emerging Technologies, 2021에서 NFT는 거품Peak of Inflated Expectations 단계로 예측되고 있다.

전형적인 환멸 단계Trough of Disillusionment로 진입이 시작되었다고 볼 수 있다. 이 NFT 기술이 생산성 안정 단계Plateau of Productivity가 되는 데 2~5년 정도로 가트너에서는 예측하고 있는 것처럼 안정적인 서비스 및 지속가능한 생태계 구축은 곧 완성될 것으로 생각한다.

| 그림 7-1 | Hype Cycle for Emerging Technologies, 2021

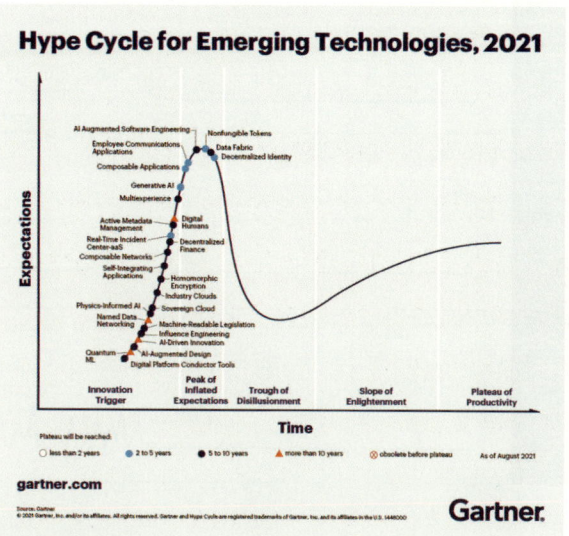

출처 : www.gartner.com

2절

NFT 산업 생태계 및 산업 전망

    디지털 크리에이션과 희소성이라는 개념이 맞물려 블록체인 기반 NFT 경제는 급속하고 지속적인 성장이 기대 된다. 원본과 복제본의 구분이 원칙적으로 되지 않는 디지털 세계에서 NFT를 통하여 디지털 자산을 소유하고 거래하는 것이 가능하게 되었다는 것은 다양한 산업과 분야에 적용될 수 있기 때문이다.

    2021년부터 본격적으로 시작된 NFT의 시장 규모는 스태디스타·재퍼리 투자은행 자료를 바탕으로 동아일보에 보도된 바에 의하면 2022년도 42조원, 2025년 96조원대 시장으로 성장할 것으로 전망 된다.

    리서치앤마켓Research & Market에서 연평균 복합 성장률CAGR, Compound Annual Growth Rate 40.2%로 계산한 보고에 의하면 2026년도에 824.3억 달러 시장으로 성장할 것으로 예상된다.

| 그림 7-2 | 동아일보 2022. 2. 28 기사

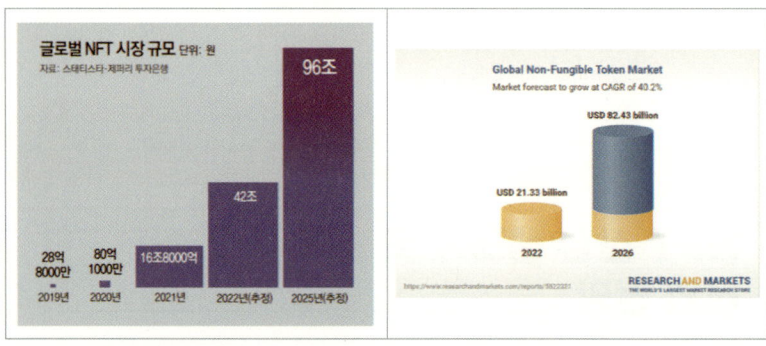

출처 : Research & Market

　NFT 산업 생태계는 예술품, P2E 게임, 가상 스포츠 게임, 가상 부동산, 기타 서비스 등 NFT의 원천 창작 및 창작물의 분야가 한 축을 이룬다. 이 원천창작 분야는 메타버스 P2E 게임과 구분하여 NFT 아트Non-Metaverse NFT Art로 통칭하고 창작과 저작을 디지털로 하는 Native 디지털문화예술품(처음부터 디지털로 제작된 창작물)과 기존의 실물 예술품을 사진 등 기타의 방법으로 디지털로 변환한 Converted 디지털문화예술품으로 구분할 수 있다. Native와 Converted 디지털문화예술품의 NFT가 공존이 계속 되겠지만, 디지털 세상의 확대와 함께 Native 디지털 저작물이 더 많아질 것이고 그 저작물의 희소성과 소유권 등 전체적으로 디지털 자산에 대한 가치 재평가와 관리가 이어질 것이다.

　또한 게임 제공자의 자산만 인정하던 시대에서 게임 플레이어가 게임과 동시에 자산을 획득 할 수 있는 P2E 게임 취지에 맞게 국내외 대부분의 메타버스 NFT 기반 P2E RPG 게임 개발 및 서비스 기업들이 개발 및 서비스를 강화하고 있다. 또한 P2E와 연계하여 NFT 기반 가상 부동산 서비스 및 독자적인 가상 부동산 서비스도 지속적인 확대가 예상된다. 스포츠 애호가들을 대상으로 가상 플레이 또는 스포츠 스타의 카드 등을 NFT로 제공하는 서비스도 강화될 것이다.

여기에 직접적인 NFT 생태계 범주에 있지 않던 국내외의 다양한 분야의 기업들이 기업의 홍보, 신규 서비스의 개발 등 적극적인 참여를 통하여 NFT 시장의 규모 확대에도 큰 축을 담당할 것이다.

| 그림 7-3 | **산업관점 NFT 생태계**

NFT 산업 생태계의 두 번째 축은 NFT화 및 거래시스템이다. 개인의 경우 직접 창작물을 NFT화 하기는 어렵기 때문에 이러한 다양한 창작물을 NFT화(Minting)하는 서비스를 제공하는 기업, 그리고 NFT화 된 디지털자산의 거래를 위한 플랫폼 기업 등으로 구성된다. 대표적인 NFT 거래 플랫폼은 전세계 NFT 시장 거래량의 대부분을 차지하는 오픈씨OpenSea로 민팅 서비스 지원 및 거래에 참여 제한이 없어 일반 대중이 NFT 거래에 가장 쉽게 접근할 수 있다.

이 외에도 많은 NFT 거래소가 운영 중이고 새로 생겨나고 있다. NFT 시장의 성장 전망이 높기 때문에 거래량과 금액의 증가가 기대되고 있다. 특히 창작자가 NFT Art를 처음 판매하는 프라이머리 마켓보다 재판매하는 세컨더리 마켓의 규모가 더 큰 것으로 알려지고 있고 그 규모는 더 확대될 것이다.

NFT 산업 생태계의 또 다른 축은 블록체인 기술, 금융 연계 자산 운영 관련 플랫폼 분야다. NFT의 급속한 성장은 블록체인을 이용한 이더리움에서 지원하는 스마트 계약 및 코인 등 기술 적용과 가치화에 크게 기인한다. 현재 대부분의 NFT는 이더리움 플랫폼 기반으로 사용하고 있고, 그 거래 금액도 이더코인이 상당 차지한다. NFT 뿐만 아니라 DeFi, DAO, NFTfi 등 새로운 서비스가 등장하고 있고 NFT의 성장에 힘입어 그 서비스들도 급속하게 확산될 것으로 보인다.

3절

NFT와 수익 창출

부가가치와 수익의 창출 관점에서 NFT 생태계를 살펴보면 먼저 창작 관련 시장, 민팅 및 거래 관련 시장, 그리고 NFT 성장 엔진인 관련 기업들에게 투자하는 3개의 부를 얻을 수 있는 기회의 시장이 있다.

먼저 창작Creation 시장은 개인과 기업이 모두 직접 참여할 수 있다. 개인과 기업은 광의의 NFT Art 시장에서 개인 또는 기업의 창작물(Native NFT Art, Convereted NFT Art 등)을 NFT화 하여 판매하는 방법이다. 이 시장은 투자의 관점이 아닌 직접 창작물 제작을 통한 경제적 보상을 받을 수 있다.

유명하지 않은 예술창작자나 일반 개인도 스토리를 잘 구성하여 나름대로 단계적으로 홍보를 해 나간다면 자신의 NFT Art가 조금이라도 더 높게 가격이 책정되게 할 수 있을 것이다. 창작을 통한 부의 창출은 직업적으로 또는 상당한 시간을 투자하여야 가능할 수 있을 것이다.

다른 하나는 P2E 게임을 통한 수익의 창출이다. 크립토키티, 엑시 인피니티의 사례에서 볼 수 있듯이 P2E 게임을 통한 결과물들이 실제 큰 금액으로 거래되고 있다. 현재 다양한 분야의 P2E 게임이 출시되고 있고 그 수는 점점 더 늘어날 것이다. 재미와 취미로 게임을 하면서 그 보상으로 수입을 나누어 가질 수 있기 때문에 직업적으로 또는 멀티페르소나나 부캐의 활동으로 시간을 투자한다면 일정 수입을 얻을 수 있다.

기업들도 전문적으로 NFT 관련 사업에 진출한다면 신규사업 또는 기존 사업의 확대의 차원에서 먹거리를 창출할 수 있는 기회가 있다. 국내외의 많은 게임 기반 기업들은 더 좋은 NFT 기반 게임을 출시하여 성장을 이룰 수 있고, 또한 NFT Art 창작 시장에 참여함으로써 성장을 이룰 수 있다. 이처럼 기업들에게도 또 다른 사업 확장의 기반이 될 수 있는 것이다.

민팅과 거래의 관점에서 본다면 대중들과 많은 기업들이 NFT에 참여하여 그 수요가 늘어날 것이므로 기업들도 민팅과 거래 사업에 진출하여 사업 성장의 기회가 늘어나고 있다. 또한 개인과 기업들도 NFT 세컨더리 시장에 참여하여 가치 상승이 높을 것으로 기대되는 NFT를 구매하여 그 차익 실현을 통한 부의 창출도 가능하다. 값비싼 NFT를 개인 단독으로 구매하기 어려운 경우에는 그룹을 형성하거나 일종의 투자조합 등 NFT 펀드를 통하여 전문적인 투자를 진행 한다면 그 가능성은 더 높아질 수 있다.

세 번째 부의 창출을 위한 방법은 NFT 생태계를 이루고 있는 블록체인 기반 기업, 민팅 및 NFT 거래 운영 기업, 신규로 NFT의 신규 서비스를 기획하고 있는 기업들에 투자를 통한 수익 창출 가능성이다. NFT 생태계에 참여하는 성장 전망이 높은 기업에 주식투자를 하는 경우에도 그 옥석을 잘 가린다면 상당한 정도의 투자 수익을 기대할 수 있다. 투자의 경우는 개인, 기업, 그리고 전문적인 투자기관이 투자를 진행할 수 있는데 대부분의 경우 투자기관이 투자하는 기업에 투자를 진행한다면 좀 더 안정적인 투자수익을 얻을 가능성이 높을 것이다. 또한 투자위험을 줄이고 고수익 보다는 안정적인 수익을 기대 한다면 NFT ETF를 통한 투자도 한 방법일 수 있다.

| 그림 7-4 | 부가가치 관점 NFT 생태계

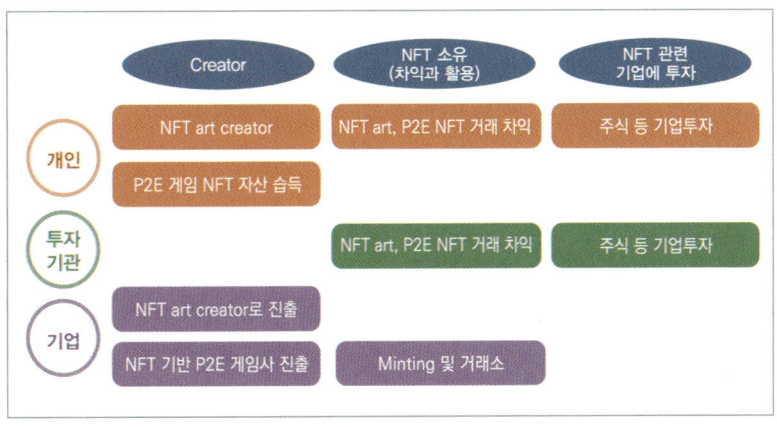

1 | 새로운 수익 시장의 등장

NFT는 개인 이용자에게도 새로운 수익 창출 기회를 제공한다. 이용자는 게임에서 수집한 의상이나 아바타 같은 개별 아이템을 유통시장에서 판매하거나 가상세계에 테마파크 같은 건물을 세우고 이를 통해 수익을 낼 수 있다. 메타버스 게임 디센트럴랜드에서 한 이용자는 땅을 구입해 건물을 세우고 8만 달러에 매각했다. F1델타 게임 이용자는 디지털 모나코 경주 트랙 일부를 22만 2000달러에 구입하고 경기가 있을 때마다 발생하는 수익의 일정 지분을 받고 있다.

희소성을 가진 자산에 대한 수요가 발생하면서 거래 시장이 형성되고 가치가 상승한다. 희소 자산은 시간이 지날수록 가치가 높아질 가능성이 높기 때문에 최근 NFT 투자에 대한 관심이 커지고 있다. 디지털 자산의 희소성, 원본, 소유권을 증명하는 NFT 시장 규모는 더욱 커질 것으로 예상된다.

2 | 왜 NFT를 사는가, NFT 기회 요소

우리가 익히 잘 알고 있는 럭셔리 브랜드 제품들이 워낙 빨리 재고가 소진되어서 사지 못하게 되자 결국 프리미엄까지 붙여서 재판매 시장에서 구매를 해야 하는 상황까지 몰리게 되었다. 그래서 애초에 명품에 관심이 없던 MZ세대들까지 럭셔리 브랜드 제품의 신상품이 출시 된다는 소식을 듣게 되면 매장이 문을 열기 전부터 노숙을 하며 기다렸다가 매장 문이 열리면 노숙런을 하는 모습까지 종종 목격하게 되는 것이다.

명품을 소유하기 위함이 아니라 일단 구매를 해놓고 재판매 시장(중고 시장)에서 더 비싼 값에 거래를 함으로써 부가 수익을 창출하고자 한다라는 것이다.

명품을 구매하기 위해서 오픈런이나 노숙런을 하는 국내 소비자의 심리가 2021년 하반기에 시작된 NFT 열풍과 맞물려서 오버랩되고 있는 안타까운 모습을 발견한다.

해외에서 NFT 작품이 수백억, 또는 수십억에 팔렸다라는 기사를 접하면서 너도나도 NFT를 구매하면 돈을 벌 수 있다라는 환상을 심어 주며 NFT에 투자하라며 부추기는 모습들을 자주 보게 된다. 또한 나도 NFT 작품을 만들어서 거래하면 비싼 값에 팔 수 있다라는 기대 심리를 키우고 디지털 아트에 입문하려고 하는 사람들이 늘어나는 현상을 발견하기도 한다. 그렇다면 럭셔리 브랜드의 명품을 구매해 놓으면 가격이 오르는 것처럼 NFT 작품을 구매해 놓으면 가격이 오르고 비싸게 재판매 할 수 있을까 하는 문제를 잘 생각해 봐야 한다.

NFT가 우리나라에서 소개되며 잘못 오해되어짐으로 인해서 NFT 작품을 구매해 놓으면 가격이 오르고 재테크의 수단으로 이용될 수 있다라고 인식이 되어지고 있지만, 해외에서는 이러한 NFT 작품이 재테크의 수단이라기보다는 다른 사람과 구별짓기 위한 한 방편, 또는 경제적 신분 증명을 위한 목적으로 이용되고 있다라는 것을 발견한다.

이미 NFT로 제작된 BAYC나 크립토펑크, 혹은 이와 유사한 다양한 형태의 NFT로 제작된 디지털 캐릭터들이 본인의 SNS 프로필용으로 이용되고 있고, 이를 위해 수억원에서 수십억원에 거래가 되고 있는 것을 발견한다. 그 이유는 자신의 SNS를 디지털 캐릭터로 표현함으로 인해서 마치 명품을 통해서 자신의 경제적 신분을 나타내는 시각적 심벌로 활용하기 위함이란 것을 알 수 있다. 코로나19가 발생하기 전에는 명품 제품으로 자신의 경제적 신분을 증명했다면, 오프라인 활동에 제약을 받게 되면서 이제 온라인에서 자신을 다른 사람들과 구별하기 위해서 SNS 프로필을 이용하고 있는 것이다.

명품을 구매하는 심리가 온라인에서 NFT화 된 디지털 캐릭터가 이를 대신하고 있다고 생각해도 좋을 것이다.

4절

NFT 구매하기

NFT를 NFT거래 마켓플레이스에서 실제 구매하는 절차에 대해 알아보기로 한다. 일반적으로 많이 이용되는 마켓플레이스는 오픈씨와 라리블을 들 수 있다.

① 오픈씨OpenSea에서 디지털 작품을 NFT로 구매하기
>> 화면 오른쪽 상단의 "Account"를 선택한다.

| 그림 7-5 | 오픈씨 계정 연결

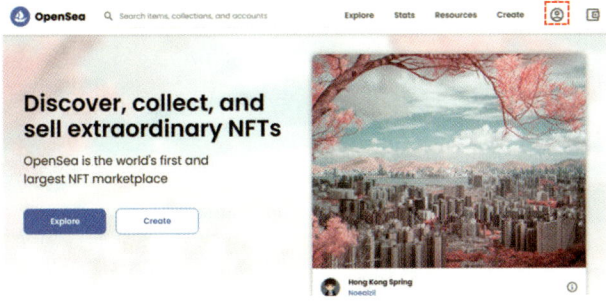

≫ 본인이 보유한 암호화폐지갑을 선택하면 연결된다.

| 그림 7-6 | 암호화폐지갑 연결

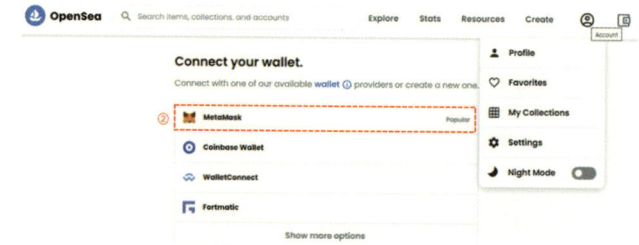

디지털 작품을 감상하고 구매를 진행할 경우 구매자 본인의 어느 암호화폐지갑에서 송금이 되어야 할지를 사전에 지정하기 위해서 암호화폐지갑을 선택하는 과정이 필요하다.

≫ MetaMask인 경우

| 그림 7-7 | 암호화폐지갑 비밀번호 입력 | 그림 7-8 | 메타마스크 연결

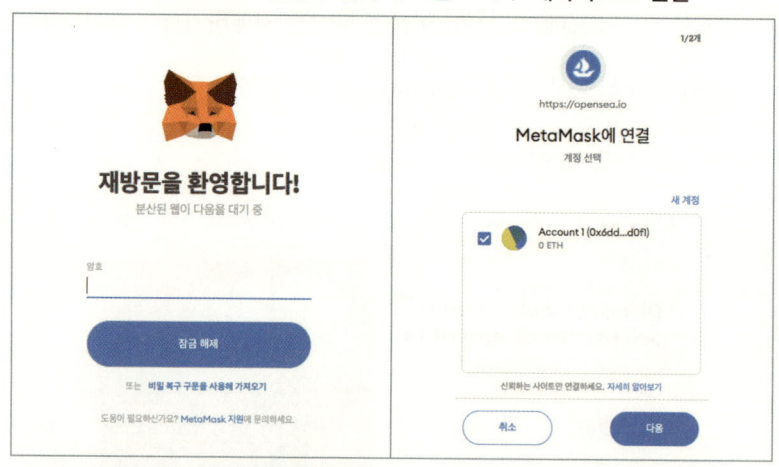

비밀번호 입력 후 "잠금 해제" 버튼 클릭   계정 선택 후 "다음" 버튼 클릭

| 그림 7-9 | 계정 연결 | 그림 7-10 | 메타마스크 지갑 잔고 확인

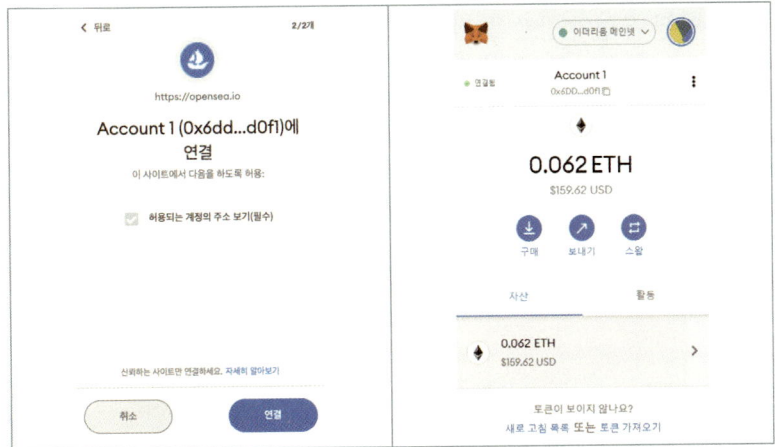

"연결" 버튼 클릭   메타마스크 지갑에 연결된 상태 화면

암호화폐지갑의 오픈씨 연결 확인

| 그림 7-11 | 오픈씨 초기화면

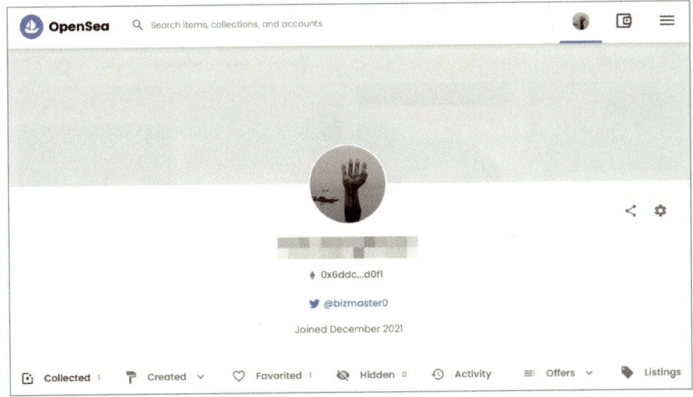

Part 7. NFT 구매 방법

≫ 작품 감상하기 : 메뉴에서 "Explore" 선택을 통해 분류된 다양한 유형의 작품을 검색하고 감상할 수 있다.

| 그림 7-12 | 오픈씨 작품 조회

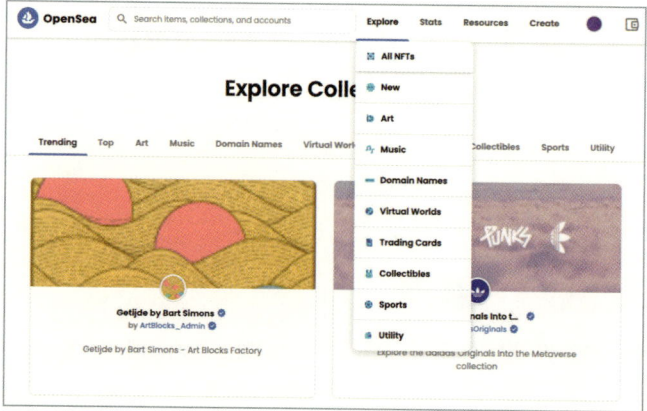

≫ Art 영역 작품 감상하기

| 그림 7-13 | 오픈씨 Art 영역

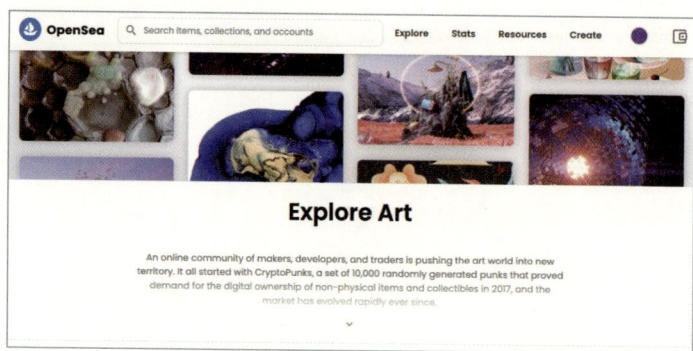

≫ Art 작품 선택 시 : 구매 방법 선택

바로 구매할 경우에는 "직접구매Buy Now"를 선택하고, 경매에 참여할 경우 "Make offer"를 선택한다.

| 그림 7-14 | 오픈씨 Art 선택

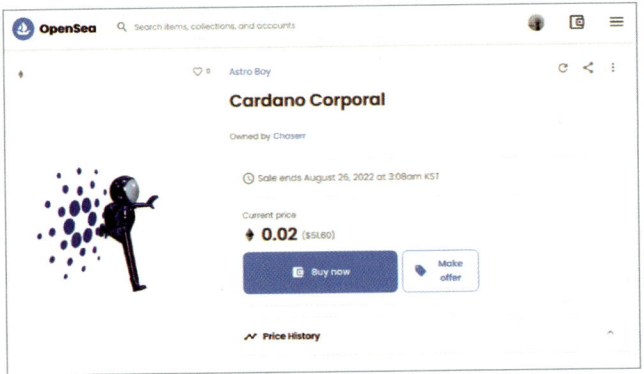

| 그림 7-15 | 메타마스크 서명 요청 | 그림 7-16 | 메타마스크 서명 연결

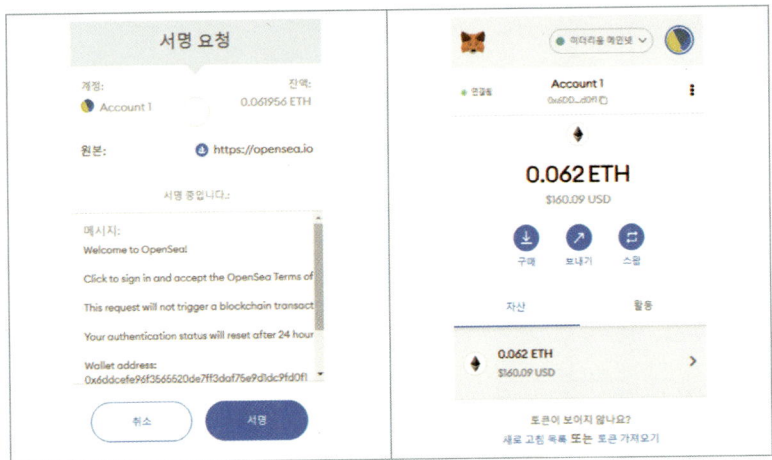

| 그림 7-17 | 구매 확정 | 그림 7-18 | 메타마스크 지불 확인

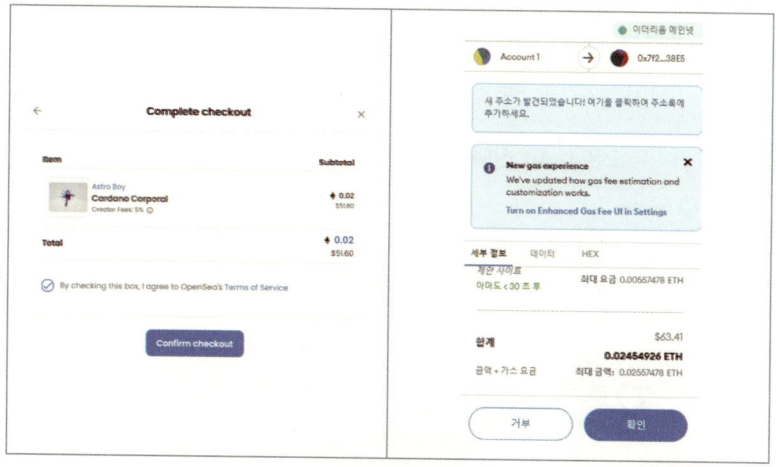

| 그림 7-19 | 구매 완료

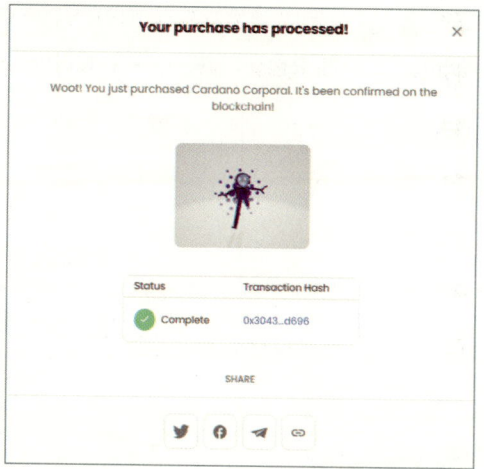

- 거래 후 원 창작자로부터 구매자에게 판매되었음이 로깅된 것을 확인할 수 있다.

| 그림 7-20 | 구매 히스토리

Event	Price	From	To	Date
Transfer		Chaserr	you	2 minutes ago
Sale	◆ 0.02	Chaserr	you	2 minutes ago
List	◆ 0.02	Chaserr		16 days ago
List	◆ 0.02	Chaserr		8 months ago
Minted		NullAddress	Chaserr	8 months ago

| 그림 7-21 | My Collection에서 구매되어진 Art 조회

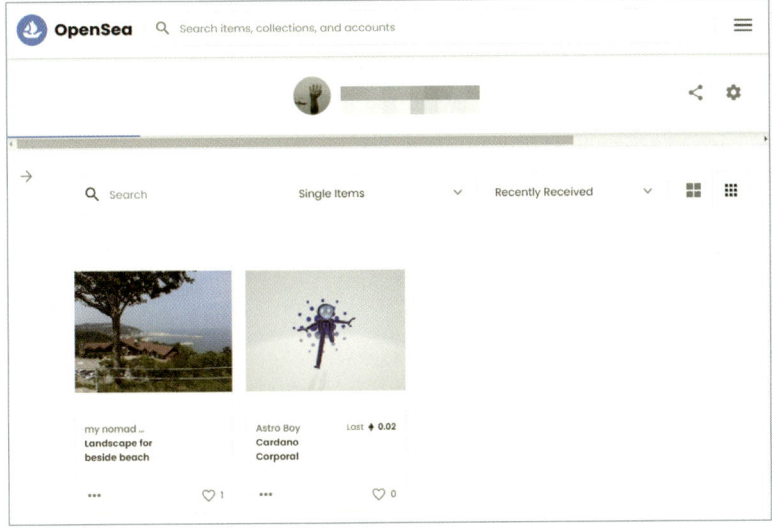

NFT 컬렉션 만들기

1 | 오픈씨OpenSea에서 collection 만들기

1) 오픈씨에서 로그인 : PC화면 우측 상단의 "Account 〉 Profile" 선택한다.

| 그림 7-22 | 오픈씨에서 로그인

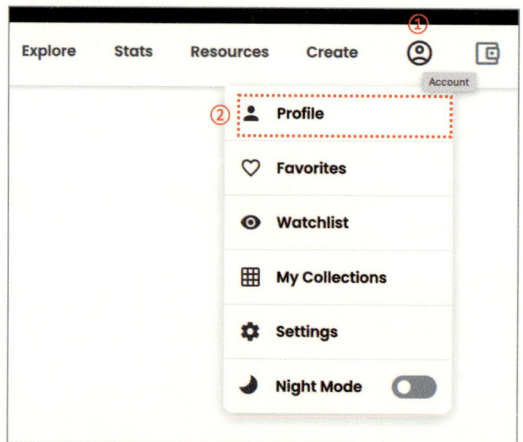

2) 기 등록된 암호화폐 지갑을 연결한다.

이미 암호화폐지갑을 이용한 경우 아래와 같이 지갑을 선택하라는 메뉴가 나타난다.

본인이 사용 중인 암호화폐를 선택한다. 일반적으로 가장 대중적으로 많이 사용하는 "메타마스크"를 선택하여 사용하기로 한다.

| 그림 7-23 | 메타마스크 지갑 연결

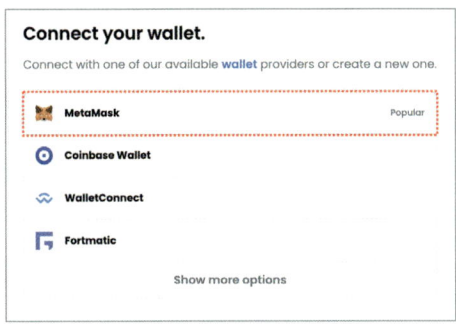

- 메타마스크 암호화폐 지갑에 로그인하기 위해 패스워드를 입력 후 "잠금해제" 버튼을 클릭한다.

| 그림 7-24 | 메타마스크 암호 입력

- My Collections 초기화면 : Collection을 만들기 위한 빈 화면이 나타난다.

| 그림 7-25 | 오픈씨 콜렉션 초기화면

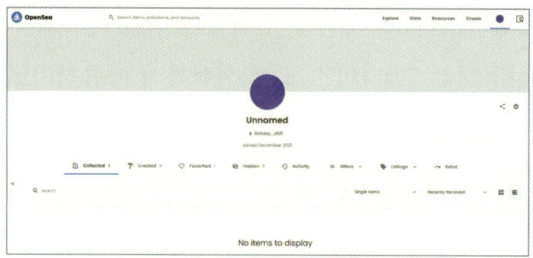

- 화면 우측 상단의 "Settings" 버튼을 클릭한다.

| 그림 7-26 | 설정

- "서명" 버튼을 클릭한다.

| 그림 7-27 | 서명 요청

- Collections 프로필 설정을 한다.

| 그림 7-28 | Profile Settings

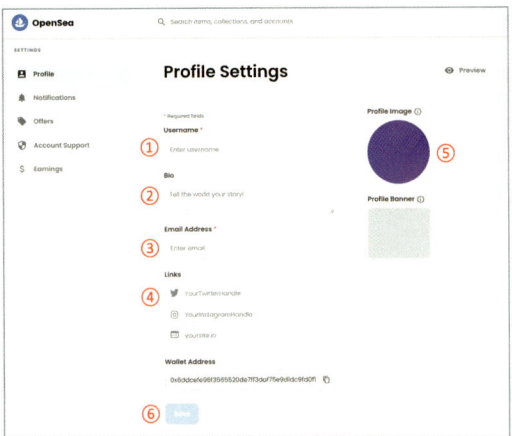

| 표 7-1 | 프로필 설정시 입력 사항 및 절차

번호	설명
①	성명을 입력한다.
②	본인 또는 Collection의 스토리를 입력한다.
③	본인의 이메일 주소를 입력한다.
④	본인의 커뮤니티 활동을 위한 SNS 주소를 입력한다. 또는 개인 홈페이지 URL을 입력한다.
⑤	프로필 이미지를 등록한다.
⑥	입력 완료 후 "Save" 버튼을 클릭한다.

- "Save" 버튼을 클릭하면 기 입력된 이메일 주소로 확인 메일이 발송된다.

메일 확인 후 "Verify My Email" 버튼을 클릭해 주면 설정이 완료된다.

| 그림 7-29 | 이메일 검증

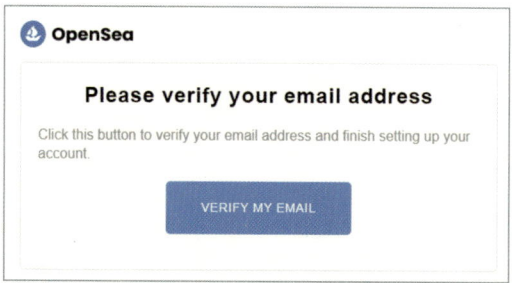

- 설정이 완료된 경우 아래와 같이 변경된 프로필이 나타난다.

| 그림 7-30 | 프로필 변경 확인

3) Account 〉 My Collections를 선택한다.

| 그림 7-31 | My Collection

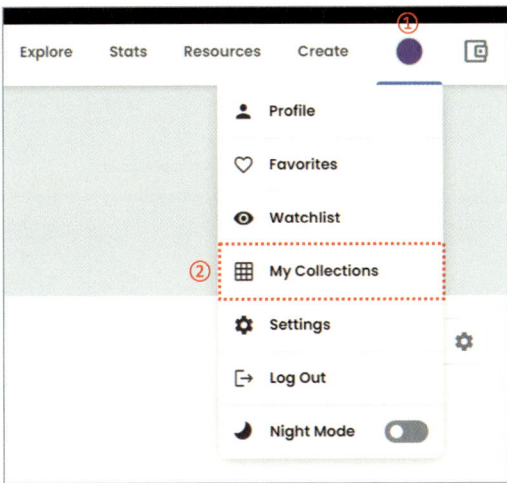

- My Collections 생성: "Create a Collection" 버튼을 클릭한다.

| 그림 7-32 | Create a Collection

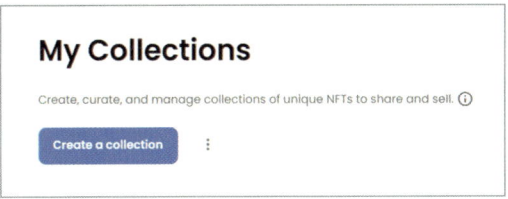

- 서명 요청 : "서명" 버튼을 클릭한다.

| 그림 7-33 | 서명 요청

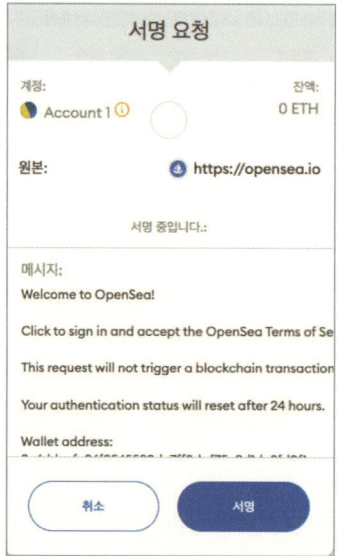

- "Create Collection" 항목을 입력한다.

| 그림 7-34 | Create Collection 항목 입력

| 표 7-2 | Create a Collection 입력 필드 설명 |

순번	입력필드	설명
1	Logo image	• Collection 로고 이미지를 추가한다. (필수) • 권장 이미지 사이즈 : 350 x 350
2	Featured image	• 이 이미지는 컬렉션을 OpenSea의 홈페이지, 카테고리 페이지 또는 기타 판촉 영역에 표시하는 데 사용된다. • 권장 이미지 사이즈 : 600 x 400
3	Banner image	• 컬렉션 페이지 상단에 표시하는 배너 이미지 추가한다. • 이 배너에는 너무 많은 텍스트가 포함되지 않아야 한다. • 권장 이미지 사이즈 : 1400 x 400
4	Name	• 컬렉션명을 입력한다. (필수)
5	URL	• OpenSea에서 사용할 컬렉션 URL을 입력한다. • 소문자, 숫자 및 하이픈만 포함해야 합니다.
6	Description	• 컬렉션에 대한 간단한 소개 내용을 기술한다.
7	Category	• 컬렉션의 카테고리를 선택한다. • 선택 가능한 카테고리는? Art, Collections, Music, Photography, Sports, Trading Cards
8	Links	• 컬렉션 홍보를 위한 본인의 SNS 링크를 등록한다.
9	Creator Earnings	• 재판매가 이루어지는 경우 최초 창작자가 받을 로열티 비율을 입력한다. • 최소 0% ~ 50%까지 입력이 가능하다.
10	Wallet address	• 본인의 암호화폐지갑 주소를 입력한다.
11	Blockchain	• 민팅할 블록체인을 선택한다. • Ethereum 또는 Polygon 중에서 선택이 가능하다.
12	Payment tokens	• NFT거래시 사용할 암호화폐 종류(ETH or WETH)를 선택한다. • 다른 암호화폐를 사용할 경우 "Add token"을 클릭하여 본인이 사용하는 암호화폐를 추가하여 사용할 수 있게 한다.
13	Display theme	• 컬렉션을 화면에 표시할 테마를 선택한다. • "Padded", "Contained", "Covered" 중 선택할 수 있다.

| 그림 7-35 | 세부항목 입력

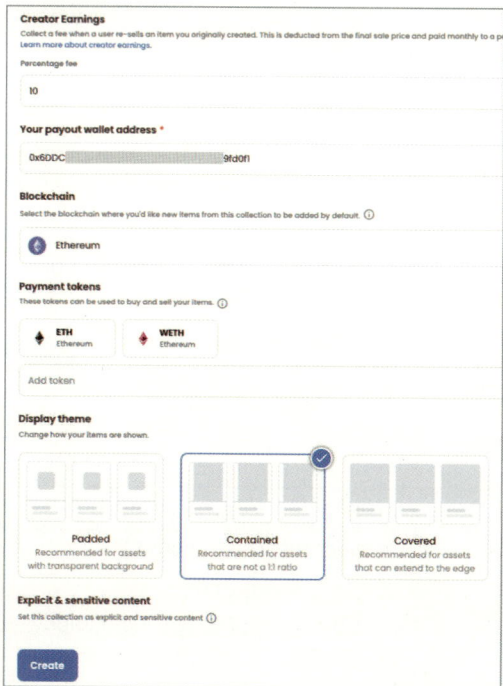

- 해당 필드 입력완료 후 "Create" 버튼을 클릭한다.
- 완성된 Collection 화면

| 그림 7-36 | Create Collection 항목 입력

4) 컬렉션에 디지털 작품 추가 : 화면 우측 상단의 "Add Item" 버튼을 클릭한다.

| 그림 7-37 | Add Item

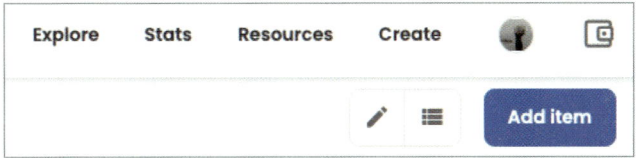

- 각 입력 필드에 작품 정보를 입력한다.

| 표 7-3 | Add Item 입력필드 설명

순번	필드명	설명
1	Image, Video, Audio, or 3D Model	• 디지털 작품을 업로드 한다. • 지원되는 파일 형식 : JPG, PNG, GIF, SVG, MP4, WEBM, MP3, WAV, OGG, GLB, GLTF. Max size: 100 MB
2	Name	• 디지털 작품명을 입력한다.
3	External Link	• 등록하는 작품의 상세 사항 페이지가 있는 경우 그 링크 정보를 등록한다.
4	Description	• 작품에 대한 설명을 기술한다.
5	Collection	• 어느 컬렉션에 등록할 것인지를 선택한다. • 컬렉션이 1개인 경우 해당 컬렉션명이 나타난다. • 추가의 정보(Properties, Levels, Stats, Unlockable content, Explicit & Sensitive Contents)를 입력할 경우 입력한다.
6	Supply	• 민팅할 개수를 입력한다.
7	Blockchain	• 민팅할 블록체인을 선택한다. • Ethereum or Polygon 중에서 선택 가능하다.
8	Freeze metadata	• 입력한 메타데이터 정보를 영구적으로 고정하여 저장할지 여부를 결정한다.

- 입력사항을 다 입력한 경우 "Create" 버튼을 클릭한다.
- 민팅이 완료되었음을 나타내고 본인이 사용하는 각종 SNS에 공유할 경우 해당 SNS를 선택 후 공유시킨다.

| 그림 7-38 | 생성된 Collection

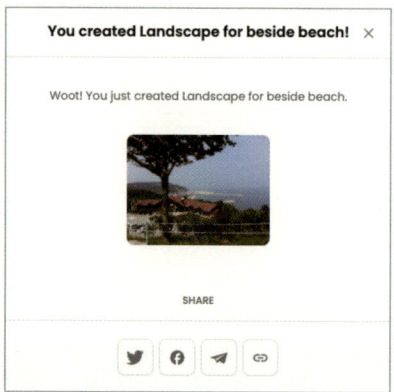

- 디지털 작품 민팅이 완료되었고 완료된 화면을 보여준다.

| 그림 7-39 | 등록된 민팅 작품 상세 내역 조회

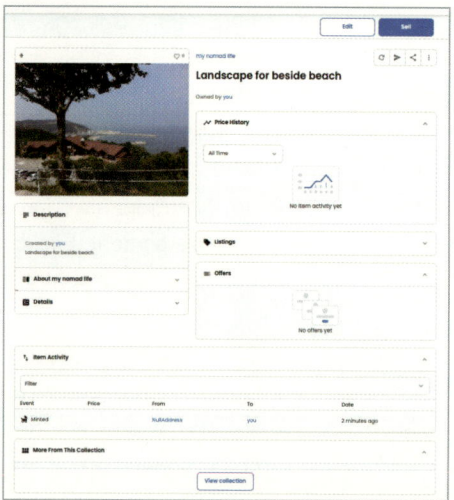

2 | NFT 수집을 시작해보자

오프라인에서 실물 자산을 거래할 때 가장 많이 이용되는 자산이 예술 작품이나 골동품이다. 투자의 목적으로 거래를 하는 경우에 골동품은 역사적인 가치와 진품 여부를 판별하여 가치를 매기고 구매를 진행한다. 예술품도 마찬가지이다. 예술적 가치와 작가의 이력과 인지도, 작품의 희소성 등을 판단하여 거래를 진행한다.

이와 마찬가지로 디지털 자산을 NFT에 담아 거래할 때에도 마찬가지 기준을 가지고 해야 한다는 것을 잊지 않아야 한다. NFT 작품을 거래할 때 투자의 목적이라면 과연 내가 구매하는 디지털 작품이 재판매할 때 더 비싸게 팔릴 수 있을지를 생각해 봐야 한다. 이에 대한 확신이 없다면 NFT 작품을 구매해서는 안 될 것이다. 오프라인에서 실물 자산을 투자의 목적으로 거래할 때와 마찬가지로 나름의 평가 기준을 가지고 거래하지 않으면 어떤 계기에 의해서 거품이 꺼지게 되면 낭패를 볼 수 있기 때문이다. 그래서 예술 작품이라면 그 작품의 예술적 가치와 희소성, 작품에 담긴 메시지, 작가에 대해서 알고 거래를 해야 한다. 또한 이 작가가 진짜 자신의 작품 세계를 가지고 작품을 만들고 있는 것인지, 또는 다른 사람의 작품을 마치 자기 것인 것 마냥 도용해서 거래를 하는 것인지를 분별할 수 있어야 한다. 심지어 이 실물 작품을 디지털화하여 게시한 경우에 이 실물 자산을 통해서 제2, 제3의 NFT를 만들지는 않는지 등에 대한 세심한 주의를 하지 않으면 안 된다는 것이다.

그래서 디지털 작품을 제작하는 작가는 본인의 작품을 리스팅할 때 작품에 대한 스토리와 작품에 대한 작가의 의도 등을 구매자에게 공감이 갈 수 있도록 표현을 해서 게시를 하는 것을 확인할 수 있다. 그리고 자신의 작품 활동을 오랜 기간 동안 지속하며 자신의 정체성을 SNS 활동을 통해 어필하고 있는 모습을 관찰해야 한다. 작가가 활동하는 커뮤니티에서 멤버들에게 작가 자신이 어필되어졌을 때 서로 간에 신뢰 기반의 거래가 이루어질 수 있기 때문이다.

그리고 디지털 자산을 구매하는 구매자는 모든 종류의 자산을 다 구매해 볼 수 없다. 왜냐하면 각 디지털 자산에 대한 전문적인 지식을 가질 수 없기 때문이다.

현실 세계에서 예술 작품이나 골동품 또는 각종 수집품을 모으는 사람들을 보면 이것저것들을 다 사 모으는 것이 아니라 특정한 분야에 집중해서 투자를 하는 것을 볼 수 있다.

또한 특정 브랜드의 신발을 사 모으거나 시계, 가방 등을 사 모으는 것을 취미로 삼고 활동하는 경우를 많이 발견할 수 있는데, 이들은 공통적인 특징이 있다. 그 수집품에 대한 역사를 꿰뚫고 있다라는 것이다.

이와 같이 NFT 작품 또는 수집품을 모으는 경우 본인이 자주 사용하는 NFT 마켓플레이스에서 컬렉션Collection을 만들고 그 컬렉션을 분야별로 따로 분류하여 NFT를 구매하고 관리하기를 권고한다. 실제 본인의 컬렉션 링크를 지인들 또는 자주 이용하는 SNS에 공유하여 자랑을 하는 경우도 발견한다. NFT가 투자의 수단일 뿐만 아니라 자신을 나타내고 본인의 수집품을 지인들과 공유함으로써 함께 작품을 감상하며 행복을 나누는 도구로서 사용되어지기를 기대해 본다.

6절 NFT 투자 사례

 미국 조사업체 CB인사이트는 2021년 1분기~3분기 글로벌 NFT 스타트업 투자액이 약 21억 달러 규모였다고 전했다. 2020년 총 투자액과 비교하면 6,523% 급등했다. 같은 기간 투자 건수는 15건에서 104건으로 593% 증가했다.
 2021년 3분기 NFT 스타트업 자금조달액은 역대 최고인 13억 달러를 기록했다. 2분기 대비 329%, 2020년 3분기 대비 7,919% 각각 증가했다. 투자 유치 건수도 46건으로 최고 기록이다. 지역별로는 유럽과 미국 NFT 스타트업에 투자금이 집중되었다. 2021년 3분기 유럽과 미국의 NFT 스타트업 투자유치액은 각각 6억8800만 달러와 3억600만 달러였다.
 두 지역의 합계는 3분기 NFT 전체 투자유치액 가운데 77%로 가장 큰 비중을 차지한다.

1 | 오픈씨, 3억 달러 투자 유치

2022년 1월, 글로벌 NFT 거래소 오픈씨OpenSea가 3억 달러 규모의 시리즈C 투자를 유치했다고 밝혔다. 패러다임과 코트 매니지먼트가 주도한 이번 투자에서 오픈씨는 133억 달러의 기업 가치를 인정받았다. 오픈씨는 2021년 7월 1억 달러 규모의 시리즈B 투자를 유치하였는데, 기업 가치를 15억 달러로 인정받아 가상자산 관련 기업 중 처음으로 크립토 유니콘 기업이 되었다.

오픈씨는 투자유치 자금으로 신규 상품 개발과 이용자 경험 개선에 투자할 계획이라 밝혔다. 오픈씨는 메타(전 페이스북)의 커머스 부문 부사장 출신인 시바 라자라만을 상품 부문 부사장으로 영입했다. 시바라자라만 부사장은 메타, 유튜브, 스포티파이, 위워크 등에서 경력을 쌓았다. 고객 지원과 보안 서비스도 강화한다. 오픈씨는 2022년 말까지 고객 지원과 보안 팀 규모를 두 배 이상 늘일 계획이며, 추가로 NFT와 Web3.0 커뮤니티 생태계 확장에도 투자하겠다고 밝혔다.

2 | 솔라나 매직에덴 투자 유치

2022년 6월, 솔라나 블록체인 중 최대 NFT 마켓플레이스인 매직에덴Magic Eden이 시리즈B 펀딩에서 1.3억 달러를 투자유치했다. 기업 가치는 16억 달러로 평가되어 오픈씨와 함께 크립토 유니콘 기업이 되었다. 이번 투자는 일렉트릭캐피탈과 그레이락이 공동으로 주도하고 라이트스피드 벤처파트너스, 패러다임, 세콰이어 캐피탈이 참여했다.

매직에덴은 지난 3월 시리즈A 펀딩에서 2,700만 달러를 투자유치한 바 있다.

이번 투자금은 거래소 사업 확장과 멀티체인으로 확장할 기회를 찾는데 사용할 예정이라고 밝혔다.

| 그림 7-40 | 매직에덴 공동 창업자 저우쉰 인(Zhouxun Yin)과 잭 루(Jack Lu)

출처 : 매직에덴

3 | 소레어 투자 유치

2021년 9월, 블록체인 기반의 판타지 축구 게임 업체인 소레어Sorare는 기업 가치평가 43억 달러에 6.8억 달러 규모의 시리즈B 투자를 유치했다. 투자는 소프트뱅크 비전펀드가 리드하고, 엑셀 및 전 잉글랜드 국가대표 축구선수 리오 퍼디낸드와 FC 바로셀로나 선수인 헤라르드 피케 등이 투자사 또는 투자자로서 함께 참여했다.

소레어는 축구 선수의 얼굴 등은 담은 카드를 NFT화 해 거래하는 플랫폼이다. NFT로 축구 클럽 및 선수와 팬을 연결하는 새로운 비즈니스 모델이다. 사용자가 보유한 축구 선수 NFT 카드 5개로 팀을 만들고 소레어가 진행하는 가상의 리그에 참가해 다른 사용자들과 경쟁하며 게임을 즐길 수 있는데, 현실에서 실제로 활약하는 선수들의 성과에 따라 점수를 얻는 방식이다. 리그 상위 성적을 낸 사용자에게 NFT 카드 또는 카드 구매에 필요한 가상화폐를 지급하기에 내가 좋아하는 선수의 활약을 기대하며 그 선수의 NFT 카드를 구매하고 그 카드의 가치가 올라가면 경제적 이익까지 얻을 수 있는 구조이다.

소레어는 투자유치 자금을 발판으로 진정한 NFT 스포츠 엔터테인먼트 기업으로 거듭날 것이라 밝혔다.

4 | 레어서클즈 투자 유치

2022년 2월, 통합 올인원(All-In-One) NFT 서비스를 제공하는 플랫폼인 레어서클즈RareCircles는 블록체인 전문 투자사인 해시드로부터 프리시리즈 라운드 투자를 유치했다. 이 라운드에는 타이거글로벌, 화이트스타캐피탈, 알파카, 디트로이트벤처파트너스 등이 함께 투자했다. 레어서클즈는 이번 프리시리즈 투자로 총 750만 달러 규모의 투자를 유치했다.

레어서클즈는 이번 투자 유치를 통해 공격적인 마케팅을 집행하여 아티스트, 크리에이터, 패션 브랜드 등과 파트너십을 맺고 지속적으로 IP를 확보 할 계획이다.

| 그림 7-41 |

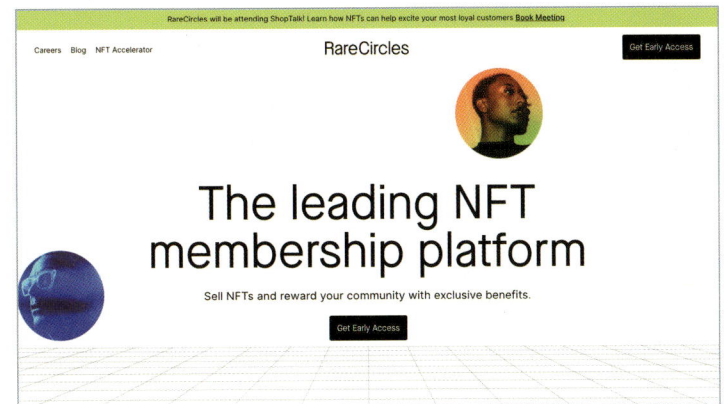

출처 : 레어서클즈 홈페이지

레어서클즈는 암호화폐나 NFT에 익숙하지 않은 아티스트나 크리에이터들에게 NFT 발행, 판매, 관리 등의 서비스를 종합적으로 제공한다. 레어서클즈를 통해 자체 NFT 웹페이지와 커뮤니티 형성이 가능하고 팬들과 적극적으로 소통할 수 있는 등 다양한 서비스를 이용할 수 있다.

5 | 혼 벤처스 투자 유치

2022년 3월, 비트코인 범죄 수사로 유명한 미국 전 연방검사였던 케이티 혼이 설립한 투자펀드 혼 벤처스Haun Ventures가 15억 달러 자금 조달에 성공했다. 여기에는 구찌, 발렌시아가, 보테가베네타 등을 소유한 케어링 그룹이 투자한 것으로 알려졌다.

케이티 혼은 검사 시절 10여 년간 비트코인 관련 범죄를 수사하면서 가상화폐 세계를 잘 이해하고 있다. 또한 미국 정부 최초의 가상화폐 태스크포스TF 설립했고 위장 수사 요원으로 활약했다. 무기·마약 밀거래 사이트 '실크로드'의 비트코인 범죄자금 수사도 참여했다.

혼 벤처스의 15억 달러 자금 유치는 여성 창업자가 만든 펀드가 모금한 투자액 중 최대 규모인데, 주로 가상화폐, 블록체인, NFT, 차세대 분산형 웹 3.0 관련 기업에 투자한다.

6 | SK스퀘어와 코빗

2021년 11월, SK스퀘어는 코빗에 900억원을 투자하고 지분 35%를 확보하며 코빗의 2대 주주가 되었다. 양사는 메타버스와 NFT 사업을 공동 추진한다고 발표하고 SK그룹 계열사와 협력을 시작했다. 2022년 2월, 코빗은 SK텔레콤 구독 플랫폼 T우주의 NFT와 자동차 라이프스타일 브랜드 피치스의 NFT 이벤트를 기획했다. 이 이벤트를 통해 지급받은 NFT는 2022년 하반기 코빗 NFT 마켓 플레이스에서 거래할 수 있다.

SK스퀘어는 코빗에 투자 후, SK ICT 관계사들과 코빗의 시너지를 내기 위해 블록체인 기반 경제 시스템 구축에도 집중하고 있다. 또한 관계사들과 함께 2022년도 2분기에 암호화폐 백서를 공개하고 연내에 암호화폐를 발행해 SK ICT 서비스와 SK텔레콤 메타버스 서비스인 '이프랜드'에 적용한다는 계획이다.

7 | 빗썸, 자회사 빗썸메타 전략적 투자유치

빗썸은 국내 대기업 계열사들과 협력한다. 빗썸코리아는 2022년 2월, 170억원 규모의 단독 출자로 자회사 '빗썸메타'를 설립했다. 빗썸메타는 대기업 계열사들로부터 투자를 받고 전략적 컨소시엄을 구축했다. 시드 라운드 투자에 LG CNS, CJ올리브네트웍스, 드림어스컴퍼니(SK그룹 계열사) 등이 참여 했고 총 90억원의 투자금액을 유치했다.

빗썸메타는 메타버스에서 NFT 거래소 이용이 가능한 플랫폼을 구축하고 2022년에 정식버전을 출시할 계획이다. NFT 거래소 플랫폼 개발은 LG CNS가 맡고, CJ올리브네트웍스는 NFT 제작 솔루션을 맡는다. 콘텐츠 파트너로 합류한 SK스퀘어의 자회사 드림어스컴퍼니는 메타버스 플랫폼과 접목할 수 있는 팬덤 콘텐츠 및 음악 IP 인더스트리 분야에서 협업한다.

8 | 하이프솔트 투자 유치

| 그림 7-42 |

출처 : 하이프솔트 홈페이지

2022년 3월, 클레이튼 NFT 유동화 플랫폼 하이프솔트HYPESALT가 싱가포르 기반 카카오 계열 투자사 크러스트로부터 전략적 투자를 유치했다. 하이프솔트는 보유한 NFT의 유동화를 지원하는 서비스로 2022년 2월 출시되었다. 클레이튼 기반의 NFT를 소유한 이용자들은 하이프솔트 플랫폼에서 보유하고 있는 NFT를 컬렉션에 예치하고 그에 상응하는 토큰을 받을 수 있다. 이렇게 받은 토큰은 디파이Defi 서비스와 연결되어 이자 수익을 얻을 수 있다. 이용자들은 단순히 NFT를 보유할 때보다 추가적인 투자 수익을 기대할 수 있는 장점이 있다. 하이프솔트는 클레이튼 기반의 NFT 활용성을 높이고 다양한 디파이 서비스와 연동할 수 있도록 확장할 계획이다.

NFT 시장이 커지고 많은 NFT 프로젝트들이 등장하고 있으나, 이용자들이 NFT 마켓플레이스에서 실시간으로 거래를 하거나 NFT 자산을 유동화 하는 것은 쉽지 않아 NFT 유동화 플랫폼이 필요한 것이 사실이다.

하이프솔트는 크러스트에 앞서 위믹스 플랫폼의 위메이드, 글로벌 크립토 투자사 블로코어, 솔라나 기반의 탈중앙화 거래소 덱스랩 등으로부터 전략적 투자를 성공적으로 유치한 바가 있다.

참고문헌

【단행본 및 학술논문】

- 고선영, 정한균, 김종인와/과 신용태. 2021. "메타버스의 개념과 발전 방향". 정보처리학회지 28(1): 7-16.

- 김선웅. 2021. "디지털 자산의 포트폴리오 분산투자 효과". 한국디지털콘텐츠학회논문지 22(6): 1015-23.

- 김시호. 2021. "NFT와 스마트 컨트랙트: 디지털 자산 거래와 메타버스 생태계". HIIC. kisa report [Vol.7]. https://url.kr/o82eus (2022년 3월 25일).

- 문운석, 김석수. 2015. "소셜 네트워크 서비스에 게시된 디지털 자산의 사후 관리 시스템". 디지털융복합연구 13(3): 209-14.

- 민문호. 2021. 메타버스 골드러시. 서울: 슬로디미디어.

- 박재영. 2020. "NFT·블록체인을 활용한 디지털자산(지식재산)의 가치 창출". 이슈와 논점 (제1904호).

- 성종화, 김세희. 2022. 메타버스 nft가 펼치는 미래 혁신 세계. 이베스트투자증권.

- 송원철,정동훈. 2021. "메타버스 해석과 합리적 개념화". 정보화정책 28(3): 3-22.

- 신석영. 2021. "메타버스의 핵심, NFT와 가상경제". Emerging Tech & Biz (Vol.3).

- 이재환,유병준. (2018). 블록체인 기술에 기반한 디지털 수집 서비스 거래 네트워크에 대한 연구. 한국경영정보학회 2018년 경영정보관련 춘계학술대회, 13-13.

- 이주행. 2021. "메타버스의 현황과 미래". *KISO저널* (제43호). https://journal.kiso.or.kr/?p=10985 (2022년 3월 20일).

- 정구태. 2021. 새로운 시대의 부, 디지털 자산이 온다. 서울: 미래의 창.

- 최공필. 2018. "혁신성장을 위한 플랫폼의 탈중앙화". Presented at the 소프트웨어정책연구소 세미나.

- 한상열. 2021. "메타버스 플랫폼 현황과 전망". *FUTURE HORIZON*: 19-24.

- 한태훈, 이재윤. 2021. *메타버스 그리고 nft 새로운 세계가 열린다*. TechFin vol9.

- Daub, Adrian, 이동수. 2021. 실리콘밸리, 유토피아 & 디스토피아. 서울: 팡세.

- Goldin, Ian기타. 2021. *앞으로 100년*. 서울: 동아시아.

- Kim, Sun-Woong. 2021. "Portfolio Diversification Effect of Digital Assets". *Journal of Digital Contents Society* 22(6): 1015-23.

- Park, Keundug, Heung Youl Youm. 2018. "자금세탁 방지를 위한 디지털 자산 거래 시스템 개선 방안". *Review of KIISC* 28(4): 48-57.

- Proceedings of Conference on Business Venturing, Spring 2018 Apr. 27, 2018, pp.31-34.

【기타】

- "2022년 이끌 메타버스 핵심 기술은 NFT | 매거진한경". https://magazine.hankyung.com/money/article/202112147392c (2022년 3월 16일).

- "'가상공간서 모든 경제활동'… 메타버스-NFT 시대 개막". 2021. *www.donga.com*. https://www.donga.com/news/It/article/all/20211220/110867374/1 (2022년 3월 20일).

- "가상자산에 빠진 카드사들…"NFT로 MZ세대 잡자"". 2022. 디지털투데이 *(DigitalToday)*. http://www.digitaltoday.co.kr/news/articleView.html?idxno=432896 (2022년 5월 16일).

- "게임 아이템을 디지털 자산으로…NFT 활용하는 블록체인 게임들". https://www.newstomato.com/readNews_paper.aspx?no=930643 (2022년 5월 9일).

- "[경상시론]메타버스와 블록체인의 만남, 그리고 NFT". 2022. 경상일보. http://www.ksilbo.co.kr/news/articleView.html?idxno=926713 (2022년 3월 23일).

- "과학기술 지식인프라 ScienceON (사이언스온)". https://scienceon.kisti.re.kr/main/mainForm.do (2022년 5월 16일).

- "금강일보". 금강일보. http://www.ggilbo.com (2022년 5월 16일).

- "기업은 왜 디지털 자산 관리 DAM(Digital Asset Management) 솔루션을 도입해야 할까요?" 2012. 네이버 블로그 | 아이온 커뮤니케이션즈 공식 블로그. https://blog.naver.com/ioncomm/130129773469 (2022년 3월 11일).

- 김경진. 2019. "탈중앙화의 진짜 의미". 해시드 팀 블로그. https://medium.com/hashed-kr/decentralization-that-matters-kr-5b6f4ff5ef74 (2022년 5월 9일).

- "'냥줍하세요'…170억 투자받은 '이곳'에 집사들 모인 까닭은". 2018. 블록인프레스. https://blockinpress.com/archives/10919 (2022년 5월 9일).

- "너도나도 발 담그는 NFT, 어떻게 활용하나? – 전자부품 전문 미디어 디일렉". http://www.thelec.kr/news/articleView.html?idxno=15799 (2022년 3월 25일).

- "뉴시스". https://mobile.newsis.com/view.html?ar_id=NISX20211126_0001666694 (2022년 5월 16일).

- "대체 불가능 토큰". 2022. 위키백과, 우리 모두의 백과사전. https://ko.wikipedia.org/w/index.php?title=%EB%8C%80%EC%B2%B4_%EB%B6%88%EA%B0%80%EB%8A%A5_%ED%86%A0%ED%81%B0&oldid=32181591 (2022년 3월 22일).

- "디센트럴랜드 – 해시넷". http://wiki.hash.kr/index.php/%EB%94%94%EC%84%BC%ED%8A%B8%EB%9F%B4%EB%9E%9C%EB%93%9C (2022년 5월 16일).

- "디센트럴랜드 가상부동산 개념과 가치". 2021. 사토시 월드. https://url.kr/6vwez5 (2022년 5월 16일).

- "디지털 금융의 현안과 법(4) – NFT 관련 제반 법적 고려사항". https://m.lawtimes.co.kr/Content/LawFirm-NewsLetter?serial=174276 (2022년 3월 15일).

- "디지털 자산 – 해시넷". http://wiki.hash.kr/index.php/%EB%94%94%EC%A7%80%ED%84%B8_%EC%9E%90%EC%82%B0 (2022년 3월 11일).

- "디지털 자산 시대". 2021. 다온타임즈. http://www.daontimes.com/news/articleView.html?idxno=52 (2022년 3월 11일).

- "디지털 자산관리 플랫폼 '베가엑스', AI 기반 투자 엔진 개발사 인수 및 스테이블코인 투자 상품 선봬". http://m.newstap.co.kr/news/articleView.html?idxno=151550 (2022년 5월 9일).

- "(리포트 뜯어보기) 메타버스 그리고 NFT, 새로운 세계가 열린다". 2021. 케이의 일자주식(一字株識). https://ty3026.tistory.com/129 (2022년 3월 24일).

- "매일경제 – No.1 경제포털". mk.co.kr. https://www.mk.co.kr/ (2022년 5월 16일).

- 머니투데이. "머니투데이". 머니투데이. https://www.mt.co.kr (2022년 5월 16일).

- "'메타버스, NFT 궁금하다면'…개념부터 전망까지 정리한 보고서 – 머니투데이". https://news.mt.co.kr/mtview.php?no=2021112814395193089 (2022년 3월 20일).

- "메타버스와 '찰떡'…NFT로 눈 돌리다". https://www.edaily.co.kr/news/read?newsId=01141446629116816&mediaCodeNo=257 (2022년 3월 20일).

- "민·관, 의료영역 '블록체인 기술' 도입 실증 연구 나선다". 2018. 조선비즈. https://biz.chosun.com/site/data/html_dir/2018/07/18/2018071801871.html (2022년 3월 14일).

- "버드와이저가 선보인 NFT 컬렉션". 2021. 11010design. https://11010design.tistory.com/479 (2022년 5월 16일).

- "보라, 메타버스-NFT 결합한다…체인링크와 맞손". 2021. 파이낸셜뉴스. https://www.fnnews.com/news/202104301032297026 (2022년 5월 8일).

- 블록체인과 메타버스가 바꿀 돈의 미래 | YES24 채널예스. http://ch.yes24.com/Article/View/47084 (2022년 3월 23일).

- "비트코인 채굴이 환경 오염 주범…세계 전력 소비 066 불과비트코인 A to Z | 매거진한경". https://magazine.hankyung.com/business/article/202105203391b (2022년 5월 9일).

- "세종텔레콤, 블록체인 방식 '디지털 자산거래 플랫폼' 상반기 론칭". 2018. 이투데이. https://www.etoday.co.kr/news/view/1611822 (2022년 5월 9일).

- "소더비 경매 크립토펑크 #7523 $11.7M -". 2006. Bitcoin EthereumNews.com. https://ko.bitcoinethereumnews.com/technology/sothebys-auctions-off-cryptopunk-7523-for-11-7m/ (2022년 5월 16일).

- "소리 없이 다가오는 파괴적 혁신, 댑(Dapp)". 2019. 매거진한경. https://magazine.hankyung.com/business/article/201909173608b (2022년 3월 19일).

- 스마트나. 2021. "암호화폐 레이어란? 레이어1 레이어2 코인정리". 개발과 암호화폐 이야기. https://url.kr/v4figr (2022년 5월 9일).

- "암호화폐·가상화폐·가상자산…뭐라고 불러야 하나". 2021. hankyung.com. https://www.hankyung.com/economy/article/202104292542i (2022년 2월 20일).

- "엑시인피니티 희귀 가상 부동산 550ETH에 거래". 2021. 코인데스크 코리아. http://www.coindeskkorea.com/news/articleView.html?idxno=76375 (2022년 5월 16일).

- "오픈씨 이용자 수 50만명 돌파… 역대 최대 - 디스트리트 / D.STREET". 2021. https://dstreet.io/blockchain/flash-news/2021/10/34293/ (2022년 5월 16일).

- "오픈애즈". https://www.openads.co.kr (2022년 5월 16일).

- "[온더블록] 메타버스 속 NFT 역할은?…'여러 세계 잇는 상호운용성' | 아주경제".

https://www.ajunews.com/view/20211002052338784 (2022년a년 3월 24일).

- "―――". https://www.ajunews.com/view/20211002052338784 (2022년b년 3월 24일).

- "웹3.0 잘 모르시는 분들 천천히 읽고 가시길 – 코인정보". 코인판. https://coinpan.com/coin_info/284887206 (2022년 5월 9일).

- "[위고의 생활속 블록체인⑲] 블록체인과 메타버스의 융합시대 개막". 2021. *FNTIMES*. https://www.fntimes.com/html/view.php?ud=202112101144066305c1c16452b0_18 (2022년 5월 9일).

- "위메이드 미르4 글로벌, 캐릭터 소유 인정…NFT 정식 도입 – ZDNet korea". https://zdnet.co.kr/view/?no=20211221135124 (2022년 5월 16일).

- "위키백과". 2022. *Wikipedia, the free encyclopedia*. https://ko.wikipedia.org/w/index.php?title=%EC%9C%84%ED%82%A4%EB%B0%B1%EA%B3%BC:%EB%8C%80%EB%AC%B8&oldid=32418774 (2022년 5월 16일).

- "이더리움 – 나무위키". https://namu.wiki/w/%EC%9D%B4%EB%8D%94%EB%A6%AC%EC%9B%80 (2022년 5월 16일).

- "이더리움 (ETH) 가격, 차트, 시가총액 | 코인마켓캡". *CoinMarket Cap*. https://coinmarketcap.com/ko/currencies/ethereum/ (2022년 5월 16일).

- 이데일리. 2021. "메타버스와 NFT가 만나면? 플레이댑, 기술 공급 준비". 이데일리. https://www.edaily.co.kr/news/read?newsId=03913046628983648&mediaCodeNo=257 (2022년 3월 20일).

- 이상우. 2021. "[리얼 블록체인 포럼] ① NFT와 스마트 계약, 메타버스 경제구조에 자율성 준다". 아주경제. https://www.ajunews.com/view/20211118134459656 (2022년 3월 23일).

- "[이순녀의 문화발견] 디지털 아트와 NFT 아트, 가깝고도 먼". 서울신문. https://www.seoul.co.kr/news/newsView.php?id=20210712027009 (2022년 5월 9일).

- "[인터뷰] NFT의 미래…4050 즐길 만한 메타버스 생길 때가 '변곡점'". 2021. 매일경제. https://www.mk.co.kr/news/economy/view/2021/11/1085007/ (2022년 3월 20일).

- "일 년 동안 4000% 올랐다…메타버스 코인 '디센트럴랜드' - 이코노미스트". https://economist.co.kr/2021/12/19/stock/virtualCurrency/20211219200005694.html (2022년 5월 16일).

- 임민철. 2021a. "메타버스·NFT 결합 비즈니스에 커지는 기대…가장 완벽한 조합". 아주경제. https://www.ajunews.com/view/20210927145141656 (2022년 3월 25일).

- ———. 2021b. "[온더블록] 메타버스 속 NFT 역할은?…'여러 세계 잇는 상호운용성'". 아주경제. https://www.ajunews.com/view/20211002052338784 (2022년 3월 24일).

- "자산 토큰화: 실제 세계 자산의 가치를 온체인으로". 2020. *Chainlink Blog*. https://blog.chain.link/asset-tokenization-bringing-real-world-value-to-the-blockchain-korean/ (2022년 5월 9일).

- 전 Yellowboy1010in #kr • 4년. 2017. "(귀국 기념 잡담)블록체인을 정말 무신뢰(Trustless) 시스템이라고 할 수 있을까?" *Steemit*. https://steemit.com/kr/@yellowboy1010/trustless (2022년 3월 28일).

- 조선비즈. 2022a. "급성장하는 디지털 자산 경제…암호화폐 기반 산업 뜬다". 조선비즈. https://biz.chosun.com/stock/finance/2022/03/14/KDMCVTXJXVEE7LJRJYTPL2OSMA/ (2022년 3월 14일).

- ———. 2022b. "[데스크 칼럼] NFT, 메타버스 경제의 핵심 퍼즐". 조선비즈. https://biz.chosun.com/opinion/desk_column/2022/02/12/RJ2JXRQQ3NEBBOPB7Z26 TAFIAE/ (2022년 3월 16일).

- "조선일보 – 1등 디지털뉴스". https://www.chosun.com/ (2022년 5월 16일).

- (주)토큰포스트. "'특금법 따르면 모든 NFT는 가상자산…취지 맞게 개정해야' – 토큰포스트". *TokenPost*. https://www.tokenpost.kr/article-86258 (2022년 3월 14일).

- "———". 2021b. 데이터넷. http://www.datanet.co.kr/news/articleView.html?idxno=165216 (2022년 3월 14일).

- "———". 2021c. 데이터넷. http://www.datanet.co.kr/news/articleView.html?idxno=165216 (2022년 3월 15일).

- "차세대 디지털 자산 'NFT'에 주목하라 – 데이터넷". https://www.datanet.co.kr/news/articleView.html?idxno=165216 (2022년 5월 9일).

- "카운터파티 – 해시넷". http://wiki.hash.kr/index.php/%EC%B9%B4%EC%9A%B4%ED%84%B0%ED%8C%8C%ED%8B%B0 (2022년 3월 15일).

- 커뮤니티메타버스 코리아. "제페토 크리에이터 1 페이지". 메타버스 코리아 커뮤니티. https://metaverse-korea.net/zepeto_creators (2022년 5월 16일).

- "코인 담보로 현금 대출? 디지털 자산 금융 확산된다". 2021. https://www.hani.co.kr/arti/economy/finance/1021092.html (2022년 3월 14일).

- "코인 담보로 현금 대출? 디지털 자산 금융 확산된다 | 경제 : 네이트 뉴스". 모바일 네이트 뉴스. https://m.news.nate.com/view/20211128n13591?mid=m02 (2022년 5월 9일).

- "코인 메인넷(Mainnet) 뜻, 메인넷이란? (가상화폐, 암호화폐, 대기업 메인넷)". 2020. 베이스캠프. https://webruden.tistory.com/530 (2022년 3월 12일).

- "[코인 용어사전] 댑(Dapp)". 2022a. 코인데스크 코리아. http://www.coindeskkorea.com/news/articleView. html?idxno=77087 (2022년 3월 19일).

- "———". 2022b. 코인데스크 코리아. http://www.coindeskkorea.com/news/articleView.html?idxno=77087 (2022년 3월 19일).

- "파일코인 - 해시넷". http://wiki.hash.kr/index.php/%ED%8C%8C%EC%9D%BC%EC%BD%94%EC%9D%B8 (2022년 5월 9일).

- "파일코인의 핵심 프로토콜 IPFS, Filecoin&IPFS 관계 정리". 2021. 호랑이한테물릴래. https://tigercoin.tistory.com/90 (2022년 3월 19일).

- "패션 NFT, 거대한 시장이 온다 - CoinDesk Korea 신뢰 그 이상의 가치". http://www.coindeskkorea.com/news/articleView.html?idxno=75023 (2022년 5월 16일).

- "퍼블릭 블록체인 약점 드러낸 '크립토키티'의 몰락". 2018. *hankyung.com*. https://www.hankyung.com/it/article/201807123095g (2022년 3월 15일).

- 포우_. 2019. "블록체인, 디앱(dApp, decentralized Application)이란?" 개발하는 기획자. https://techman-tooltip.tistory.com/34 (2022년 3월 14일).

- 프레이토마스. 2021. "[메타버스]메타버스의 역사". *ainet*. http://www.ainet.link/5055 (2022년 3월 24일).

- 하도리. 2021. "아바타 300만원 … NFT의 의미와 한계는 무엇?" *brunch*. https://brunch.co.kr/@yhr168/7 (2022년 5월 9일).

- "한경닷컴 사전". https://dic.hankyung.com/economy/view/?seq=15132 (2022년 3월 16일).

- "한국인 접속만 막으면 게임용 NFT는 합법 아닐 수 있다 한경코알라 | 한경닷컴". https://www.hankyung.com/economy/article/202202092043i (2022년 3월 19일).

- "해시넷". http://wiki.hash.kr/index.php/%EB%8C%80%EB%AC%B8 (2022년 5월 16일).

- "Affizon: blog, tin tức công nghệ đầy đủ nhất". *Affizon*. https://affizon.com/ (2022년 5월 16일).

- Aidan. 2021. "Adidas Teases BAYC x Punks Comic Collab - NFT". *Altcoin Buzz*. https://www.altcoinbuzz.io/nft/adidas-teases-bayc-x-punks-comic-collab/ (2022년 5월 16일).

- BAYC, "탈중앙화된 디즈니" 만들고 있는. "'탈중앙화된 디즈니' 만들고 있는 BAYC - T Times". https://www.ttimes.co.kr/article/2022011112377765682 (2022년 5월 16일).

- "CryptoSlam! NFT Data, Rankings, Prices, Sales Volume Charts, Market Cap". http://cryptoslam.io/ (2022년 5월 16일).

- "[DKL의 IT전문법률] 메타버스·VR 활용 전 저작권 등 각종 문제점 살펴야 - IT조선 〉 칼럼·해설 〉 외부 칼럼". http://it.chosun.com/site/data/html_dir/2022/02/17/2022021702328.html (2022년 3월 14일).

- "Future Predictions of NFTs: The Non-Fungible Token Is Not Dead". 2022. *BeInCrypto*. https://beincrypto.com/future-predictions-of-nfts-the-non-fungible-token-is-not-dead/ (2022년 3월 24일).

- Inc, Wishket. "메타버스와 NFT가 만들어나갈 미래 엿보기 | 요즘IT". https://yozm.wishket.com/magazine/detail/1212/ yozm.wishket.com/magazine/detail/1212/ (2022년 3월 20일).

- "IPFS - 해시넷". http://wiki.hash.kr/index.php/IPFS (2022년 3월 13일).

- joajoa. 2021. "NFT 뜻과 메타버스 와의 관계". 메타버스 뉴스. https://metaversenews.co.kr/nft-metaverse/ (2022년 3월 20일).

- "NFT - 나무위키". https://namu.wiki/w/NFT (2022년 5월 16일).

- "'NFT 개념·활용 정립 단계…디지털 자산으로 인식해야'". 2021. 공감신문. https://www.gokorea.kr/news/articleView. html?idxno=717009 (2022년 5월 9일).

- "NFT, 디지털 세상의 원본을 증명하다 > News Insight | (사)국가미래연구원". https://www.ifs.or.kr/bbs/board.php?bo_table=News&wr_id=3777&scrape=true (2022년 3월 25일).

- "NFT 디지털 예술품 잇따른 표절 논란…해결 방안은?" 2021. 매일경제. https://www.mk.co.kr/news/economy/view/2021/03/288045/ (2022년 5월 9일).

- "NFT 마켓 활기…블록체인 생태계 확장하는 꿈의 장터 - 아시아투데이". https://www.asiatoday.co.kr/view.php?key=20211202010001504 (2022년 5월 9일).

- "NFT 없는 메타버스, 팥소 없는 찐빵 아니다". 2021. 팍스넷뉴스. https://paxnetnews.com/articles/81020 (2022년 3월 20일).

- "NFT, 자산으로 인정·보호·규제될 수 있을까?" https://m.lawtimes.co.kr/Content/LawFirm-NewsLetter?serial=175166 (2022년 3월 19일).

- "NFT, blockchain, cryptokitties, ethereum, dapperlabs, ipfs". https://www.ipfsmain.cn/news/1197 (2022년 3월 15일).

- "NFT와 메타버스의 연결 및 IT 기업 동향". 2021. *Engineer-Ladder*. https://engineering-ladder.tistory.com/106 (2022년 3월 20일).

- "NFTs, explained | DBS Singapore". *DBS*. https://www.dbs.com.sg/personal/articles/nav/investing/nfts-explained (2022년 5월 9일).

- Ogasahara), 小笠原 寿仁(Toshihito. 2018. "레이어 구조로 본 블록체인". *LIBERATIS*. https://medium.com/liberatis/%EB%A0%88%EC%9D%B4%EC%96%B4-%EA%B5%AC%EC%A1%B0%EB%A1%9C-%EB%B3%B8-%EB%B8%94%EB%A1%9D%EC%B2%B4%EC%9D%B8-d084029cae99 (2022년 5월 9일).

- Patel, Niel. 2021. "Top 20 Most Popular NFT Marketplaces | Most Popular NFT Platform". *2022*. https://makeanapplike.com/top-most-popular-nft-marketplaces-worldwide/ (2022년 5월 16일).

- Steinwold, Andrew. 2020. "The History of Non-Fungible Tokens (NFTs)". *Zima Red – NFTs, Virtual Worlds, Blockchain Games*. https://andrewsteinwold.substack.com/p/the-history-of-non-fungible-tokens (2022년 4월 27일).

- Tran, Karen K. 2022. "The Future of NFTs and How You May Be Able to Buy Your House as an NFT". *NOW Magazine*. https://nowtoronto.com/brand-voices/the-future-of-nfts-and-how-you-may-be-able-to-buy-your-house-as-an-nft (2022년 5월 8일).

- "What Are Digital Assets?" 2019. *OpenAsset*. https://openasset.com/blog/what-are-digital-assets/ (2022년 5월 9일).

디지털 뉴트렌드 메타버스·NFT 활용서

초판 1쇄 발행 2022년 9월 19일
초판 2쇄 발행 2022년 10월 24일

지 은 이	황영오, 배운철, 김형호, 김종환, 임정모, 이효진
발 행 인	황영오
발 행 처	엠에스아카데미(주)
출판등록	제2021-000014호
주　　소	경기도 성남시 분당구 황새울로 200번길 36, 동부루트빌딩 10층
전　　화	070-5057-3377
팩　　스	070-4850-9193
이 메 일	yohwang@metastudy.co.kr

총　　괄	황영오
책임편집	정근영
기　　획	이효진
마 케 팅	박종춘
디 자 인	인그로

ISBN 979-11-978725-0-1(13320)

> 메타북스에서 발행하는 모든 도서는 저자와 출판사, 그리고 독자가 함께 만들어 나가고 있으며 좋은 책을 펴내기 위해 많은 노력을 기울이고 있습니다. 혹시라도 이 책에 대한 의견이나 오탈자 및 잘못된 내용에 대한 수정 정보는 엠에스아카데미(주)의 이메일로 알려주십시오.
> 잘못된 책은 구입하신 서점에서 교환해 드립니다. 책값은 뒤표지에 표시되어 있습니다.
>
> 그리고 독자 여러분의 소중한 아이디어와 원고 투고를 기다리고 있습니다.
> 원고가 있으신 분은 yohwang@metastudy.co.kr 로 간단한 개요와 취지, 연락처 등을 보내 주세요.